서 양 문 명 의
근 간 을 다 시
바 라 보 다

나의 반문명 선언서

이동훈 지음

어문학사

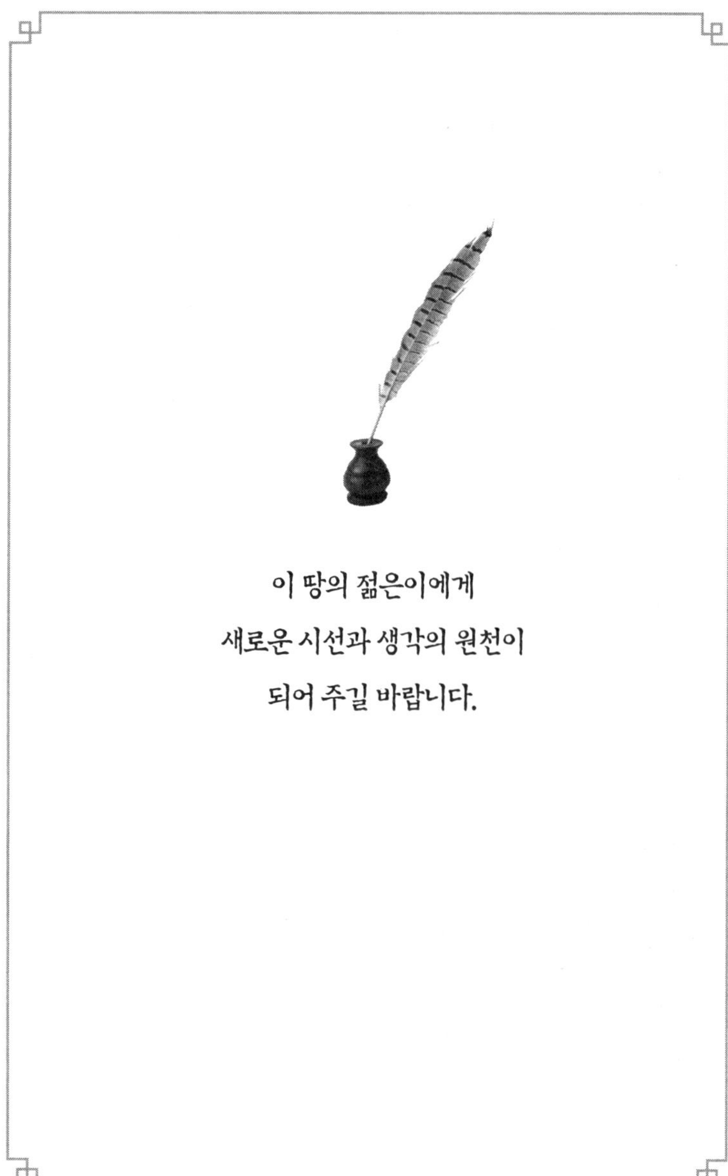

이 땅의 젊은이에게
새로운 시선과 생각의 원천이
되어 주길 바랍니다.

차례

제2장

코페르니쿠스적 배반의 역사

서문. 학교는 지금 몇 시인가?

- 1 -

누가 그랬던가요? 인간은 곤충과는 정반대로 나비로 시작해서 번데기로 끝난다고.

한국 교육의 문제점은 여백 파괴에 있습니다. 꿈 파르라한 아이들의 가슴을 여백 하나 남기지 않고 온통 공부, 공부, 공부로 회칠을 해댑니다. 볼썽사나울망정 그나마 갈무리해둔 여백을 아이들은 온통 기괴한 판타지 소설이나 일본 만화 혹은 컴퓨터 게임으로 덮어버리며 스스로를 질식의 애옥살이로 던져 넣습니다. 2009 새 교육 과정이 시행되는 오늘에는 집중 이수제 교육, 방과 후 학교 교육이라는 이름표를 달고 학교 현장에는 다시금 여백 파괴 운동이 기승을 부리고 있습니다.

알지 못할 힘에 내쫓기며 살아가고 있는 이 땅의 교사와 아이들에게 오늘날 삶의 여백은 조금도 없습니다. 교사는 숨쉴 겨를 없이 옥죄는 공문의 등쌀에 잠시의 여가마저 빼앗겨 버립니다. 학생 상담, 청소 지도, 교과 수업 준비, 숙제 검사, 공책 검사, 독서 지도 등 일상적인 업무를 하다보면 하루해가 그대로 꼴깍 넘어갑니다. 학교 생활에

도무지 여백이 없습니다. 진종일을 허둥대다 찾아든 짧은 시간마저 허투루 넘기기 일쑤입니다. 생각하면 요즘 아이들이 좀 별나야지요. 예의범절은 구워 먹었는지 삶아 먹었는지 좀체 찾기 힘듭니다. 또 스마트 세대이다 보니 수업 장면이 현란하게 바뀌지 않으면 금세 싫증 내는 아이들의 심술에 교사들의 마음 고생은 더욱 크다고 할 수 있습니다.

그러나 알고 보면 숨 쉴 틈이 없기는 아이들이 더합니다. 짧은 휴식 시간도 아이들은 죄 활동으로 메워버립니다. 여백은 아름답지 않고 쓸모없다고 교육받은 탓입니다. 아침 시간은 방송 수업, 점심 시간은 명상의 시간, 또 무슨 독서의 시간, 방과 후 활동 시간, 이런 것들이 여백을 하나하나 점령해 버립니다. 마침내 학교 생활에서 여백은 삭제됩니다. 교육 내용으로는 지식만 살아남고 정서와 지혜와 감성은 실종됩니다. 느림의 철학은 소멸하고 속도의 경영학이 지배합니다.

학교 파하기가 무섭게 경쟁하듯 아이들은 학원으로 몰려갑니다. 불에 덴 짐승처럼 외마디 비명을 지르며 열다섯 살짜리들이 학원으로 실려갑니다. 공부에 그토록 염증을 내는 아이들이 학원을 잘 다니니 이상하지 않나요? 사실 학원에서 아이들은 공부보다는 또래를 만나는 일을 즐깁니다. 아이들에게 학원 나들이는 종종 존재의 고독감과 스트레스를 해소하는 하나의 오락 행위입니다. 또래 청소년들이 서로 만날 수 있는 공간으로 학원만한 곳이 어디 있을까요? 학원에서 대개의 아이들은 진지하게 공부한다기보다 단지 공부하는 척할 뿐입니다. 공부 외의 삶의 갈래는 여백으로 처리되어 삶의 중심부에서 삭제됩니다. 오래전부터 한국 교육에는 여백이 없었습니다. 여백이 삭제되었습니다. 회칠되었으며 파괴되었습니다.

현대 한국 교육의 뿌리는 일본이 심어놓은 것입니다. 한국의 교육이라는 나무는 시원한 그늘, 짙푸른 기운과는 거리가 멉니다. 교육이라는 나무 그림에 여백은 한 치도 없이 수종 불명의 기괴한 나무 한 그루가 석양빛에 쓸쓸히 서 있을 뿐입니다. 여기저기 생채기투성이에 말라비틀어진 잎새들, 햇빛과 바람이 들지 않는 컴컴한 나무 둥치, 무엇보다도 자생적인 나무가 아니라 일본과 미국의 잡종으로 태어난 교육 나무라니…….

발육이 신통치 않은 나무는 우선 뿌리를 살펴보아 조치를 취해야 합니다. 잎사귀에 푸른 물감을 칠한다든지, 나무 줄기에 영양제 주사를 놓는다든지 하는 대증 요법만으로는 교육이라는 나무를 제대로 살려내기 힘듭니다. 불편하고 고통스럽더라도 아예 한국산 애송나무를 새로 심는 게 낫다고 판단되면 그렇게 해야 할 것입니다.

"더욱 주의할 일이 있다. 교사된 이는 정치와 종교에 대하여 피차 평론하지 않아야 한다. 가령 사회 풍조가 어떻게 되든지 간에 오로지 교육에만 힘을 다하는 것이 좋다. 정치와 종교는 따로 그것을 맡는 자가 있다. 교육자가 된 이는 단지 그 본분인 교육만 열심히 하고 다른 것을 돌아볼 필요가 없다."

이 말은 서기 1907년에 이토 히로부미가 일본인 교원에게 훈시한 내용 중의 일부입니다. 이들 교원은 식민지 조선에 파견되는 일본인 교원들입니다. 아마도 이 일본 교원들은 교육 관료의 신분과 위세를 가지고 식민지 조선인 교원들에게 이와 똑같은 훈시를 전달하였겠지요. 이토 히로부미의 이 훈시는 오랜 역사성을 가진 빛나는 전통이 되어 지금까지 우리 학교 교육의 성격을 규정하고 있습니다. 그리하여 학교에서 교사와 학생들은 교육 권력이 시키는 대로 밤중 자율 학습, 강제 보충 수업을 비롯해서 무어라도 하면서 끌려왔던 것입니다. 선생은 공부만 가르치면 되고, 학생은 공부만 하라는 주문에 걸린 채 말입니다. 사회 돌아가는 꼴이야 어떻든지 입시 공부만 하라고 족치는데야, 교육 독재 권력 집단에게 이보다 더 좋은 무기도 없습니다.

일제 시대의 관치 교육 관행은 21세기에 이르도록 문화 유산 보존 차원에서 잘 계승되어 오고 있는 실정입니다. 교육 예산과 대학 입시를 고삐로 하여 교육 관료의 권력은 여태 요지부동이니, 그것은 도깨비 옷처럼 질기고 튼튼하다 아니할 수 없습니다.

오래전부터 학교 내의 모든 것은 서류가 되어, 공문이 되어 교사와 아이들의 머리 위로 어지럽게 날아다닙니다. 학교 교육 현실과 아무런 관련성을 맺지 못한 채 저 혼자 공문들만, 서류 뭉치들만 날아다니며 교사와 아이들을 괴롭힙니다. 공문 축소, 잡무 축소의 지시를 교육 현장에서 다시 〈공문〉으로 만들어 보고해야 합니다.

교육 철학과 현실은 아주 오래전부터 땅바닥에 붙어 1공화국 때와 마찬가지로 설설 기는데, 교육 개혁과 그것을 계획하고 지시하고 감독하고 간섭하고 확인하는 교육청에서는 각종 공문을 일선 학교 현장으로 끊임없이 보내어 그 결과를 독촉하고 실적 확인을 다그칩니다. 교육부와 교육청의 소프트웨어는 교무실과 교실 위를 날아다니며, 일거리만 잔뜩 만들어주며 저는 저 갈 길로만 갑니다. 어디로? 관료주의, 전시주의, 실적주의, 형식주의의 오랜 왕국으로 말입니다.

오늘도 학교는 여백을 공략하며 바쁘게 움직이고 있습니다. 그 속의 아이들은 찌푸린 채 울고 있는데도.

– 2 –

일본 독재 정부 시절의 조선 교육은 다음과 같이 요약됩니다. '교장은 교사를 감시 통제하고, 교사는 학생을 감시 통제한다. 학생은 학년 차를 계급 삼아 자체의 감시 통제가 이루어지도록 한다.' 물론 이 모든 통제는 조선 총독부의 이익을 적극적으로 보장하는 것이라야 합니다. 각종의 교육 법령이 교육 현장의 통제 감독을 원활하게 뒷받침해야 함은 말할 나위가 없겠지요.

요약하면 이때의 교육 방침이란 지배자의 이익과 목적이 철저히 관철되도록 하는 것입니다. 쉽게 말해 이것은 조선 백성들에게 지식(체제 유지의 절대 진리)전달의 교육만 하고, 의식화 교육이나 〈깨달음〉의 교육은 일체 할 수 없도록 만든 것입니다. 겹겹의 제도적 장치를 통해 독재 명령에 불복종하는 품행 불량자는 학교 현장에 붙어 있을 수가 없도록 만듭니다. 교사는 오로지 상부로부터 결재 맡은 내용만 가르쳐야 했고, 정부에서 지시하는 내용을 앵무새처럼 학생들에게 전달해야만 했던 것입니다. 이러한 통제적 관치 교육, 일본 독재 교육의 흐름이 8.15 해방과 함께 끊어졌는지 어떤지를 사람들은 잘 알지 못합니다. 그런데 하나 이상한 것이 이십여 년 전에 〈전교조〉라는 교원 전문 단체가 불법적으로 등장하여, 총독 시절의 교육 방침을, 그 흐름을 차단하려 했다는 기록이 신문지상에 남아 있습니다. 참 이상하지 않나요? 한국의 교육계는 아직도 일본 독재 정부로부터 〈광복〉이 되지 않았단 말인가요?

그러면 이즈막 학교 현장에서 공연되는 연극 몇 편을 감상해 봅시다. 어느 초등학교 교실, 철 그른 장마비가 끄느름히 내리는 시골의 조그만 학교, 2교시 수업 중입니다. 교사의 설교 중에 교내외 안팎을 청소하라는 교장님의 방송 복음이 빗방울을 젖혀 타고 교실마다에 낙하합니다. 빗길을 헤치며 높으신 나리들(교육청 인사들)이 총독 정부의 교육 예산과 인사권을 목에 두르고 오신다나, 어쩐다나요. 수업 그만 두고 다들 우산 받쳐 나갈 밖에. 다음 두 얘기도 초등학교에서 있었던 실화입니다. 교실 외곽 청소를 마치고 교무실로 들어서려는 최 선생을 먼발치서 쫓아오던 교장님이 불러 세웁니다. 가까이 다가온 그는 아무 말 없이 손에 든 낙엽 한 조각을 최 선생 코앞으로 들이댑니다. 피조물은 그걸 공손히 받아 사뭇 한 떨기 낙엽 되어 휴지통으로 걸어 갑니다.

다음 며칠 후 오후 시간입니다. 교실을 둘러보던 교장님이 4학년 교실 뒤 벽면에 한참을 서 있습니다. 잠시 후 神의 입에서는 질책성 복음이 떨어집니다. "5학년이 붓글씨를 이리 못 쓰나? 당장 떼고 4학년 교실에 가서 하나 얻어다 붙여!" 이상은 교직원이 열 명도 되지 않는 작은 학교에서의 일입니다. 물론 이보다 규모가 더 큰 학교에서는 더 큰 일들이 매일이듯 일어나고 있겠지요. 십수 년 전 방송에 여교사들이 출산 휴가를 불법적으로 조작하는 사례가 있음이 보도된 바 있었습니다. 쉽게 말해 교사들이 출산 휴가 기간을 방학 날짜와 중복되지 않도록 조절했다는 내용이었지요. 총독 정부의 명을 받은 전국의 교육청은 학교 현장에 공문을 보내어 여교사들에게 출산 증명서를 제출할 것을 지시합니다. 그 다음 날 대한민국의 모든 기혼 여교사들은 오후에 조퇴를 했습니다. 증명서를 떼기 위해서입니다.

다음은 무대를 옮겨 어느 고등학교입니다. 3학년 교실 복도를 교장님이 걸어오고 있습니다. 서슬 푸른 지배 언어를 허리에 차고, 그러나 성자가 된 청소부처럼 그의 손에는 벌써 한줌 뿌듯, 휴지가 들려 있습니다. 가을이 막바지에 이른 고빗사위의 어느 날입니다. 제도적으로 터뜨려 놓은 교실 엿구멍(투명 유리로 된 감시 창)을 통해 교장님은 예의 그 정보 수집 활동에 조금도 게으르지가 않습니다. 교실마다 감시용 창문이 다 뚫려 있습니다. 투명한 교실, 투명한 교육입니다. 이것을 일러 민주 교육이라든가, 열린 교육이라든가요? 조선 총독부 입장에서는 의식화 교육이나 광복 운동이나 깨달음의 교육이 학교 현장에 발붙이지 못하게 철저히 감시하고 통제해야 하는 것입니다. 불순한 의도를 가진 교사 몇몇이 정부에서 제시한 정답 말고 다른 이상한 걸 아이들에게 가르칠지도 모르는 일입니다. 비유한다면 어느 질 나쁜 교지 존사자가 정답인 창조론 대신에 진화론을 가르칠까 염려되시는 것이라고 할 수 있겠지요. 어, 그런데 이 반은 참 조용합니다. 감시 창으로 교장님은 교실을 훑어봅니다. 〈으앗, 이럴 수가! 다들 자고 있잖아〉 교장님은 참을 수가 없습니다. 창문을 마구 뒤흔들며, 유리창을 깨뜨릴 듯이 두들겨댑니다.

서문. 학교는 지금 몇 시인가?

수학능력 시험을 코앞에 두고 있는, 만산홍엽의 어느 가을날의 풍경입니다. 흑백 논리의 끝없는, 이른바 객관식 문제풀이가 아이들로 하여금 성스러운 복음을 저버리게 하고 자유와 평화를 찾아 깊고 푸른 잠 속으로 빠져들게 한 것이 아닐까요?

지난 세기가 그러했듯이 21세기 오늘의 한국 학교 중 상당수가 이렇게 굴러갑니다. 무릇 현상은 법칙보다 풍부합니다. 근본 법칙이 이러하다면, 거기서 나타나는 실제 현상은 현실적으로 무궁무진하지 않을까요? 한국의 초, 중, 고 학교에서는 온갖 일들이, 비상식적이고 반교육적인 일들이 〈교육〉의 이름으로 〈학력 향상〉의 이름으로 실천됩니다. 학업 성취도 평가라는 이름으로 지금도 교사와 학생은 말 못하는 짐승처럼 교육 지배자가 끌고 가는 대로 어디든지 가고 있는 실정입니다. 수준별 보충 학습과 방과 후 학교 교육이라는 빛나는 이름표를 달고 중고생들은 학교에서 하루를 마감하고 있습니다.

사교육비를 절감한다는 교육부 방침으로 보충 수업이 학교 현장에서 일제히 부활하였습니다. 1980년 전두환 정권이 탄생하면서부터 불어닥친 학교의 교육 독점 현상은 보충 수업과 조조 학습과 야간 자율학습이라는 이름표를 달고 지난 30년 간 학교 현실을 지배해 왔습니다. 조건 반사에 걸려든 개처럼 학생과 교사와 학부모는 이제 이 일에 완전히 중독되어 있습니다. 더구나 교사들에게 보충 수업은 그들의 삶의 질을 결정짓는 것으로서 얇디얇은 봉급을 보충해 주는 유일한 통로인 것입니다.

교육 현장에는 미국형과 일제형의 제도와 관습과 법령들이 여전히 지배적인 자리를 차지하고 있으니, 교육 개혁은 언제나 헛구호로

만 남게 되어 있습니다. 지시와 명령으로 이루어지는 교육 쇄신이 실패할 수밖에 없는 것은 그 내용조차 미국산 수입품일 뿐더러 추진 주체도 잘못 선정되어 있기 때문입니다. 교육 개혁의 추진 주체가 왜 교육청과 교육부, 그리고 교육 관료들이어야 합니까?

지난 시대의 교육법 75조가 한국 교육의 본질을 분명하게 일러줍니다. "교사는 교장의 명을 받아 학생을 교육한다." 지금은 약간 손질했지만 본질은 예전 그대로라고 생각합니다. 이것을 일본말 서양말로 동시 번역하여 법칙적 진술로 바꾸면 이렇게 되지 않을까요? "종은 주인의 명을 받아 목회를 인도한다." 여기 공식에 교육계의 관료구조가 다 들어갑니다. "교장은 교육감의 명을 받아 학생을 교육한다. 교육감은 교육부 장관의 명을 받아 교직자를 지도 감독한다. 교과부는 조선 총독의 명을 받아 신민을 다스린다." 이 땅의 교사—학생의 관계도 이 범주에서 크게 벗어나지 않습니다. 무서우리만치 황폐한 〈지배 전쟁터〉입니다.

이쯤해서 정부 당국자로부터 식민지 한국의 교육 방향과 지침을 직접 들어봅시다. 〈한국 교육의 목표는 민주시민의 육성이다〉 〈한국의 교육은 서양 학문 일체를 일제 식 방법으로 교육한다〉 현재 이 땅에서는 대학입시라는 통제 장치가 아니고서는 자라나는 아이들을 현존 질서에 편입시키기란 하늘의 별 따기보다 더 어렵습니다. 한국 청소년의 모든 것, 입과 코와 눈과 귀를 온통 〈대입〉으로 쏠리게 만들어야 한다는 강박 관념을, 한국 사회의 지배 계급과 교육 관료들은 종교 신앙처럼 가지고 있습니다. 이에 대하여 오래전부터 아이들이 거대한 반동의 물굽이를 형성하고 있습니다. 수년 전부터 발생한 학교 붕괴 현상은 입시 위주의 몰개성적 교육 현실과 체벌 금지니 무어니 하는 외래 수입산 교육 원칙이 충돌하면서 일어나는 일종의 교육 빅뱅 운동이라고 말할 수 있습니다. 딱 집어 말한다면 학벌 위주의 사회 풍토와 학교 현장의 엄혹한 현실과 교육 관료들의 비현실적 처방이 학교 붕괴 현상의 주범인 것입니다.

- 3 -

　　대학 입시라는 절대 권력의 실현 매개체를 구심점으로 하여 교육 관료 조직은 철저히 권력 구조화합니다.

　　교육의 질은 교사의 질을 능가할 수 없다는 항간의 상식은 맞는 말입니다. 그러나 그것에 앞서 하나 지적되어야 할 것이 있습니다. 교육의 질은 교육부와 교육청, 그리고 교육 관료의 질을 결코 넘어설 수 없다는 사실입니다. 왜냐하면 8.15 해방 이후 지금에 이르도록 우리의 학교 교육 현실은 제도와 법령과 관습적 불문율의 권세를 앞세운 교육 관료들의 의도대로 철저히 관철되어 왔기 때문입니다. 학력 중심의 주입식 교육 형태나 입시 위주의 파행적인 교과 운영이나 수행평가니 열린 교육이니 집중이수제 교육이니 하며 학교 사회를 주도하고 지배하는 체제와 분위기 중 어느 하나라도 교육 권력 측의 의도대로 관철되지 않은 게 지금까지 무엇이 있습니까?

　　이런 까닭에 한국의 학교 교육 현실을 정직하게 평가한다면 교육의 질은 교육 관료의 질을 절대로 능가할 수 없었던 것입니다. 최근 불거져 나오는 학교 붕괴 현상은 학교 현장의 변화되는 가치관이나 의식이 교육 관료의 독선적 태도와 제도적 장치에 부딪혀서 일어나는 현상으로 보입니다. 그동안 학부모와 교사, 그리고 학생을 교육의 3주체라고 입에 발린 소리를 해대면서 실제로는 교육청과 교육 관료들이 자기들 구미에 맞는 대로 학교 교육을 마음대로 요리해 왔던 것입니다. 최근 학교 현장의 혼돈과 갈등은 신세대들의 다양하고 민주적인 의식이 기존 교육 권력 측의 군사적 통제 장치를 깨뜨리면서부터 나타난 현상이라고 보아야 할 것입니다. 원인 제공은 교육 관료들인데 교사와 학생들이 교육 현장의 한복판에서 애꿎은 피해를 당하고 있는 형편입니다.

교육감 선거권을 교사들에게 주어야 합니다. 교육감이나 교육청이 일선 학교의 교사들을 머슴 다루듯 또는 군대에서 졸때기 부하 다루듯 하는 풍조는 사라져야 합니다. 그러기 위해서는 교육감 선출권을 교사들이 가져야 마땅합니다. 국민들이 대통령 선거권을 가지듯이 교사들은 당연히 교육감 선출 권한을 가져야 하는 것입니다. 이것이야말로 교육 자치제 실현의 의미 있는 전진이 될 것입니다. 교사들이 자신의 손으로 교육감을 뽑게 하는 일은 교사들의 자존 의식과 교권을 높이는 일인 동시에 일제 식민지 시대 이래로 계속되어 온 교육청과 단위 학교의 지배 복종 관계를 혁명적으로 개선하는 조치가 될 것이라고 믿기 때문입니다.

　　　　　　서문. 학교는 지금 몇 시인가?

– 4 –

　권위주의의 그늘 속에서 오래 살아오는 동안 사람들은 제 나름의 생명력으로 길들여집니다. 5공화국 이후 공부, 공부, 공부와 대학, 대학, 대학은 학교 현장에서 뿌리 깊이 구조화하여 이제는 그 누구도 그것을 비난하거나 비판하기가 어렵게 되어버렸습니다. 한국인이면 누구나 학교 교육의 이해 당사자이기 때문입니다. 학교 교육은 이제 인간의 통제 범위를 넘어선 슈퍼 머신으로 변성되었습니다. 5공화국 시절 당시 정권담당 세력인 민정당의 발의로 시작된 중고등 학교 보충 수업과 야간 자율 학습이 오늘에 이르기까지 극성을 부리며, 한국의 가정 교육과 가정생활을 오래전부터 파탄으로 몰아가고 있습니다. 가정의 소중함이 사라지고 이제 남은 것은 가족 이기주의뿐입니다. 가정주부도 혹독한 고 3병을 함께 앓습니다. 학교에서 교사들은 동료 간에 이전투구식의 어리석은 싸움을 계속하고 있으며, 학생들은 화석화 상품화하여 창의성을 잃어버린 국제 경쟁 무대의 바보가 되어버렸습니다. 특히 학생들은 학교에서 성적 경쟁에 지치고 공부 스트레스에 시달려 폭력 경쟁을 무한대로 하고 있습니다. 교사들은 공공연하게 학교를 공장으로 부릅니다. 학교는 오래전부터 공장이 되었으며, 형상에 따라 질료를 가공하는 것으로 교육은 실천됩니다. 항간의 지배 언어처럼 교직은 성직인데 교육자는 성직자가 아닌 까닭은 무엇인가요? 교사가 성직에 종사하는 자라면 그가 신앙심을 바치는 대상은 무엇이란 말인가요?

생활에 밀착하지 못하는 교육은 실패하기 십상입니다. 구체적인 삶의 모습을 끌어안지 못하는 교육은 죽은 교육입니다. 한국의 학교에서 학문이나 공부는 실제의 삶과는 아무런 관련성이 없습니다. 삶과 유리된 단편 지식만이 교실과 강의실을 유령처럼 떠다닙니다. 학교 현장에서 교사와 학생들에게 때때로 다가오는 낭패감과 소외 의식은 현실과 분리, 단절된 채 만들어지는 지식 덩어리들의 배급 문제 때문일 것이라고 생각해본 적이 가끔 있습니다. 현실의 구체적 질감을 짚어내지 못한 채 저 홀로 굴러다니는 제도와 규칙과 관행과 함께 이것은 학교 현장을 황폐화의 길로 내모는 중요 요인으로 작용합니다. 학교에서 다루는 교과 지식이라는 것이 하나의 국소적 현상을 전체로부터 단절하여 그것을 발가벗기고 토막내어 이모저모 확실하고 정밀한 지식으로 분석해내어 아이들에게 전달하는 것입니다. 그런 후 이것들은 곧장 정답이 되고 시험 문제가 되어 아이들의 창의성을 얽어매는 제도 교육용 철책으로 사용되었습니다.

객관적이라는 이유 하나만으로 기계적 원리에 따라 작동하는 지식 중심 교육이 현대 교육의 본류로 이해되고 실천되어 온 지 오래되었습니다. 그것은 이름하여 〈기계론적 교육관〉이라 할 만한 것입니다. 여기에 따르면 모든 문제에는 오직 하나의 해답이 있고 그 해답은 신성하게 받들어지며, 정답 아닌 모든 것들은 제거되어야 할 부정적 요소로만 처리됩니다. 그 결과 학교 교육에서 현실과 분리되어 이른바 객관적으로 대상화된 지식은 살아남고, 감성과 지혜와 정서는 교육 외적 요소로 방치됩니다. 교과목의 세분화와 수업 시간을 비롯한 정밀하고 빈틈없는 지식 전달 장치가 이런 원리 속에서 생산됩니다. 이제 컴퓨터를 비롯한 첨단 과학 기술 도구들이 전국의 교실을 더욱 빠른 속도로 점령해 가면서, 이 같은 경향은 더욱 확대되어 갑니다. 요즘의 유행어인 스마트 교육이란 결국 기계 문명의 흐름과 함께 하는, 또 하나의 정밀하고 빈틈없는 지식 전달 장치가 아니겠습니까?

이즈음 학교 현장이 커다란 위기에 빠졌습니다. 학교 폭력이 기승을 부리고 학교는 무한 경쟁의 무대가 되었습니다. 새로운 학교 풍토, 새로운 교육 원리가 필요합니다. 우리 한국인의 성정과 정서적 바탕에 맞추어 만들어지는 줏대 있는 학교 문화를 만나고 싶습니다. 새로운 교육 원리는 그 동안의 지배 사상인 단절적이고 고정화된 실체를 중시하는 명사형의 사고를 극복하고, 흐름과 관계에 주목하는 동사형의 연속적인 사고 원리를 그 중심 틀로 삼아야 할 것입니다. 교육이란 처음부터 끝까지 인간이 인간과 만나는 일이라고 믿는 까닭입니다. 지식과 정보를 중심 가치로 삼고 전개되는 정보화 시대에 어찌 생각하면 학교가 할 일은 더욱 분명해집니다. 그것은 다름 아니라 아이들에게 감성과 지혜와 정서의 바탕을 살갑게 만들어주는 일입니다. 하드웨어가 관리하고 지배하는 첨단 기계 문명 시대에 학교 현장만은 말랑말랑한 소프트웨어로 남아 주기를 바라는 마음 간절합니다. 평범을 비범으로 바꾸는 한편 일상생활의 의미와 보람을 찾고 새김질하는 힘은 전적으로 풍부한 감성과 지혜에서 샘 터져 나오는 것이라고 믿기 때문입니다.

오늘의 교육 현장에서 교사와 학생은 감시와 통제의 대상입니다. 모든 생각을 끊고 애오라지 대학 입시를 위해 총력을 기울이도록, 모든 편의와 교육 예산은 그쪽으로 집중됩니다. 대학 입시라는 신적 존재는 그 위력이 대단하여 심지어는 초등학생에게까지 그 파급 효과를 미칩니다. 아니, 이 나라 온 백성들에게 이것은 절대적 권능을 지닙니다. 일간 신문은 저마다 〈학력 교실〉이니 〈대입 전략〉이니 하는 대학 입시 관련 자료를 끼워 넣어 대학 입시라는 존재를 절대자의 괴물로 조작하는 데 엄청난 노력을 들입니다. 따지고 보면 이것은 현실 지배 세력들의 권력 유지 책략의 하나이며, 이것은 또한 알게 모르게 독재 원리의 일상화를 권장하는 것입니다.

방송에서는 첫머리 주요 뉴스로 대학 입시를 큼지막하게 다루어 줍니다. 이런 것의 외곽 지원으로 학교 교육은 더욱더 입시 위주의 프로그램 제작에 박차를 가할 수 있게 됩니다. 실제로 현재 성공하여 사회 지배 세력에 편입된 인간들은 국내의 유명 대학 출신들이 대부분일 것입니다. 대학 입시 문제만 틀어잡아 자기들 구미대로 요리한다면, 이런 것을 통해 자신들의 위상과 사회적 지위가 저절로 상승하는 것은 불 보듯 뻔한 일이 아닐까요? 이렇게 달콤한 권력의 맛을 누가 뿌리칠 수 있다는 말입니까? 언젠가 본 듯한 〈서울대 망국론〉은 지당한 의견입니다. 서울대 특권주의를 없애고 사회에 널리 퍼진 일등 최고 병을 치료하는 일에 우리 모두가 발 벗고 나서는 게 어떨까요? 금메달에만 박수를 칠 것이 아니라, 은메달, 동메달도 그 값어치를 인정해 주는 사회적 분위기를 우리 스스로가 만들어가야 하지 않을까요?

- 7 -

학교 교육에서 대학 입시를 절대화하는 것으로 대중 지배의 국가 계획은 의도대로 목적이 달성되었습니다. 서양 역사에서 근대, 현대 교육은 국가 절대주의 시대의 산물입니다. 국가 사회의 요구를 충족하는 것으로 의무적 공교육이 실시되는데, 그 국가 사회의 요구라는 것을 따져보면 그것은 곧 자본 만능주의, 성공 제일주의가 제일의적인 가치를 차지하는 것입니다. 일제 시대 일본 군국주의 교육과 서양 교과목 교육과 기능주의 분과 교육을 접목시킨 한국 교육은 19세기식 교육의 형태를 21세기의 우리들에게 고정된 모습으로 보여주고 있습니다. 여기에서 한국 고유의 현대 교육 문화가 만들어집니다. 그런 까닭에 한국과 서양, 한국과 일본이 문화적으로 제도적으로 충돌하는 현장에 우리의 학교 문화가 존재합니다.

교육 현장은 비민주적이고 권위주의적인 일제 지시형 일 처리 방식이 주류를 형성하고, 교사와 학생 사이의 인간 관계는 뒤틀어지고, 교사 집단은 입시 교육 훈련소의 교관으로 채워지고, 교육청에서 날아오는 공문 한 장에 벌벌 떨며 그것의 거짓 실현에 땀을 쏟으며, 그 동안 입시 교육에 대한 저항 운동은 불온 사상의 표현으로 내몰려 일제 강점기의 독립 운동마냥 혹독한 탄압을 받아왔습니다. 대학 입시를 중심점으로 하여 교육은 정치 지배 세력의 의중을 언제라도 대신합니다. 교육은 상품화하고 학교는 공장화하였습니다. 혹시나 국민들이 학교 교육에 대한 관심을 꺼버릴까 노심초사하며, 언론 방송과 출판 매체를 총동원하여 과잉 보도를 조장합니다.

교육 독재자들이 학교 현장에서 마구잡이로 휘두르는, 권력 실현의 사다리를 치워버려야 합니다. 대학 입시를 대학 쪽에 전적으로 맡겨서, 중고등학교에서는 일률적으로 대학 입시를 가르치지 못하도록 아예 막아버려야 합니다.

실속 없는 공부는 이제 그만 집어치우고, 하루에 네 시간을 수업하더라도 신명나고 실속 있는, 그래서 학교에서 교사와 아이들이 행복감을 맛보며, 창의력이나 국가 경쟁력에도 커다란 보탬이 되는 그런 교육을 할 수 없을까요? 서양 선진국의 제도나 이론이나 학문이나 대중문화나 예술이나 법률이나 교육이나 규칙이나 무엇이나 우리 실정에도 맞지 않는 억지의 것 혹은 기계적인 것을 가져다가 천편일률적으로 우리 토양에다 뿌려대니 그게 제대로 뿌리를 내려 자라날 턱이 있겠습니까? 지배 계층의 이익에 봉사하는 것들만 기계적으로 수입해서 이식해 대는 데야, 그 구조 속에서 살아가는 일반 서민들이야 인간성 황폐화와 억울함과 분노와 황당무계함과 망연자실함과 활기 없음과 현실 따로 이상 따로의 분리감과 주인 의식 사라짐과 질질 끌려 다니는 패배 의식과 현실을 벗어날 수 없다는 낭패스런 감정을 어찌 감당할 것입니까?

　학교에서 모든 교육 활동을 해결하겠다는 것은 전두환 정권 이래로 굳어진 학교의 〈교육 독점주의〉 발상의 연장선에 있습니다. 학교에서 왜 교육을 독점하려는가요? 학교 수업만 교육인가요? 정규 수업만 하고 아이들을 가정으로 사회로 돌려보내서 더 크고 넓은 교육을 맛볼 수 있도록 해야 하지 않을까요? 사회 내 모든 경제 행위는 이른바 자본주의 〈시장 원리〉에 맡기겠다면서, 유독 〈교육 행위〉만은 왜 학교 현장에서 일률적으로 처리하겠다는 것인가요? 이것 역시 경쟁적 시장 원리에 맡겨 정규 수업만 마친 후에 아이들이 형편에 따라 고액 과외를 받든지, 독서실에 가서 공부를 하든지, 자기 방에서 저 혼자 책을 읽든, 친구들과 수다를 떨든, 좋아하는 운동을 하든 좀 자유롭게 내버려두면 안 될 일인가요?

　학교 내에서 교육 실천 또는 교육 개혁의 성과가 한 눈에 가시적으로, 좀더 분명히 말한다면 공문으로 서류를 만들어 보고할 수 있는 것이라면 그것은 틀림없이 실패한 교육, 실패한 개혁이라고 보면 틀림없을 것입니다. 교육 개혁의 성과를 전혀 요구하지 않는 일, 단기간에 가시적인 효과가 나타나도록 학교 현장에 〈서류화, 보고화〉를 요구하지 않는 것이 현재 필요한 교육 개혁 성공의 비결입니다. 당장은 눈에 안 띄게 인성 교육이 스스로 자라나도록 할 일입니다. 여기에 덧붙여 유치원 1년, 초등 5년제(5년이면 기초 교양 과정은 충분함) 중학 2년제(진학하여 공부할 것인지 직업 세계로 곧장 진출할 것인지를 검토하는 과정) 고교 4년제(전문 고등학교를 만들어,

이를테면 과학 고등학교, 문학 고등학교, 역사 고등학교, 컴퓨터 고등학교, 자동차 고등학교, 수학 고등학교 등등. 여기서 전공 교육 실기 교육을 받으며 나머지는 그야말로 상식과 교양 수준으로)로 학제를 개편하면 좋을 것입니다. 대학 입학 시험은 고등학교 전공 과목 국가 시험과 에세이 쓰기 시험, 그리고 독서의 질이 우수한 학생을 선발하도록 하면 금상첨화일 것입니다. 교육 현실을 보고 있자니 하도 답답하고 복장이 터져서 이런 꿈을 한번 꾸어 봅니다. 서글프고 안타까운 현실이 한 송이 몽환의 꽃송이를 피우게 합니다.

- 9 -

근대화의 목표는 서양화이고, 그 달성 방법이나 도구는 일본 제국주의 독재자들이 만들어 준 것입니다. 학교에서 교육은 사라지고 훈련만이 남아 있습니다. 학교 내의 모든 것은 통제됩니다. 한국 학교의 목표는 오직 하나, 공부를 많이 시키고 대학에, 그것도 일류 대학에 많이 집어넣는 것입니다. 서울대에 다수의 합격자를 생산해낸 직공에게는 승용차나 기타 현금 등의 물품으로 보상한다는 경쟁력 제고 방안까지 오래전부터 실천 중에 있습니다.

대학 입시는 성전(聖戰)입니다. 해서 보충 수업과 밤 자습을 엿가락 빼듯 늘여갑니다. 제사 지내는 일도, 집안 잔치나 행사 그리고 명절에도 고등학생 아이는 빼고 조심조심 치릅니다. 부모와 자식이 집안에서조차 상면하지 못하는 날들이 이어집니다. 한국의 가정은 이렇게

   서문. 학교는 지금 몇 시인가?

해서 파괴되고 해체되는 길을 걸어 왔습니다. 청소년이라는 가장 중요한 시기에 '부모와 자식' 사이에 대화의 통로가 닫혀 버립니다. 예의범절이니 가정교육이니 하는 것들은 가르칠 시간도 배울 기회도 만들어지지 않습니다. 아이들이 새벽 잔업 공부에 철야 자습 근무에 만성 피로와 두통 그리고 심하게는 40대처럼 과로사로 죽어나갑니다. 더 심하게는 자살에까지 이릅니다. 새벽에 학교로 나갔다가 한밤중에 기어 들어오는 아이들, 그리고 새우잠을 자고 다시 대학 입시 예배당으로 설교 들으러, 혹은 밀린 잠을 보충하러 집을 떠납니다.

오래전부터 한국의 교육은 신학 교육, 교리 문답식입니다. 지식의 자동 판매를 가르칩니다. 서술형 논술 시험도 아이들은 정답을 틀에 맞추어 외워버립니다. 창조 정신의 말살 현장입니다. 국제 경쟁력의 폐기 처분 현장입니다. 아이들을 시험 치는 기계로 만드는 교육입니다. 현실 생활의 정수나 인간적 교양과는 아예 담을 쌓고 있는 박제된 잡학 지식이, 총명한 한국의 아이들을 국제적인 바보로 만들어갑니다.

하루 열두 시간 이상의 엄청난 공부 시간을 확보해 놓은 일선 고등학교에서는 아이들과 교사들, 그리고 한국인과 한국인의 창의성과 주체성을 말살하는 데 영육을 온통 바치고 있습니다. 마치 이토 히로부미가 부활하여 한국 교육을 통치하고 있는 듯이 그렇게 말이죠. 아침 일찍부터 한밤중까지 학교에 잡아 두고 입시 공부로 족치는 데야 몸과 마음이 여간 튼튼하지 않고서는 견뎌내기 힘들 것입니다. 없는 시간을 쪼개어 자기가 하고 싶은 일들(예컨대 텔레비전을 본다든지, 좋은 책을 읽어본다든지, 운동을 한다든지, 봉사 활동을 한다든지 기타 등등 살아가면서 필요한 일들)을 하면, 저절로 상습 피로증의 위험이 따르는 형편입니다. 일반인들조차 하루 12시간 근무에 자기 일 조금 챙기고 한다면 과로사의 위험이 곧장 따라붙습니다. 미친 학교에서 미친 교육이 아이들의 몸과 마음을 병들게 하고, 아이들의 푸른 꿈을 싹둑 잘라버립니다.

한국의 학교는 일제시대 군사 연성소입니다. 규격화된 틀에 인간들을 짜 맞추어 제작하는 공장입니다. 아이들은 저항하고 도피하고 순종하고 도전하고 포기합니다. 이렇게 하여 가수와 연예인에 열광하는 아이들, 폭력에 맛 들이는 아이들, 폭력에 시달리는 아이들, 학교 안팎에서 두 얼굴을 가지는 아이들이 만들어집니다. 일제시대부터 학교 교과서는 성경입니다. 개정된 교과서는 신약 성경입니다. 교과서 지식은 움직일 수 없는 절대 진리이며, 그 전하는 소리는 복음입니다. 교사는 성직자이며 이른바 객관식 시험 문제는 유일신 찾기의 거룩한 경배 의식입니다.

교육 독재자들이 〈대학 입시〉를 절대화 신성화하면서부터 이 일은 충분히 예견되는 문제였습니다. 극단적인 교육 절대주의, 아니 학력 제일주의 교리는 어느덧 한국 학교의 유일 종교가 되어버렸습니다. 이것과 충돌하면서 생기는 학교 문화 중 가장 대표적인 것이 요즘 우리가 자주 대하는 학교 붕괴, 교실 붕괴, 학교 폭력 현상입니다. 학교 교육 행위는 유일신에게 경배를 바치는 예배 의식입니다. 아이들이야 어떻게 되든지 말든지, 실제적인 공부, 창의적인 학문을 하든지 말든지, 교육 종교 지도자들의 독점적 유일신 숭배 의식은 한 치의 흔들림도 없이 시행됩니다. 그들에게 교육은 권력이며, 절대 교육은 절대 권력이기 때문입니다. 자신들이 배운 방식이 그것밖에 없기 때문이기도 합니다. 대한민국에서 교육 개혁을 골백번 더하더라도 근본적인 변화가 조금도 없는 것은 전적으로 이런 구조 탓입니다 .

교사들이 교육 독재주의를 깨뜨리고자 〈민족, 민주, 인간화 교육〉을 교리로 한 교육 혁명을 제창한 적이 있었습니다. 그러나 군사 정권 시절 권력의 칼날은 날카로웠으며, 교육 독재자들의 질투심과 야만적 복수심은 천 수백 명의 해직 교사를 만들었습니다.

그 이후 학교 교육 현장에서 교육 비판세력에게는 〈전교조 무리〉라는 빨간 딱지를 붙이면 제압당하는 시대가 찾아왔던 것입니다. 이것은 마치 서구 자본주의 이데올로기가 마르크스주의라는 극단의 비판 이데올로기의 등장 이후에 오히려 더욱 강화 발전되어 온 원리와 같은 이치입니다. 독재 권력과 자본 제일주의 이데올로기를 비판하는 자에게는 공산주의자, 마르크스 추종자, 친북 빨갱이, 좌빨 세력이라고 몰아붙여 그들을 비참하게 무너뜨리면 그만이었습니다. 마찬가지로 현대 한국의 교육 독재자들이 교육과 학교를 절대 권력으로 독점하고 있는 상황에서, 여기에 대해 조금이라도 비판적이거나 부정적인 시각을 나타내거나 도전하거나 항의를 한다 치면, 전교조 빨갱이 무리로 몰아 일반 학부모들이나 교사 대중들의 레드 콤플렉스를 자극하면 자신들의 의도대로 만사형통이었기 때문입니다. 20년 세월 동안 동료 교사들이나 학부모들은 '전교조'라는 말을 들으면 아마도 무슨 학교 빨치산 비슷하다는 느낌을 가지게 되거나, 과격하고 위험한 단체라는 인상으로 새겨져 있을 것입니다. 전교조가 합법화된 이 시점에도 정부 권력과 언론 권력에 의해 길들여진 '이미지 조작의 힘'은 강력하여, 전교조에 칠해진 거친 인상과 공포의 빨간 색은 대다수 사람들에게 좀체 지워지지 않고 있는 실정입니다. 국가 주도 평가 시험을 치르지 않겠다고 선언한 초등학교 교사가 정부로부터 중징계인 파면 처분을 받습니다. 무슨 까닭인지 초등학교 교과서에서 '우리의 소원은 통일'이라는 노래가 슬그머니 사라져 버렸다고 합니다.

– 10 –

우리나라 교육계에서 곧잘 〈전인 교육〉이라는 목표를 내거는 바, 그 뿌리는 서구식 휴머니즘에 닿아 있습니다. 인격 수련이나 도덕적 성찰과는 하등의 관련도 없는 지식 전달 교육을 행하면서 조선 시대의 〈인격 도야〉를 목표로 내거는 것은 속보이는 거짓말이며 염치없는 짓입니다. 서구 휴머니즘이 발전하는 과정에서 교육 분야는 레오나르도 다빈치 같은 재주 많은 박식자를 만드는 것이 인문 교육의 목표가 됩니다. 휴머니스트가 꿈꾸던 품위 있고 고상한 인간, 곧 모두가 동의하는 보편적 인간(유니버설 맨)을 제작하는 것이 서구 근대 교육의 중요 지향점이었습니다.

그런데 전인 교육에서 전인(全人)은 〈완전인〉 또는 〈전지전능인〉의 준말이며, 그 뜻은 만능인이자 슈퍼맨이라는 뜻입니다. 흔히 말하기를 바람직한 교육은 지덕체가 결합된 조화로운 인간을 길러내는 일이라고 알려져 있습니다. 그러나 작금에 벌어지는 한국의 전인 교육은 르네상스 시대의 인간 교육의 목표인 〈전인 교육〉을 껍데기만을 모방한 것에 지나지 않습니다. 〈전인〉을 만든다는 미명 아래 이 땅의 아이들은 20여 개에 이르는 과목을 공부할 것을 강요받습니다. 그것도 교양 과정이 아니라 전공 교육 과정으로 말입니다. 법적으로는 중고등학교의 과목 공부가 사실은 〈전공 공부〉가 아니라 〈교양 공부〉로 규정되어 있지만, 학교 현장에서는 내신 성적을 가리기 위해, 시험을 잘 치르기 위해, 수학 능력 시험에서 높은 점수를 따기 위해 철저히 전공 교육을 받고 있습니다. 고등학교에서 배우는 국어나 영어 그리고 수학이나 지리, 생물, 물리 등의 과목 공부는 완전히 전공 수준입니다. 미국이나 유럽에서 배우던 아이들이 한국에 오면 특히 수학 공부에 기가 질린다고 하는 말을 들었습니다. 그만큼 우리나라 학교 공부의 수준은 매우 높습니다. 이런 건 좋은 게 아니라 사실은 심각하게 나쁜 경우라는 데 한국 학교 교육의 비극이 숨어 있습니다. 시험 치른다고 교육 수준을 자꾸 올리다보니 어쩔 수 없이 여기까지 왔던 게지요. 한국에서 중학교를 다니다가 부모님을 따라 미국에 이민 가면, 그 한국 아이는 그곳에서 또래들에게 천재라는 칭송을 듣는다고 합니다. 미국 아이들 기준으로 보면 한국의 아이는 모르는 게 없고 또 지식 수준 또한 상당히 높으니까 말입니다.

서구 휴머니스트가 목표로 삼은 전인 혹은 보편인은 분명히 백과전서적인 만능인입니다. 그러나 지금 이 시대에 우리가 이것을 추구할 까닭이 어디에 있는가요? 이 땅의 모든 아이를 레오나르도 다빈치 같은 〈만능인〉으로 만드는 일이 왜 우리 교육의 목표와 내용이 되어야 하는가요? 또 공부도 잘 하고 미국식으로 사회 봉사 활동도 잘 하는 그런 만능인이 왜 한국의 바람직한 학생상이 되어야 하는가요?

그리고 그 같은 교육 성과가 쉬 달성될 일입니까? 딱 잘라 말한다면 현재의 우리 교육은 알맹이는 없고 잘 포장된 껍데기뿐입니다. 국제적인 창의성 경쟁보다는 좁은 땅덩어리에서 누가 대학에, 그것도 일류 대학에 많이 들어가는가 하는 게 학교 교육의 목표가 되어 있습니다. 아이들은 죽자꾸나하고 열심히 공부하는데도 교육의 국가 경쟁력과 지적 수준은 밑바닥 선입니다. 지구촌의 여러 국가 중에서 우리 아이들의 행복지수가 꼴찌가 나왔다고 합니다. 현재 자살률 세계 1위의 불명예도 우리 것입니다. 오직 공부, 공부, 공부를 외치며, 20여 개에 이르는 잡다한 지식을 줄긋고 암기하며 정답을 맞히기 위해 죽자꾸나하고 문제 풀이식 교육을 행하고 있기 때문입니다.

'전인'이 되기 위해서는 한 과목도 놓쳐서 안 됩니다. 20개 과목 중에서 10과목만 공부 잘하고 나머지 10개 과목에는 취미도 없고 관심도 없는 학생이라면 그는 틀림없이 공부 못하는 학생으로 전락하고 맙니다. 수학 능력 시험에서는 각 영역별로 골고루 점수를 잘 받아야 합니다. 그리고 무엇보다도 한국 교육의 명목상 으뜸 교리는 〈전인 교육〉이니까 그런 것입니다. 어느 한 분야만 잘해 갖고는 대학에 들어가기가 사실상 힘들고 고통스럽기 때문입니다. 용케 재주를 챙겨 들고 특기생으로 대학에 들어간들, 주변의 쑥덕거림과 날선 비판이 아이의 생명력을 사정없이 무너뜨리기 십상입니다.

    서문. 학교는 지금 몇 시인가?

11. 울어라 학교여

한쪽에선 학력 학력 하며
핵핵거리고 다른 쪽에선
교육 책임자가
인성이 어떠니 독서가 어떻고
주절주절 앵무새처럼 재잘거리고
본 교육청에서는
올 한 해 교육 중점 시책으로
여기 교육 비전 책자에 보면
이러쿵저러쿵
모든 수업은 학력 신장을 목표로 하고
교육용 포털 업무를 수행하며 학생들이
자발적으로 탐구하는
방과 후 학교를 어쩌고저쩌고
중얼중얼 내 마술 어때 하며
신문 방송에 연신 얼굴 내미는데
실제로 학교 현장에서는
하하 웃기지도 않는
근엄한 교육 장치들이
21세기 새로운 물결 이 좋은 시대에
교육의 이름을 달고

우리 실정에 맞든 말든
선생과 아이들을
진득진득 무진무진
볶아대고 괴롭히니
대한의 학교가
업무 폭탄
학력 폭탄에
초토화되고 황폐화됨은
장마철에 비오듯
자연스런 이치렸다

인성 교육은
학교에서 쫓겨난 지 오래
지덕체 교육은 전설이 되었다
미국 발가락 핥아가며
봉사 활동 내신 점수로 넣어라
수준별 이동 수업해라
방과 후 학교 해라
음악 미술 도덕은 조금만 가르치고
일제고사 쳐서
성적순대로 아이들 줄 세워라
실적 따져서 예산 배정하고
성과급은 철저히 차등 지급하라

조만간 전자책으로 수업하고
창의 인성 교육 성과물은 지금 당장 제출하라
이건 참말로 쌀 안 주고
밥 해 먹으라는 심사
밑 빠진 독 주며
해질 녘까지 물 다 채우라는
팥쥐 계모 심술
나무 위에서 물고기를 잡아
매운탕을 끓여 즉각 보고하라는 격
이런 일들이
지금 학교에 다반사로 벌어진다
아아 학교여 학교여
이 땅의 교육이여

방과 후 학교
심화 보충형 수준별 교육
성취도 평가 학력검사
아아 말은 얼마나 멋들어진가
그러나 실제로 나타나는 모습은
귀신 하품하는 소리이거나
도깨비 세수하고 니스 칠하는 모습과
별반 다르지 않는
참 기가 막혀서

하나부터 열까지

명령 떨어지기 무섭게

교육청으로 기일 엄수하여

즉각 보고하라

서류를 제출하라 성과물을 보내라

실적을 보고하라

도대체 학교는 뭔가

교육이란 무엇이고

가르친다는 건 무슨 뜻이던가

학교는 경쟁 사회의 청정지역으로 남아

인성과 감성 교육의

맑은 샘터가 되기를 바랄 뿐,

일제 시대부터 만들어진

잘못된 근대 교육의 관행을

그 외간 틀을 깨야 하리

교육청은 기존의 '교육 감독청'이라는

일본 기모노를 벗어 던지고

'교육 지원 센터'로 거듭나야 하리

그리고 학급 인원을 20명 이내로 줄이고

교사 채용을 두 배 이상 늘려라 제발

교육 관심과 재정의 모든 것을 여기에 집중하라

교육 개혁의 처음과 끝이 여기에 있으니

또한 교육 실적이나 계획을
문서로 공문으로 성과물로
요구하지 않는 일이다.
교육 성과가 인성의 발달과 성숙이
어찌 계획과 실천의 틀 속에서
규격화된 수치나 문서에 갇힐 것이냐
욕심을 버려라
단기간의 성과에 매달리지 말아라
멀리 보고 학교를 위하라
선생을 공경하고 아이들을 존중하고
학부모를 두려워하라
그리고 무엇보다도
역사와 민족에 외경심을 가지는
그런 교육부, 그런 교육청이 될 것을
간절히 바라마지 않는다

이 땅의 교육이여
생활과 제도가
겉돌고 헛돌아
몸과 마음 지치게 만드는
이 피곤한 행진
이 껍데기 교육의 굿판이
언제쯤이면

끝이 날 것인가
까마득히 잊고 있었던
옛 기억들 푸르게 되살아나고
교단 선 날로 이어지던
일본 제국주의자들이
강요하던 근대 교육의 틀이
한층 복잡하고 간교한 모습으로
살아나는 오늘의 교육이여
백년 가까운 날의 교육 고비들
한 매듭씩 이어지는데
그 속에 담긴 눈물 고통
새삼 느꺼워지는 오늘이어라
밥은 없고 밥그릇만 번쩍번쩍
실속은 없고 껍데기만
이리저리 바꾸어대는
교육 개혁이여
교육 망침이여
아아 울어라 학교여
진실 부족의 교육 공화국이여
제발 그만 두자
국적 불명의 교육 행위를
얼병이 같은 바보 놀음을
자연산 고개를 외면하고

나일롱 고개를 넘어가는
껍데기들의 행진을
멈추어 다오
제발
멈추어 다오

- 12 -

　여백은 모든 생명의 젖줄입니다. 여백은 자연성의 다른 이름입니다. 여백이 삭제된 학교 교육. 오늘의 교육 현실은 이것으로 요약됩니다. 학교에서 자연성과 인간성은 상당 부분 지워지거나 엷어집니다. 여백은 지배 가치의 바깥에 밀려나 있는 삶의 모든 것입니다. 정서, 감정, 지혜, 꿈, 연대, 나눔, 베풂, 인정, 체온, 대화, 개성…….

　여백은 삶의 모든 에너지원입니다. 여백을 되살려야 합니다. 그래야 생명이 저마다의 빛깔과 향기로 노래합니다. 여백을 되찾아야 합니다. 그래야 우리의 살림터에 사랑의 무지개가 뜹니다. 갈래갈래 나뉜 삶의 숨 줄기들을 하나로 엮어야 합니다. 삶의 여러 갈래를 하나로 묶어내는 힘—이것이 바로 여백의 힘입니다.

　여백은 전체를 아우르는 힘입니다. 건강한 삶에는 맞춤한 여백이 있습니다. 삶에 있어서 여백이란, 모자라는 건 채워주고 넘치는 건 빼주고 하여 전체적인 삶의 모습이 언제나 균형을 갖추게 도와줍니다.

삶의 전체성은 여러 가닥의 부속품들이 조합하여 완성하는 단순 퍼즐 형태로 존재하는 것이 아닙니다. 삶의 전체성은 오히려 한 생명체가 세상 속에서 온몸 통짜배기로 부딪고 작용할 때의 탄력성과 역동성에서 발견됩니다. 삶이 그렇듯 교육은 인간이 가르침을 주고받는 과정 속에 존재하는 것이니만큼, 지식이나 기능을 전수하는 데 그쳐서는 안 됩니다. 삶은 언제 어디서나 전체성의 힘으로 존재하는 까닭입니다.

교육 현장에서 인간의 체온이 느껴져야 합니다. 감정과 감정이 만나야 하고 눈과 눈이 마주쳐야 합니다. 지식의 벽을 뚫고 지혜의 강물에 몸을 적셔야 하고, 정보의 바윗돌을 들어 올려 그 아래 숨쉬는 정서의 샘물에 목을 축여야 합니다.

여백은 삶을 보는 눈이며, 인간의 향기이며, 역사의 숨결입니다. 여백은 자기를 비추어보는 거울이며, 마르지 않는 지혜의 샘물입니다. 여백은 기쁘고 슬프고 안타까운 감정의 파도이며, 현실에서 꿈을 만들어 가는 정서의 물줄기입니다. 여백은 천천히 산책하는 즐거움을 가르칩니다. 여백은 친구들과 즐겁게 노는 방법을 가르칩니다. 학교 교육의 품안에 이것들을 끌어안아야 합니다. 이것들이 가르침과 배움의 중심 가치가 되어야 합니다. 여백은 찬란한 아름다움이 민낯으로 우리를 맞이하는 곳입니다.

여백은 우리에게 정중동의 미소를 건넵니다. 여백은 말없이 우리를 일깨웁니다. 여백은 넘치지도 모자라지도 않는 중용을 우리에게 가르쳐줍니다. 삶의 여백은 우리에게 천천히 살되 향기롭게 살며, 열심히 살되 생각하며 살 것을 권합니다.

서문. 학교는 지금 몇 시인가?

여백의 마음이 대동(大同) 세상입니다. 대동 세상은 말 없음의 세계입니다. 분별없음의 살림터입니다. 인위의 간섭이 물러난 땅입니다. 여백은 근대화 과정에서 억눌리고 사라진 우리의 모든 것입니다. 잃어버린 여백의 마음을 찾아야 합니다. 조급함을 버리고 느럭한 황소걸음을 다시 배워야 합니다. 여백의 마음은 낙천의 마음입니다. 여백의 마음은 다살림의 마음입니다. 여백의 마음은 외할머니의 마음입니다. 여백의 마음은 모든 마음의 고향입니다. 여백의 마음은 자연입니다.

이 땅의 젊은이들이 몸과 마음에 탄력과 여유를 가지고 살아갈 것을 간절히 바랍니다. 여백을 사랑하듯 자연을 사랑하고, 일상생활에서 자기 여백의 텃밭을 잘 가꾸어 가면 좋겠습니다.

제1장

서구 문명을 여는 키워드

1. 서구 문명의 쌍두마차―종교와 과학

근대 과학의 뿌리

근대 자연 철학은 중세의 정신 신학이 물질의 과학으로 나아간 결과이며, 근대 사회 철학은 물질주의적 자본 제도가 정신 과학으로 나아간 결과입니다. 이런 까닭에 서구 기독교 문명권에서 과학 혁명은 종교 혁명과 사회 혁명의 원인이자 결과입니다. 우주 자연을 지배하는 단 하나의 절대 법칙을 찾는 일이 자연 철학자의 지순한 절대 과제로 주어집니다. 이 같은 믿음은 근대에 더욱 또렷이 확정된 기독교의 유일신 사상에 뿌리를 박고 생성됩니다.

근대 과학 혁명은 망원경과 현미경과 증류기 및 기타의 각종 실험 도구들의 지원을 받고, 보다 직접적으로는 고대 세계가 전달해준 자연 법칙의 탐구 무형들, 이름테면 플라톤의 기하학적 수하 원리나 피타고라스의 수학 세계 그리고 연금술의 실험 법칙이나 원자론의 유물론 사상을 최대한 활용한 결과라고 말할 수 있습니다. 그러므로 이 역시 르네상스의 산물입니다. 나중에 자세히 살펴보겠지만 근대 초기에 활동한 대부분의 자연 철학자들은 자연 현상을 자연 그대로의 객관 세계로 보지 않고, 그 속에서 신의 은총의 흔적을 찾거나 피조물 속에 들어 있는 신의 섭리를 확인하여 그 영광을 신에게 돌리려는 종교적 열정으로 충만해 있었던 것입니다.

르네상스와 약탈주의

유럽인들은 15세기 이후로 대내적으로는 고대 이교 세계를 발견하고 이를 기독교 정신으로 숭배하고 모방하고 정복하고 약탈했으며, 대외적으로는 유색 인종의 새로운 세계를 발견하여 이를 정복하고 약탈하는 길을 걸었습니다. 고전 세계의 유형 무형의 많은 보물들이 유럽인들의 눈에 띄어 발견과 동시에 정복되는데, 이렇게 함으로써 기독교 세력은 현실의 변화를 계속 추적하면서 정치 사회 질서와 예술과 과학 등 인간 정신의 세밀한 부분으로까지 지배 영역을 넓혀갑니다. 눈과 가슴으로 들어온 새로운 세계를 근대인들은 기독교의 붓으로 정밀하게 색칠해 나가기 시작했다는 뜻입니다.

고대 이교 세계와의 전쟁에서 유럽 기독교인들은 승리를 거두어 눈부신 전리품을 다수 확보합니다. 말 그대로 이것은 전쟁이었습니다. 기독교의 세계와 비기독교 세계와의 전쟁—서양 르네상스가 디딘 첫 발걸음입니다. 물론 여기서 말하는 〈전쟁〉이란 실제의 전쟁이 아니라, 영적 전쟁 또는 문화 전쟁을 가리킵니다. 전쟁 수행 중에 확보된 고대 전리품들이 하나하나 기독교 의식의 세례를 받은 후에 사회에 되돌려졌으니, 이것을 멋진 말로 표현하면 〈기독교의 세속화〉가 될 것입니다. 여기에는 철학의 세속화, 과학의 세속화, 정치의 세속화 등이 속합니다. 종교 지배 세계 내에서 고대의 철학이나 가치관이나 지식이나 인간성이 방해받음 없이, 아니 오히려 고무 받고 추동되면서까지 실현되는 것을 통하여, 야만과 무지의 유럽인들은 암흑의 중세 시대로부터 탈출할 수 있었습니다.

기독교의 세속화-기독교가 당대 세속의 가치에 주목했다는 뜻입니다- 기독교 신학의 종속물로 놓여 있던 법학이나 철학의 유일한 목적은, 기독교 교리와 신학에 복종하고 봉사하는 것으로 확실히 자리가 매겨집니다. 근대의 과학 혁명은 중세 전통의 기독교 우월주의 시각을 명목으로만 유지한 채, 실제적으로는 비기독교적인 원리와 방법을 자연 탐구의 규칙으로 만들었다는 점에서 촉발됩니다. 근대 과학의 세계에서 신은 단지 최상의 지배 원리, 완전하고도 유일한 절대 법칙의 형이상학적 근거를 제공하는 존재로 처리되고, 자연적이고 물리적인 세계는 수학의 원리와 실험의 방법, 그리고 관찰에 의한 경험주의 원칙으로 해결됩니다. 뉴턴을 비롯한 현대 과학의 개척자들은 여전히 신의 섭리와 은총을 중세 지식인들과 마찬가지로 자연계 최고의 원리로 마련해 두었습니다. 그러나 어느 틈에 서구 과학의 세계에는 범신론과 유물론 등이 깊숙이 침투해 들어오고 있었습니다. 빛과 그림자가 하나로 합쳐지고 명암이 새롭게 갈라지는 순간이 찾아옵니다.

현대의 과학 기술 만능주의는 서구식의 철저한 인간 중심주의 관점이 지식 절대화, 혹은 절대화 지식을 도구로 하여 실천된 결과물이 아닌가 합니다. 자연과 인간의 철저한 이분법적 분리 투쟁주의는 어

                    1. 서구 문명의 쌍두 마차—종교와 과학

느덧 우주 자연에서 유일신의 존재를 추방하고, 그 지배자로 신념의 인간들을 배치하였습니다.

근대 과학 혁명이 성공한 까닭

중세 시대 천년은 기독교 신학이 지배한 시대입니다. 교부 철학의 시대(2세기~8세기)로부터 스콜라 신학 시대(8세기~17세기)에 이르기까지 카톨릭 교회는 사회 전반에 지배적인 영향력을 행세했습니다. 중세 후기에서 17세기에 이르도록 카톨릭 교회 측의 교리 해설 담당관은 스콜라 철학이었습니다. 이때의 스콜라(schola)가 학교를 가리키는 스쿨(school)의 어원이 됩니다. 스콜라는 사실상 고대 그리스의 자연 개념에 예수교 교리를 견강부회하여 꿰어 맞춘 것이라 해도 지나친 말이 아닙니다. 교회 측이 내세운 지구 중심적 프톨레미의 천문 구조가 그러했듯이, 스콜라 철학이 지배 원리로 내세우는 철학 모델은 예수교의 절대 유일신관과 고대 이교의 다신주의가 범벅이 된, 아주 기괴하고 복잡하고 혼란스러운 것이었습니다. 시대가 발걸음을 재촉하면서 새로운 진리와 현상이 끊임없이 나타나는데, 이 모든 것을 예수교 단일 교리로 통합하여 정리하려고 하다보니 자꾸 복잡해지고 혼란스러워질 수밖에 없는 거지요. 그래서 쌓여가는 세속의 정신적이고도 물질적인 가치를 교회 측이 통합 정리하려고 노력하면 할수록, 시대의 독재자인 카톨릭 신학 철학은 궁색하고 괴상하고 요상하고 복잡한 형태를 지니게 되었습니다. 카톨릭 교회는 탐욕의 독재자답게 또는 시대의 파수꾼처럼 커다란 넝마 주머니를 만들어 당대 세속의 온갖 것을 다 담았습니다. 한참이 지나자 이 넝마 주머니의 내용물들이 서로 충돌하는 한편 화학 변화를 일으킵니다. 기어코 그것들이 부글부글 괴며 끓어오르면서 혹은 썩고 혹은 발효가 되면서 근대 문명의 탄생이라는 대폭발이 일어나게 됩니다. 후대에 홉스 씨가 말한 것처럼 중세 후기와 근대 초기를 지배한 스콜라 철학은 기괴한 형상의 리바이어든이 되었던 것입니다.

카톨릭 교회 측은 복잡하고 혼란한 진리 해설을 여전히 도그마로 강제했습니다. 그러나 새로운 진리를 추종하는 자들이 새로운 예수교 신관을 들고 나타납니다. 그들이 한 목소리로 유일신 본래의 신앙으로 돌아가자고 외쳤을 때, 근대 과학 혁명은 성공의 샴페인을 터뜨릴 만반의 준비가 갖춰졌던 것입니다. 근대 초기에 등장한 새로운 진리, 새로운 일신교의 주장을 요약하면 다음과 같습니다. ① 무엇이든지 극도로 단순화할 것, ② 이단적 다신교를 물리치고 유일 절대자인 단 한 분을 내세울 것, ③ 일반 언어로 풀이하지 말고 수학 언어로 설명할 것, ④ 극도로 추상화하고 극단적으로 이상화할 것, ⑤ 필요하다면 상황을 설정하여 실험을 병행할 것, ⑥ 목적론적 세계관을 자연 철학 분야에서 완전히 추방하고 자연 법칙에는 작용론적 세계관과 기계론적 세계관만을 적용할 것, ⑦ 관찰자와 관찰 대상을 완전히 분리할 것, ⑧ 스콜라 철학처럼 인간 이성을 과대 평가하지 말고 불가지론의 세계를 인정하고 이것을 유일신에게 귀속시킬 것, ⑨ 자연 속에 내재된 신적 속성을 완전 박멸할 것 등입니다. 이전의 생각과는 비슷하면서도 완전히 다른 것이 태어났습니다. 근대 사회의 제작 설계도가 작성된 것입니다. 스콜라 철학의 넝마주의 이론을 버리고 극도로 단순화하되 가능하면 철저히 이분화할 것을 근본 원리로 내세웠습니다. 놀랍게도 이것이 서양 근대 정신의 원형적 바탕이 됩니다.

적과의 동침, 과학과 종교

흔히 말하기를 종교와 과학은 서로 대립 충돌하여 온 것으로 평가받습니다. 한편 과학과 종교는 전담 영역이 다르다 하여 양자의 조화 발전을 주장하기도 합니다. 그러나 이 모두는 사실이 아닙니다. 첫째, 양자의 대립 충돌의 관점은 서양 역사에서 일관된 것이 아니라, 근대 과학의 초창기와 최첨단 현대 과학 시대에만 적용되는 제한적인 것이기 때문입니다. 과학의 시대라고 말해지는 18세기와 19세기에는 종교와 과학의 세계가 뚜렷한 대립이나 충돌의 모습을 보이지 않습니다. 아니 이 시대는 오히려 종교 쪽에서 과학의 업적을 적극적으로 활용한 시대라고 말하는 편이 좋습니다. 둘째, 양자의 조화 발전은 분리주의 정신에 근거한 주장이기 때문입니다. 이 같은 관점은 종교는 정신 영역을 전담하고, 과학은 물질 영역을 전담하는 것으로 해석하는 것입니다. 그러나 이 같은 주장은 이론상으로는 가능할지 몰라도, 실제적으로는 불가능합니다. 정신과 물질의 완전한 분리, 추상과 실제의 완전한 분리가 어떻게 가능할 것인가 말입니다.

코페르니쿠스(1473~1543), 케플러(1571~1630), 갈릴레이(1564~1642)는 그 본질상 자연신학자라고 할 수 있습니다. 이들 현대 과학의 창시자들은 당대의 자연 신학을 자연 철학, 곧 오늘날의 자연 과학으로 성격 변화를 일으키게 한 일등 공신들입니다. 이들은 자연신학 혹은 자연학에 있어 르네상스를 주창한 인물들입니다. 자연학 분야의 휴머니스트들이라고 이름 붙여도 좋습니다. 이전의 자연 신학이 자연을 설명하고 해석하여 자연을 구원하려 했다면, 이들은 자연 속에 구현된 신의 뜻을 수학이라는 도구를 사용하여 직접적이고 또렷하게 밝히려 했기 때문입니다.

가령 케플러는 열렬한 프로테스탄트 교인으로서, 생애 전부를 신은 우주를 수학적 질서에 따라 창조하였음을 증명하는데 투자했습니다. 점성술사 케플러에 따르면, 태양은 우주의 지배자이며, 또한 태양은 절대 정신 곧 세계 정신이 존재하여 갖신 하나님이 축복 받은 천사들과 함께 거주할만한 단 하나의 천상계입니다. 그에게 우주는 삼위일체의 영적 존재이며, 그의 연구에 따르면 '태양의 중심은 성부이며, 회전하는 천구는 성자이며, 우주적 질서 관계는 성령'이었습니다.

민주 원리가 수학에서 출생하다

근대의 수학 세계는 인간 이성과 세계와의 굳은 약속이며, 잘 정리된 논리적 질서 체계로 알려집니다. 그것은 자연 피조물을 구원하고 거기에 담겨 있는 신의 은총과 섭리를 발견하기 위해서 근대인과 유일신이 새로 작성한 '계약서'입니다. 이리하여 서구 사회에서 자연 세계는 기독교적 '신약 성경'으로 다시 태어납니다. 약속과 질서를 중히 여기는 서양인의 정신 구조는 여기 새로운 과학 원리에 그 뿌리를 대고 있습니다. 물론 직접적으로는 르네상스 기를 거치며 특히 18세기 계몽 시대 이래로 계속되어온 국가 권력의 기계적 적용과 그것의 가혹한 집행 그리고 법률 위주의 처벌 방식이 서구인들을 그렇게 만들었을 것입니다.

서구 근대 과학은 수학의 힘에 절대적으로 의존합니다. 코페르니쿠스(1473~1543)나 갈릴레이(1564~1642), 그리고 뉴턴(1642~1727)이나 데카르트(1596~1650), 스피노자(1632~1677)와 파스칼(1623~1662)에 이르기까지 이들 근대 과학의 개척자들, 아니 현대 철학의 창시자들이 발견한 '로고스'는 '수학 언어'입니다. 그들은 '수학이라는 언어'를 가지고 유일신이 은총의 빛으로 내려보낸 '말씀 잔치'를 벌입니다. 이렇게 하여 세계를 지배하는 완전한 법칙이 있다는 서구 근대 사회의 '거대 가설'이 돈독한 기독교 신앙심을 매개로 하여 서서히 그 몸체를 드러냅니다.

이제 신은 자연계로부터 추방당하는 운명에 처해집니다. 초기 시대의 과학적 사유는 또 한번 코페르니쿠스적 대변신을 하게 되는데, 자연을 순수 기하학적이고 수학적인 질서 체계로 속박한 것이 근대 과학의 정체입니다. 근대 과학의 사상적 기반은 기계론 철학인데, 자연학 연구에서 이것이 도출된 까닭은, 모든 자연 현상을 지배하는 단 하나의 카톨릭 법칙이 존재한다는 단선적 믿음이 길을 닦아놓았기 때문입니다. 이후 폭발적인 지식 혁명의 기운이 인간 지식의 전 분야에서 거센 불꽃을 일으키며, 지구를 오직 인간 제국으로 만드는 일에 총력을 기울이며 오늘까지 닿고 있습니다.

수학적 자연 법칙은 중세 시대 신의 법칙을 대리하는 역할을 합니다. 천년 왕국을 꿈꾸어온 중세 이래의 종말론을 제압하고, 기계론 철학은 예측력 있는 관점에서 유토피아의 지상 천국을 주장합니다. 종교 개혁을 전후하여 터져 나오는 혼란과 갈등에 휩싸여 한 치 앞을 내다보지 못하는 극도의 불안 속에서 견디기만 하던 서양인들에게, 흔들림 없이 '확실성의 실체를 붙잡았다'고 공인 받은 기계론 철학이, 종교 교리의 충돌과 대립을 극복해주는 객관적이고 중립적인 지배 철학으로 인정받는 일은 그야말로 시간 문제가 아니었을까요? 뉴턴식 기계론적 물리학이 열광적인 환대를 받은 이후부터, 곧장 인간과 생명체 그리고 사회 구조에 이르기까지 이 모든 것들에 '기계론 철학이라는 절대성 원리'의 적용을 검토하는 행위가 잇따름은 피할 수 없는 대세였습니다.

그러므로 근대 시대에 탄생한 데모크라시는 그 출발 동기부터가 동양적인 인도주의나 민본주의와는 영 거리가 먼, 〈절대성 원리〉라는 완전 가설의 속성인 과학주의, 기계주의, 추상주의, 유토피아니즘, 이상주의가 만들어낸 지식 발명품입니다. 근대인들이 건설하려 한 인간 제국은 '서구 기독교 제국'이며, 그 일의 담당자는 철저한 가부장제의 전통을 이어받은 백인 남자들입니다. 그런 까닭에 아이들과 여자들과 노예를 비롯한 사회적 약자들은 여전히 지배 대상으로 남아 있어야만 했습니다. 서양 여자들은 지금부터 불과 8, 90년 전에 사회적인 격렬

　　　　　　　1. 서구 문명의 쌍두 마차―종교와 과학

한 투쟁을 거친 후에 백인 남자들로부터 겨우 투표권을 부여받았다는 사실을 상기할 필요가 있습니다. 150년 전의 영국 신문을 보면, 아내를 시장에 내다 파는 광고를 볼 수 있습니다. 서양에서 전통적으로 여자는 남자의 종이고 소유물이고 재산이기 때문입니다. 지금도 그 흔적을 완전히 지울 수 없어 서양에서는 여자가 결혼을 하면 여자의 성이 남편 성으로 바뀝니다. 여자가 남자의 소유물이라는 오랜 문화 풍속의 반영입니다. 여자 이브가 이런 대접을 받았다면 서양 사회에서 흑인이나 인디언 족이 어떻게 취급되었으며 어떻게 다루어졌는지는 상상만으로도 짐작이 가는 일입니다. 관심이 있다면 이런 계통의 역사책이나 자료는 쉽게 찾아볼 수 있습니다. 요즘은 워낙 지식이 개방된 시대라서, 궁금증을 금방 풀어볼 수 있어서 좋습니다.

신과 인간과 기계

캘빈의 구원 예정설, 곧 신의 결정론이 과학 세계로 넘어가서는 기계적 인과율이라는 결정론적 철학으로 태어납니다. 이 얼마나 놀라운 일인가요? 신이 마음대로 정해놓은 만물의 운명을, 이제 신을 대신하여 인간이 피조물을 운명적으로 지배하게 되다니요. 기계는 운명론적 구조이며, 신의 예정 조화설을 대신한 인간의 예정 조화설이 만들어낸, 인간을 위한, 인간에 의한, 인간의 피조물입니다. 이것은 마치 그들의 종교 세계에서 인간이 신을 위한, 신에 의한, 신의 피조물로 규정되는 것과 같습니다. 또한 그곳에서 인간이 신의 피조물이자 대리인인 것처럼, 기계는 인간의 피조물이자 인간의 대리인입니다. 이로써 신의 종으로 의미 부여된 인간은 그 자신의 종을 창조했습니다. 그러므로 현대 시대의 삼위일체는 신과 인간과 기계입니다. 과학 지식은 자체의 발달 논리에 따라 자신의 길을 걸으며, 지금까지 서구 근대화 역사가 증명하듯 하나하나 인간을 소외시키고 배신할 것입니다. 가령 오래전부터 들려오는 스마트 혁명이라는 것도 결국은 상품화 자본화의 길을 걸으며 조만간 우리를, 아니 지구의 모든 생명붙이들을 배신할 것입니다.

과학의 발달 원리를 한눈에 훑어보다

과학은 왜 끊임없이 더욱더 고차적으로 발전하는가를 생각해본 적이 있습니까? 모든 출발은 쉬운 것에서, 그리고 조작하기 간편한 것에서 일어납니다. 사람의 일생을 보더라도 먼저 기어 다니고 그러다가 일어나고 걷고 달리고 합니다. 또 우리가 운동을 배울 때 당분간은 기본 동작을 집중적으로 하는 것과 같습니다. 세계관이니 패러다임을 구성하는 근본 생각도 될 수 있는 한 가장 간단하고 경제적이고 단순한 것일수록 선호의 대상이 됩니다. 서구 근대화 운동 과정에 다듬어지고 정리된 기계론 철학은 바로 이런 성격의 것이라고 말할 수 있습니다.

　　　　　　　　

　따라서 당연하게도 자원과 에너지 개발이 손쉬운 쪽에서부터 현대 과학은 출발합니다. 이것은 서양의 근대 과학 기술이 자연 자원을 함부로 약탈하여 몇 백 년을 뜯어먹고 나니, 이제 더욱 고차적인 과학 이론과 복잡한 생산 공정 단계를 거치는 자연환경이 남아 있기 때문에 그러합니다.

　뉴턴에서 아인슈타인(1879~1955)에 이르기까지의 거시 물리학이 20세기에 들어서서 어떤 이유로 양자 물리학에 그 주도권을 내주게 되었을까요? 분자와 원자를 거쳐 눈에 보이지도 않고 그 실존조차 의심스러운 양자를 다루는 역학이, 20세기 과학 문명을 이끌어온 사상적 배경이 된 것은 무슨 까닭일까요? 콜럼버스(1451~1506)나 코페르니쿠스 이래로 지금도 발견과 발명의 시대, 또 다른 형태의 정복과 약탈의 시대가 계속되고 있습니다. 이제 생명의 세계는 물론 컴퓨터가 창조하는 가상의 현실마저 창조와 정복의 대상이 되고 있습니다. 세계 전체를 기계화, 자본주의화, 과학 기술화하여 어느 정도 서양화한 후에 펼쳐지는 오늘의 서양 패도주의는, 복잡하고 고차원적인 기술과 이론을 요구하는 현대 과학의 발전 양상과 그 맥을 같이 한다고 보면 틀림없을 것입니다. 스티브 잡스를 우리 모두가 무슨 영웅이나 성인처럼 꼭 흠모할 필요가 있을까요?

인간은 자연의 정복자일까 봉사자일까

서양 과학이 사상적 기반으로 이용해온 '에너지 보존 법칙'이란 무엇일까요? 우리들이 가진 상식대로, 모든 에너지는 형태만 달라질 뿐 에너지 자체는 그대로 보존된다는 뜻입니다. 단, 여기서 핵심은 쓸 수 있는 에너지에서 쓸 수 없는 에너지로 바뀐다는 것입니다. 이것이 〈열역학 제2법칙〉인데, 엔트로피는 사용할 수 없는 에너지의 양을 나타내는 용어입니다. 엔트로피가 증대한다는 것은 사용할 수 없는 에너지가 증가한다는 뜻입니다. 근대화 이후 기계 문명이 질주한 이래 지구 환경은 엔트로피가 꾸준히, 그러나 매우 빠른 속도로 증가해 왔습니다. '공해'는 사용할 수 없는 에너지를 가리킵니다. 20세기에 들어 자연환경이 빠른 속도로 파괴되고 또 오염되는 한편, 발암 물질과 각종 공해가 쏟아져 나오면서 환경 파괴는 잠깐 그 속도를 멈추는 듯했습니다. 소위 엔트로피 법칙이 환경 경찰이 되어 광란의 문명 질주에 제동을 걸었습니다.

그러나 과학 문명의 질주는 멈추지 않고 전진을 계속합니다. 열역학 제2법칙을 무력화하는 새로운 철학, 새로운 이론이 등장합니다. 특히 생물학이 물리학의 법칙을 응용하면서부터, 소위 〈생명 공학〉(사이버네틱스)이 탄생하는데, 여기서는 놀랍게도 엔트로피 개념이 정반대로 실현됩니다. 이를테면 물리학에서의 엔트로피 개념은, 질서에서 무질서로 나아가는 것입니다. 무질서의 증대로 자연 현상이 혼란에 빠지게 된다고 보는 것입니다. 그러나 생명 공학에서는 엔트로피 개념이 이전과는 정반대로 실현됩니다. 여기서 엔트로피 개념은 카오스의 세계를 코스모의 세계로 정리한다고 말합니다.

한편 디지털 정보 혁명이 지구 환경의 지킴이인 양 등장합니다. 우주 구조는 방대한 지식과 정보 혹은 관념의 덩어리라고 보는 시각이 컴퓨터 사회를 만들어냅니다. 양자 역학에 따르면 모든 물질은 '양자'라는 허깨비 같은 존재로 구성되어 있는데, 여기서는 생물과 무생물, 인간과 여타 생물의 차이점을 인정하지 않습니다. 모두가 똑같이 양자로 구성된 존재일 뿐입니다. 가령 인간과 나무의 차이는, 그것이 소유한 지식과 정보의 차이라고 봅니다. 다른 차이는 없습니다. 서양 과학의 근본 토대인 평등한 수학적 원리, 민주적 시각이 만들어낸 과학 지식이라고 말해도 좋을 법합니다. 신 앞에 평등, 법 앞에 평등, 수학 앞에 평등—이런 지식과 아이디어들이 모이고 발전하여 오늘날 지식 정보화 시대가 활짝 열렸습니다.

지금은 지식과 정보를 체계적으로 정리해내는 일을 발전이라고 봅니다. 모든 것을 지식의 틀 안에 가두어 버립니다. 종전의 엔트로피 법칙은 이 분야에서 철저히 배격되고 무시당합니다. 이리하여 현대의 과학 기술 문명은 발전의 행보를 늦추지 않고 무한대의 속도로 정보 고속도로를 질주합니다. '인간만의 제국'을 지구상에 건설하기 위해서 쉴새 없이 달려갑니다.

과학 기술이 대세인 오늘날에 인간은, 신 자신 혹은 신의 대리인이 되었습니다. 물론 이 때의 인간은 유(類)개념의 인류입니다. 종(種)으로서의 인간은 우주 만물에 대한 절대 권력자 또는 전지전능한 지식인이 되었습니다. 서양인들은 종종 신의 대리인이라는 관점으로 인간을 규정합니다. 거기에 따르면 인간은 모든 피조물 즉 자연에 대해 두 갈래의 상반된 역할을 수행합니다. 인간은 자연의 보호자며 봉사자라는 것과 인간은 자연의 정복자며 지배자라는 것이 그것입니다. 이 중 후자의 관점과 실천이 현재의 과학 기술 문명을 만들어냈습니다. 그렇다고 전자의 관점과 실천이 종교계의 지순한 역할이 아니었음은 물론입니다.

인간은 서양 정신이 재단하는 대로 자연에 대한 봉사자도 아니며 자연에 대한 정복자도 아닙니다. 인간이 곧 자연이며 그러므로 자연이 곧 인간입니다. 인간은 대자연 속의 소자연이며, 자연 속에서 살아가는 자연입니다. 인간 사회는 곧 인공 자연입니다. 그런 까닭에 인간은 신, 특히 유일신의 대리인이 결코 아닙니다.

신의 명령을 받다

서양 과학의 세계는 분리된 지식으로 나아가고자 하는, 그리하여 한 방향으로 집중하는 맹목적인 힘이 만들어내는 틀을 갖고 있습니다. 이 틀은 쉽게 말하면 분리 단절된 세계를 수학적 정확성과 물리적 실험으로 설명해내는 힘이 작용하는 공간입니다. 뉴턴의 과학이 이 틀을 최초로 정형화하고 완성합니다. 자연의 신비를 걷어내고 진리의 빛을 밝히는 일에 어떤 수단이나 방법을 동원해도 좋다는 신의 명령이 떨어집니다. 근대 이후로 지식인들은 칼과 톱, 현미경과 망원경,

입자 가속기, 마취제, 독극물, 전기 충격 장치, 수학적 정확성, 신의 세계 창조 계획을 알고 싶어하는 순수한 욕망, 최초의 발견과 정복이 가져다주는 기쁨, 막대한 연구비의 획득, 노벨상 수상의 영광, 돈을 벌고자 하는 욕심, 치열한 경쟁 심리— 이 모든 것들을 동원합니다.

세계는 하나의 기계라는 생각이 출현함

근대 초기에 카톨릭 교회 측이 강제하는 스콜라의 철학 체계는 고대 이교 원리를 지나치게 추종하고 숭배하는 것이었습니다. 스콜라 철학은 아리스토텔레스(서양 신기원 384년 전~?)나 갈렌(서양 신기원 199년 전~129년 전) 등의 지적 권위자들을 거의 신앙의 경지로 떠받들었습니다. 카톨릭 교회가 고대 이교 사상을 숭배한다고 의심 받는 역사적 순간이 찾아옵니다. 16세기에 들어 새로운 예수교 지식인이 나타나기 시작합니다. 그들은 스콜라 철학을 '속화된 신학'으로 비판하며, 완전하고 절대적인 단일 지배자로서의 유일신을 새로 제작하기를 열망합니다. 예수교 본래의 유일신관을 회복하자는 신념에 따라, 그들은 스콜라 철학이 끌어안고 있는 이교의 다신(多神)들을 비난하고 비판합니다.

그러나 기계론 철학 또한 위험하기는 마찬가지였는데, 그것은 창조주가 기계 모델로 세계를 창조한 후에는 어디까지나 세계 질서는 그 자체의 힘으로 존재하게 된다고 믿어질 수 있기 때문입니다. 16세기를 거쳐 17세기에 접어든 이후부터는 이와 같은 대립과 혼합의 경향성은 곳곳에서 노출됩니다. 정통 예수교와 이단 예수교가 착색되고, 일신(一神)주의와 범신(凡神)주의가 혼합되며, 신앙의 진리와 지식의 진리가 섞여들며, 기계론 철학과 스콜라 철학이 뒤섞이며, 극단적 관념주의와 극단적 실험주의가 하나로 꿰뚫리며, 프로테스탄트 예수교와 카톨릭 예수교가 혼용되며, 종교와 과학이 한가지로 버무려지며, 인간의 진리와 신의 진리가 카오스를 만듭니다.

이 같은 혼합과 대립의 과정을 거치면서도 '절대자'를 끊임없이 찾아 헤매는 서양 정신의 바탕 구조상 이를 통일하는 단일한 신적 존재가 등장할 수밖에 없는데, 그것이 바로 뉴턴과 데카르트의 열광적인 추종자들이 만들어낸, 이름하여 〈세계 기계론〉 곧 〈世界는 機械다論〉인 것입니다.

생명 공학의 출발점

현대 유전 공학의 제일보를 내딛게 한 인물은, 카톨릭 예수교의 멘델(1822~1884)이라는 이름의 수사 출신이었음을 우리는 기억하고 있습니다. 완두콩의 실험과 관찰이 생명 공학의 출발점을 이룹니다. 서구 근대 과학은 그리스 로마의 고대 지식과 크리스트교의 맹목적인 신앙심이 하나로 연합하여 이룬 작품이라고 말할 수 있습니다. 근대 과학의 내용물은 고대 철학 지식의 광적인 추종주의에 바탕을 두지만, 그것을 추동하고 고무한 원동력은 크리스트교가 지닌 맹목적이고 단선

　　　　　　　1. 서구 문명의 쌍두 마차―종교와 과학

적인 신앙심이 아니었을까 하고 한 번쯤 추정해보는 것도 나쁘지 않습니다. 사람에게는 생각하는 힘이 있으며, 생각의 자유가 있으니까요. 참신하고 발랄한 사상은 이런 토양에서 성장합니다.

양날의 칼, 뫼비우스의 띠

철학과 신학과 과학은 서양 학문의 삼위일체입니다. 이것은 본체가 하나이되 기능이 세 갈래로 나누어진다는 뜻입니다. 각각의 기능은 시대마다 지배 사상의 구실을 하는데, 고대 이교 세계에서의 지배교리는 철학이며, 중세 카톨릭 제국 시대의 그것은 신학이며, 근·현대 시대의 그것은 과학입니다. 이들 세 영역의 공통점은 지식 절대주의라고 말할 수 있습니다. 이들은 완전하고 절대적인 지식을 추구하기 위해 지적 세계를 극한까지 밀고 올라갑니다. 현대의 초정밀 과학은 이 같은 경향성의 절정을 보여주는 것입니다. 이제 과거와는 반대로 눈에 보이는 것은 보존하고 눈에 안 보이는 것을 정복하려 새로운 길로 접어든 것이 현대 복잡성 과학의 정체입니다.

근대 과학은 초기에 열렬한 신앙심과 경건한 종교주의로 출발의 첫걸음을 내디딥니다. 잦은 발걸음 끝에 16세기에 도달한 서양 과학은 자연 신학이라는 외피를 벗어 던집니다. 그간의 과학, 곧 자연 신학은 자연 현상을 창조주의 뜻에 맞게 설명하는 일로 본업을 삼아 왔던 것이지요. 이후 17세기 뉴턴에 의해 자연 현상의 수학적이고 기계론적인 설명이 완성됩니다. 이때쯤에는 자본주의 경제 구조의 발달에 보조를 맞추며 자연 과학이 마침내 신학의 교리를 대신하는 것으로 각광을 받습니다. 연금술사 뉴턴은 지워지고 자연 과학자 뉴턴이 시대의 영웅으로 선전됩니다. 유럽 사회 전역에서 분야를 가리지 않고 뉴턴의 자연 과학을 모방하는 일이 대대적으로 들불처럼 번져나가기 시작합니다.

우리에게 친숙한 민주주의 제도 역시 이즈음의 누군가가 발명의 아이디어를 제출하게 됩니다. 근대 민주주의의 초석을 이루는 엄격한 기계식 동질주의는 뉴턴의 수학적 확신이 사회적으로 확장된 것에 지나지 않을지도 모를 일입니다.

18세기 이후 계몽주의 지식인들은 공공연하게 물질주의적 세계관을 근본 주장으로 내세우는 한편, 크리스트교의 유일 절대의 인격신과 그 신자들을 강도 높게 비난하고 공격합니다. 그들 중 다수는 유물론 찬양주의자로서, 모든 인간 지식은 과학적 방법론과 원리에 따라 인간 이성의 검토와 검증을 받아야 하는 것으로 선언합니다. 종교적 미신주의나 환상주의는 이들에 의해 사악하고 비밀스러운 것으로 판정을 받습니다. 그 동안 인간 죄인설과 인간 성악설을 계속적으로 주입해온 크리스트교 교리에 대항하여 인간의 높은 가치와 존엄 의식을 그들은 새로운 종교 복음으로 선포합니다.

18세기에 이르러 과학적 합리주의를 열광적으로 숭배하는 풍조가 나타나는데, 이것은 마치 초기 기독교 선교의 모습과 쌍둥이처럼 닮았습니다. 몇몇 계몽가들은 공공연하게 유물론을 찬양하고 반 종교적인 문학 작품들을 생산해냅니다. 인간을 순전히 이기적인 동물로 분

1. 서구 문명의 쌍두 마차―종교와 과학

석하는 논문이 발표되는가 하면, 크리스트교의 합리성을 주장하는 글이 출판되기도 합니다. 환희와 열광, 공포와 적의가 공존하는 시대에 계몽주의는 어느 새 끌 수 없는 횃불이 되었습니다.

유럽에 진정한 이성의 시대, 인간의 시대가 찾아온 것이지요. 그러나 기묘한 것은 종교의 빛이 꺼지지 않고 그대로 살아남았다는 사실입니다. 계몽주의자들이 함부로 쏘아대던 독화살 공격을 받고도 기독교가 건재하다는 점이 불가해한 일이었습니다. 놀랍게도 크리스트교는 이전 시대와는 전혀 다르게도 과학적 세계관으로 무장한 이성 종교로 그리고 휴머니즘 종교로 대변신을 하게 됩니다. 이렇게 되기까지는 기독교를 맹렬하게 공격한 계몽주의자들의 역설적(逆說的) 공적 외에 크리스트교 교리 수호자들이 변증법적인 원리를 이용하여 기독교 교리를 수정하고 교환하고 자리바꿈한 데 힘입은 바가 큽니다. 과학 원리가 그러한 것처럼 서양 역사에서 기독교 역시 진화 발전되어 온 것입니다.

신은 수학자라는 믿음

근대 과학의 탄생은 수학에 힘입은 바가 거의 절대적입니다. 현대 과학의 개척자들은 신은 수학자라는 믿음과 수학자가 신의 세계 창조 계획을 엿볼 수 있다는 신념을 가졌습니다. 근대 초기에 수학의 폭발적인 관심과 발달은 첫째, 열광적인 고대 숭배 사상, 곧 르네상스 열풍 때문입니다. 문예 분야에서 촉발된 르네상스(고대 부흥 운동)는 분야마다 광기어린 고대 숭배와 추종과 모방이 따르게 됩니다.

이 때 수학 역시 고대 부흥 운동 때문에 역사의 표면으로 다시 드러나게 됩니다. 피타고라스나 플라톤, 아리스토텔레스 등이 신적 권위를 등에 업고 당대 자연 신학자들에게 열광적인 숭배를 받습니다. 수학의 관심과 발달 두 번째 이유는, 아라비아 숫자 표기법의 도입과 활용입니다. 아라비아 상인들을 통해 이것이 유럽에 들어왔을 때, 유럽인들은 '0, 1, 2, 3, 4 ~', 이것을 아라비아 숫자라고 명명했습니다. 그러나 이것은 원래 인도의 숫자 표기법입니다. 이 중 '0'의 발견과 사용은 인류 문명의 신기원을 가져옵니다. 13세기 당시 서양에서는 아라비아 숫자 표기법이 없었으며 물론 '0'의 존재도 몰랐으며 사용하지도 않았습니다. 아라비아 숫자로 163×27 하면 될 것을, 당시 유럽인들은 로마 숫자 표기로 CLXIII×XXVII 이렇게 적었습니다.

쉽고 빠른 계산, 정확하고 단정한 수학 체계, 0의 사용이 가져온 우주의 깊이와 넓이, 신의 세계 창조 계획과 은총을 자연계에서 발견하려는 노력 등이 근대 수학의 길을 활짝 열었던 것입니다. 수학의 마술에 홀린 이들이 신흥 종교의 광신자인 양 수학의 새로운 역사를 열어가기 시작합니다. 바야흐로 코페르니쿠스, 케플러, 갈릴레이, 뉴턴 같은 현대 과학의 개척자들이 역사의 무대에 전면적으로 출현할 채비를 갖추게 된 것입니다.

자연은 신의 피조물로서 그것은
수학으로 적힌 바이블이라는 생각

　서양 종교가 유전인자로 물려준 '확실성'의 단일 가치를 지향하는 맹목적인 힘은, 자연 현상을 대하는 지식의 체계에서 수학적 모형의 과학 이론을 틀 잡을 수 있게 만듭니다. 코페르니쿠스에서 뉴턴에 이르기까지 자연 철학자에게 수학은 같신 하나님의 자연 창조 계획을 정밀하게 밝히는 도구였습니다. 그들에게는 자연학이 곧 신학이었습니다. 자연 분야에서 신의 은총과 신의 영광을 찾으려 했습니다. 새로운 철학자들에게 수학이라는 도구는 자연이라는 거대한 피조물 성경을 기록하는 유일한 문자로 간주되었던 것입니다.

　서양 정신은 고도로 추상적이고 이상적인 형태를 지향하므로 실제로 자연 현상이나 우주 구조가 수학적 모델인지 어떤지는 사실상 중요하지 않을 수도 있습니다. 다만 일차적으로는 그러한 맹목적인 믿음이 중요한 것이나, 정작 핵심적인 알맹이는 '절대성 원리'에 기초를 둔 어떤 '확실성'을 완전 가설의 형식으로 만들어내는 일입니다.

　중세 카톨릭 제국 시대에 예수교 신학은 모든 학문의 황제이며, 시대 정신의 통치자였습니다. 인간 정신의 세세한 부분이나 자연 현상의 세목들도 종교 교리에 의한 신학적 지식으로 해결되며, 예수교의 종교 정신은 사회의 모든 분야에 지배 원리로 침투해 들어가서 각종의 사회 제도나 도덕 의식이나 사회적 관습 그리고 교육 예술 등의

모든 인간 생활을 총괄적으로 감독하고 통제하고 명령하고 해석하고
지시를 내리는 것으로 고착화되었습니다. 이 같은 세월이 무려 천년
이상이나 흘렀습니다. 천 년의 시간은 유전자 변형이 일어나거나 또
는 유전자에 새겨질 정도의 세월입니다. 까닭에 서양인들의 의식 구
조가 우리와는 너무나 다르겠지요. 게다가 중세 이후로 또 천 년이 흘
렀으니까 도합 2000년의 세월이라니, 달리 더 설명이 필요 없습니다.
올해는 서기 2012년입니다. 서양이 역사의 신기원을 이룩한 지 2012
년이 되는 해입니다.

삼위일체의 고리를 풀다

16,17세기에 발흥한 근대 과학은 사실 '과학'이 아니라 '철학'입니
다. 실제로 당대인들은 그것을 '철학'이라고 불렀습니다. 뉴턴에게도
자신의 지적 작업은 철학이었지 과학이 아니었습니다. 현대적 의미의
'과학'은 18세기에 가서 '철학'과 '신학'으로부터 비로소 분리 독립되
지요. 이것은 정확히 말해 근대 과학이 국가 권력과 자본주의 사회 구
조와 결탁한 이후의 현상입니다. 이곳에 현대 과학의 정체가 숨어 있
습니다. 과학 지식과 국가 권력의 결합, 그리고 과학기술과 자본주의
의 결합이 현대 과학의 밑뿌리입니다. 21세기 오늘날의 사정도 18세
기의 그것과 전혀 다르지 않습니다. 그 연장선 위에 있을 따름입니다.
　근대 〈과학〉은 극한 지식을 추구한 〈철학〉이며, 신의 존재 증명을

가장 구체적으로 보여준 〈신학〉이었습니다. 근대 과학이 탄생한 이후로 서양에서 과학과 철학과 신학은 삼위일체의 유일신이 되었습니다.

지금도 서양 종교계 일각에서는 과학의 발달과 탄생이 예수교의 도움을 전적으로 받았음을 이론적으로 설명하는 저술들이 쏟아져 나오고 있습니다. 과학을 변호하는 신학자들은 예수교와 교회가 과학의 발전을 저해하고 억압했다는 기존의 고정 관념을 맹렬하게 공격합니다. 항간의 상식과는 반대로 종교와 교회와 바이블이 과학 발전의 숨은 공로자이며 근본 추진력이었다는 저술을 쏟아내고 있습니다. 이들에 의해 기독교 신학은 다시 진화적 변신을 하게 됩니다.

라이프니츠(1645~1716)가 '신의 완전성은 인간 정신의 완전성'이라고 분명하게 말했습니다. 서구 전통 사상에서 완전성은 오로지 '정신적인 것'에서 구현됩니다. '신'은 '순수 영적인 존재'로서 완전하며, 육체를 가진 인간은 불완전한 존재로 처리됩니다. 괴테의 말대로 '완벽한 것은 오직 신뿐'입니다. 완벽하기 위해 노력하는 존재가 인간이라는 말을 괴테는 잊지 않고 덧붙입니다. 그의 말처럼 완벽하기 위해 애쓰다보니 오늘날 인간은 신처럼 완벽한 존재가 되었습니다. 우주의 지배자가 되었습니다. 대자연의 독재자가 되었습니다. 신과 같은 창조주의 지위를 획득하였습니다. 생명마저 창조하는 전지전능자―오늘날 인간은 신이 되었습니다.

자연 철학의 수학적 원리는 신의 전지 전능성을 서양인 모두로 하여금 확인하게 하였으며, 자연 속에 숨겨진 신의 뜻을 '확실성'의 실체로 제공한 바 있습니다. 서구 근대 사회 초창기에 자연은 신의 창조 작품이며 갇신 하나님이 실재하는 증거로 찬양 받지만, 자연 그 자체가 신성시되어 경배의 대상이 되는 것은 아닌 쪽으로 천천히 가닥이 잡혀갑니다. 자연계에서 신의 영광을 발견하려는 시선을 거두어들이고 다른 시각으로 자연을 바라보기 시작합니다. 인간과 분리된 자연은 이제 다시 신과도 분리되었습니다. 그 후 자연을 냉혹한 시선으로 연구의 대상으로만 삼는, 아니 심하게는 자연의 마력적인 힘을 마녀로 규정하여 백인 남자들이 자연을 고문하고 강간하는 사건이 연속적으로 일어나게 됩니다.

신의 얼굴은 왜 인간의 얼굴일까

권위 종교의 기반 없이는 오늘날과 같은 과학이 절대로 탄생할 수 없다는 사실을 기억해야 합니다. 근대 사회에서 종교와 과학은 어느덧 상호 침투되고 상호 인과 관계로 작용합니다. 르네상스 이후에 부활된 고대 세계의 자연 철학은 예수교 교회 측에 의해 자연 신학의 세례를 한 차례 받았습니다. 그런 후에 다시 자연 철학으로 돌아와 기독교 의식을 치르고 나서 마침내 '자연 과학'으로 발전하였습니다.

오늘날 현대 과학은 '인간의 얼굴을 한 종교'로 숭배받습니다. '신의 얼굴을 한 과학'은 종교 교리 해설에 여전히 남아 있습니다. 현재의 과학 제국주의는 더덜없이 인간 중심 사상의 서양식 실현입니다. '종교 없는 과학은 절름발이이고, 과학 없는 종교는 장님'이라는 아인슈타인의 말은 그들 과학과 종교의 변증법적인 관계를 잘 보여주고 있습니다.

종교와 과학, 이 둘은 결합하여, 광신적 이성주의를 낳고, 자유 의지론적 결정론 철학을 낳습니다. 이 둘은 결합하여 기계 중심의 인간 절대주의를 낳고, 인간 중심의 기계 절대주의를 낳습니다. 이 둘은 결합하여 생명에는 기계성을 주입하고, 기계에는 생명성을 주입합니다. 이 둘은 결합하여 인간의 얼굴을 한 휴머니즘 종교를 만들고, 신의 얼굴을 한 싸이언티시즘 과학을 낳습니다. 이 둘은 결합하여 예수교는 과학적 종교로 합리화되고, 서양 과학은 종교적 지식으로 우상화됩니다. 이 둘은 결합하여 광신과 미신의 상징 문화를 만들고 정복주의 정신을 고착화합니다. 이 둘은 결합하여 자본주의 사회 구조를 제작하고 마르크스 종교를 사생아로 출산합니다.

생명의 나무에서 죽음의 나무로

절대적 권위를 가진 종교의 도그마와 고대 원자론과 수학적 논리주의는 단단히 결합하여, 근대 자본주의적 물질문명의 거대한 뿌리를 만들어냅니다. 이것이 점차 가지를 벌이고 둥치를 키워 가는데, 뉴턴과 데카르트를 정점으로 하는 '기계론적 세계관'이라는 나무가 바로 이것입니다. 근대 서구인들에게 '생명의 나무'로 경배 받은 이것이 곧장 돌아서서는 다른 문명권이나 뭇 생명체들에게는 '죽음의 나무'가 됩니다.

욕망으로 무장한 서구 근대인들에게 세계와 자연은 이제 곧 발견자와 발명자와 정복자의 몫으로 배분됩니다. 〈최초의 누구〉라는 이름으로.

여기 17세기에 활동한 마랭 메르센(1588~1648)이라는 프랑스 카톨릭 신부가 있습니다. 그는 당시 새롭게 태동하는 과학의 진리와 예수교 종교 진리의 합일점을 모색하기 위해 노력한 인물입니다. 그는 전통적 인식 기반을 허물고 새로이 등장하는 과학적 발견이나 업적이 예수교 진리 체계의 무 오류적 완전성과 절대성을 보장해주는 것으로 믿고 싶어했습니다. 메르센은 새로운 지식의 발명자들을 한곳에 집합시켜, 새로운 정신, 새로운 지식, 새로운 과학, 새로운 철학을 통합하여 체계를 세울 것을 열망합니다. 그가 주선한 회합 장소에는 유럽의 모모한 지식인들이 서신과 소책자로 혹은 직접 얼굴을 대면하며 만났습니다. 서구 근대 사회에서 새로운 전통이 탄생하는 장면입니다. 메르센 신부의 활동은 유럽 대륙 곳곳에서 공식적이거나 비공식적인 정보 교환이나 학문적 교류를 하기 시작하는 계기가 됩니다. 이후로 유럽에서 연구회와 살롱이 우후죽순처럼 돋아납니다.

유럽은 이제 하나가 되었습니다. 새로운 열광과 찬양으로 사회 분위기는 뜨겁게 달구어졌습니다. 각종 연구 모임과 동호회와 살롱은 유럽의 신 철학을 하나로 연결하는 '보이지 않는 대학'이 되었습니다. 서신 교환은 아마튜어 지식인들을 연결하는 주요 통신 수단이며, 서기 1665년에는 유럽 최초의 과학 잡지인 「철학 회보; 세계 주요 지역에서의 독창적인 것의 현재의 계획, 연구, 노력 중인 것에 대한 정보를 주기 위한 것」이 간행됩니다. 이로써 새로운 지식과 과학 집결 운

　　　　　　　1. 서구 문명의 쌍두 마차—종교와 과학

동은 좀 더 조직적인 차원으로 발전합니다. 경험적 지식과 실험적 사실이 스콜라 사변 철학을 밀어내고 그 자신을 높은 가치로 만들어 가는 길을 밟아갑니다.

온갖 종류의 측정 도구와 실험 기계는 17세기에 접어들어 새로운 산업 생산물로 각광받기 시작합니다. 17세기는 메르센 카톨릭 신부의 말대로 정밀 지식과 정확한 계산이 과학 진리의 새로운 표준으로 자리를 잡아가는 시대라고 말할 수 있습니다. 로마 카톨릭 제국주의가 자연과 물질의 측정이나 실험 행위를 '자연의 신비를 침범하는 불경죄'로 공식화한 이래로 수많은 연금술사와 중세 과학자들, 그리고 실험 과학자들이 예수교 이단자로 낙인찍혀 숱한 박해와 탄압을 받아온 역사를 생각한다면, 이것은 거의 혁명과 같은 상황이라고 할 수 있습니다.

새로운 철학에 열광하는 지식인들은 '확실성'을 그들의 종교 교리로 삼으며, 정확한 지식만을 가장 확실한 지식으로 인정했습니다. 그때 실험 과학자들과 기계론 철학자들에게 수학은 보편 타당한 유럽의 국제 언어로 귀한 대접을 받습니다. 그들의 신념에 따르면 이제 우주 자연과 인체 구조는 수학 언어와 실험 도구를 통해 정확히 분석되고 측정되고 설명되며 해체 조립할 수 있는 것으로 정리됩니다. 수리 언어와 더불어 망원경과 현미경, 그리고 기타의 정교한 측정 도구들과 실험 관찰 기구는 중세 과학의 전통인 '말로 하는 철학' 곧 사변적 요소를 밀어내고, '사실대로의 철학' 즉 양적이고 실험적인 근대 과학 세계를 새로운 진리의 준거 틀로 만들어가는 데 결정적인 도움을 주었습니다.

새로운 정신 기운이 유럽 사회를 찾아들자, 수리 과학과 실험 과학을 이단시하던 전통과 관습이 천천히 풀려납니다.

자연에게서 신성을 철저히 박탈하라

17세기에 들어 기계론 철학을 준비하던 지식인들에게 자연의 신성성은 완전히 박탈되어야 했습니다. 유일신의 완전성과 절대성을 그들은 새로운 과학 원리로 받들었습니다. 물리학이나 자연 법칙 내부에 남아 있던 목적론적인 관념을 그들은 다 헤진 낡은 옷처럼 아낌없이 버렸습니다. 자연에서 영성을 완전히 추방했습니다. 그들은 형이상학적 주관 세계와 물리학적 객관 세계를 완전하게 이원화하면서, 후자만을 자연 철학의 대상으로 삼았습니다. 이제 자연은 철저히 대상화되면서 객관적인 존재로 분리되어 인간과 멀어지게 됩니다. 자연은 기계론적이고 원자적인 탐구의 대상으로 고정되는 운명에 처해집니다. 형이상학적 주관 세계는 종교 영역으로 편입되며, 이 경우의 자연 탐구는 여전히 종교적이고 신학적인 목적론을 견지하고 있었습니다.

기계론자들이 가진 자연 탐구의 관점과 방법은 이전의 것과는 확실하게 다른 것입니다. 자연을 철저히 객관적 존재(곧 분리된 대상)로 규정했으며, 더구나 자연에게서 신성과 마력과 신비를 철저히 박탈하려고 애썼다는 점이 특징입니다.

　　　　　　　1. 서구 문명의 쌍두 마차—종교와 과학

형이상학적 해석론 곧 종교적 해석론은 이제 기계론 모델에서는 끼어들 틈이 남아 있지 않습니다. 여기서 존재론은 떨어져 나가고 인식론만이 과학 세계에 남습니다. 서구 지식의 발달 역사에서 존재론과 인식론의 양극화 현상은 여기서 비롯된 것입니다. 존재론은 종교가 담당하고 인식론은 과학이 담당하는 것으로 근대 철학이 새로운 발걸음을 재촉합니다.

보일의 신앙이 보일의 법칙을 만들다

보일(1627~1691)은 자기 시대에 일반화되어 있던 '자연의 신적 존재 개념'을 배척합니다. 그는 자연의 신성은 유일신에 대한 모독이며 신성 침해라고 흥분한 어조로 말합니다.

보일은 당대 교회 측의 자연 신성 개념을 안티 크리스트 발상이라며 맹공을 퍼붓습니다. '신의 대리자로서의 자연'은 관념상의 존재에 불과하며, 자연의 신격화를 기도하는 어떠한 교리 수호 방법도 그것은 본질적으로 신을 해치는 행위이며, 예수교 교리를 모욕하는 것이라고 자신의 새로운 예수교 교리를 강한 어조로 설교합니다. 알고 보면 그는 고대 원자론의 광적인 추종자로서 '자연의 물질화와 자연의 비신격화'를 자신의 종교 신념으로 삼았던 것입니다. 보일은 자연 현상을 파악하는 데 있어서, 기존의 스콜라 철학이 견지한 종교상의 목적론적인 해석을 거부하고, 자연 자체를 규칙과 법칙에 따라 움직이는 하나의 기계적인 존재로 규정했습니다. 이것이 바로 보일의 법칙이 탄생하기 전에 가진, 보일의 생각입니다.

기계론 생각은 스콜라의 '자연 신학'을 근대의 '자연 철학'으로 만드는데 결정적인 역할을 합니다. 나아가서 '자연 철학'을 오늘의 '자연 과학' 형태로 자리매김 하는 데 가장 완전한 공헌을 합니다. 서양의 자연 과학은 자연 현상에 대한 철저한 인식론이며, 자연 현상을 설명하는 방법으로 수학적 양화 법칙과 지식의 객관화를 내세워서 커다란 성공을 거두었던 것입니다.

인간과 자연의 완전하고도 절대적인 분리—이것이 서양 근대 과학의 정체입니다. 앞에서 살펴본 대로 과학이 금과옥조로 여기는 객관 세계는 이런 과정에서 태어났습니다. 인간의 가치 의식 세계와 물질적이고 원자적인 자연 세계를 양분하면서, 서양 과학은 후자에 집중적인 초점을 맞추어 온 결과, 인간과 완전히 분리된 오늘의 지식(과학)을 낳게 됩니다. 서양 과학의 세계는 자연을, 아니 지식의 세계를 객관적 대상으로 간주하고, 철저히 지식 그 자체의 세계에 편집광적인 집중력을 쏟아 부어 이룩한 것입니다. 오늘날 인간 지식의 전 분야가 정밀하게 극한의 '과학'으로 편집되어 있는 지구별 상황이 그 구체적인 증거물입니다.

현대 과학의 종점은

아인슈타인의 상대성 이론과 뉴턴의 절대성 이론은 발생 순서가 결코 역전될 수 없습니다. 곧 아인슈타인의 상대성 이론이 먼저 있고 나서, 뉴턴의 물리학 고전 법칙이 나올 수 있는 것이 아닙니다. 뉴턴은 시간과 공간이 절대적으로 분리되어 있고 또한 고정된 것이라고 보았습니다. 뉴턴 과학의 핵심은 〈절대성 원리〉, 〈고정성 원리〉입니다. 그러나 아인슈타인의 그것은 '상대성 원리'이며 '유연성 원리'로 요약할 수 있습니다. 상대성 원리에서는 시간과 공간의 분리가 불가능합니다.

뉴턴과 아인슈타인은 시대를 바꾸어 태어날 수 없습니다. 서양 과학에서는 뉴턴의 절대성 원리보다 상대성 이론이 결코 먼저 만들어질 수 없다는 뜻입니다. 이것의 실제적 의미를 잘 알아야 합니다. 현대 과학이 말하고 있는 주체와 객체의 혼합 현상이라든가, 부분은 전체를 담고 있다는 불교 세계의 화엄론 과학 현상의 규명이나, 관찰자와 관찰 대상은 결코 이원적으로 분리될 수 없다는 현대 물리학 이론이나, 자연은 하나의 유기체로서 살아 있다고 하는 최신 이론 등은 모두 '기계론 철학'과 기계론적 세계관이 벽에 부딪혀, 새로운 과학 원리를 필요로 할 때, 거기에 부응해 나온 필연적인 결과물일 뿐이라는 사실에 주의를 기울여야 합니다.

오늘날 새로운 성직자가 되어버린 과학자 자신은 진리 탐구에 몰두할 뿐 그 연구의 결과가 인류를 공포와 절망으로 몰아넣는 화학 무기가 되고 핵무기가 될 수 있다는 사실과는 아무런 상관이 없다고 생각합니다. 그도 그럴 것이 근대 과학 발흥기에 '종교'와 분리된 '서양 과학'은 단지 사물 자체의 지식에 철저할 뿐, 거기에는 이미 '물리와 도리'가 그리고 '인간과 자연'이 완벽하게 분리되어 있기 때문입니다. 〈인간과 분리되어 완전히 객관화된 지식의 극단적 추구〉가 자본주의 물질문명과 결합하면서 지구촌에 미쳐 날뛰는 과학 기술을 만들고 있음을 주목하기 바랍니다.

2. 기계를 설명하는 12개의 키워드

서양인은 오늘날 우리들에게 '하얀 얼굴의 태양신'으로 숭배됩니다. 그들이 만들어낸 놀라운 기계들과 과학 지식의 정교함은 우리의 혼을 빼앗기에 충분한 것입니다. 그러나 오늘의 기계 문명은 인류의 삶에 과연 바람직한 것일까요? 현대 사회가 획일적으로 서구화를 지향해 가면서 또 자본주의 단일 문명권으로 통일되어가면서 인간 사회는 정말로 한결 자유롭고 풍요로워졌나요? 서양 정신이 우리에게 주입한 것과 같이 '진보'는 항상 좋은 쪽으로만 나아가는 것인가요? 합리적 이성과 기계로 가득 들어찬 이 세상은 과연 진보한 세상인가요?

서구 문명의 양대 기둥은 〈종교와 과학〉입니다. 현대 서구 문명의 상징물로 우리는 주저 없이 〈기계〉를 듭니다. 〈기계〉의 상징성과 〈종교와 과학〉의 그것은 일정한 상관 관계를 지니고 있습니다. 기계는 인간의 피조물인데, 그것은 인간이 꾸며낸 논리적 인과 관계와 자연계의 물질이 완전하게 결합할 때 탄생하는 것입니다. 기계는 수학적 원리와 물리 화학적 법칙이 만들어내는 확실성의 실체이며, 동시에 감성이 배제된 가장 정밀한 이성적이고 물질적인 실체입니다. 기계는 확실성의 신앙 형태와 신의 빛으로 받은 이성 능력을 강조하는 서양 사상의 밑뿌리를 드러내 주는 가장 확실한 증거물입니다. 그러므로 오늘날의 기계 비판은 곧 서구 문명의 양대 기둥인 〈종교와 과학〉의 비판과 동의어가 되며, 기계 해부는 곧 서구 문명의 해부와 같은 뜻이 됩니다.

　서구의 자연은 인간과 분리 단절된 대상으로 존재하는 자연입니다. 기계 역시 인간과 분리 단절된 대상으로서의 자연입니다. 서양에서도 기계를 인간으로 보지 않는다는 점에서 기계는 자연의 연장 개념입니다. 서양의 관점에서 볼 때 인간의 반대 개념은 ‘자연’입니다. 기계는 인간과 분리 단절된 자연의 속성을 가지고 있다고 보는 것입니다. 이에 비해 ‘변화’를 초점으로 삼고 살아 있는 실제 세계를 통째로 인식하는 동양 전통 사상에서 볼 때, ‘자연’의 반대 개념은 ‘기계’입니다. 왜냐하면 여기 자연에는 인간이 포함되기 때문입니다. 동양의 인간 중심주의와 서양의 그것이 갈라지는 분기점이 정확하게 바로 이 부분입니다.

　동양에서 인간은 자연과 하나로 연결되어 기계와 다툼을 벌이며 살아왔습니다. 기계 문명을 최대한 억제하면서 살아왔다는 이야기입니다. 기계는 우주적 조화와 중용과 생명의 근본을 깨뜨리는 존재이므로 그 이용을 최소한의 정도로 눌렀습니다. 인간의 욕망을 조절하며 자연과 인간, 인간과 인간의 도덕적 관계를 유지하려고 애썼습니다. 이와 같은 정신이 있었기에 서양보다 200년이나 앞서 금속 활자를 발명하고서도 그 이용을 꼭 필요한 경우에만 제한하여 조선은 서양에서와 같은 인쇄 혁명이 발생하지 않았습니다. 서양의 기계는 인간 욕망으로 만들어진 자연물로서 이것 역시 자연 세계 전체와 마찬가지로 인간의 이익을 위해서 철저히 이용되고 지배됩니다. 동양의 기계가 필요에 의해 만들어진 도구라면, 서양의 기계는 인간의 욕망으로 제작된 것입니다. 그러므로 오늘 자본주의 기계 문명의 숲 속에

서 살고 있는 우리들에게 기계는, 인간의 욕망으로 설계된 자연의 일
그러지고 왜곡되고 변형된 모습으로 다가오는 것입니다.

　자연과 기계에 대한 동서양의 인식 차이는 문명의 색깔을 다른 것
으로 만들기에 필요한 조건이 됩니다. 나머지 충분조건은 인간의 욕
망에 달린 것입니다. 중세의 종교적 질곡을 탈출하기가 무섭게 욕망
의 인간으로 탈바꿈한 근대 서양인들에게 가장 중요한 것은 욕망의
충족이며 자기의 이익이며 권력이었습니다. 종교성에 억압되어 있던
서양인들의 욕망 대폭발은 엄청난 힘으로 작용합니다. 그것은 이전과
는 전혀 다른, 아니 정확하게 말한다면 정반대되는 성격의 문명을 만
들어냅니다. 서양인 전체의 욕망 지향적 성격이 역사상 유례를 찾아
보기 힘든, 인류 문명사에서 돌연변이 현상이라 할 만한 자본주의 체
제를 제작해 내었습니다. 그들의 종교 원리가 가지고 있는 '분리 대립
의 정신'과 '절대성의 원리'가 천년의 세월 동안 서구인의 유전자 속
에 깊이깊이 새겨진 까닭입니다. 서구 근대인들이 자기 이익과 편리
를 위해서 자연을 개발하고 파괴하고 정복하면서 각종 기계를 만들어
내고 이전보다 더욱더 편리하고 욕망 충족적인 사회를 만들어나가리
란 것은 쉽게 짐작할 수 있는 일입니다. 하나의 욕구와 욕망은 더 큰
욕구와 욕망을 불러일으키는데, 이렇게 욕구와 욕망이 끝없이 연결
고리를 이어가면서 생성되는 사회 현상을 가리켜 우리는 그것을 '인
류 문명의 발전'이라고 말하고 있습니다. 지금 이 시간에도 인간의 욕
망은 극한의 정도까지, 인간 생활의 극히 세밀한 부분으로까지 치닫
고 있음을 봅니다.

　자본주의 발생 이전의 서구 사회의 그것은 동양의 과학 기술에 비

해 훨씬 뒤떨어져 있었음은 역사의 상식입니다. 그러나 욕망의 법칙으로 굴러가는 서양 자본주의 문명은 자연 개발과 물질 만능의 사회 풍조를 이끌어내고는 곧장 기계를 통한 대량 생산 체제로 들어섭니다. 그 결과 사람살이의 모습이 어떻게 변질되어 왔는가는 현대를 살아가는 우리들이 누구보다 잘 알고 있습니다. 자본주의 문명은 곧 물질 위주의 문명이며 기계 중심의 문명입니다. 물질적 풍요와 소비를 통해 인간은 행복을 누리게 되리라는 믿음이 자본주의 종교의 제일가는 신앙심입니다. 오늘을 기계 문명 시대라고 하는 것은 기계가 많아서라기보다는 인간이 기계 없이 하는 일이라고는 별로 없어진 시대, 그러니까 인간이 기계에 의존하는 정도가 극단에 이르렀다는 의미이기도 합니다.

분리, 단절의 정신으로 하나의 구조물을 만들면, 인간은 곧장 그것과 소외되고 맙니다. 역사가 증명하고 있습니다. 인간의 편리와 이익을 위해서 만들어진 각종 기계 장치가 인간을 소외시키고 인간과 분리 단절됩니다. 이것이 역사의 법칙이며 기계 문명의 속성입니다.

서양에도 일원론과 이원론이 있고 동양에도 그런 것이 있는데, 굳이 서양의 그것만 비판하고 나무라는 것은 불공평한 처사가 아니냐는 항의가 있을 수 있습니다. 더구나 사람이 살아가는 방식이나 기본 생각이 그렇게 다를 게 있느냐고 말하기도 합니다. 그러니 생각해 볼 때 똑같은 것보다는 차라리 비슷하지만 본질적으로 다른 것을 정확히 가려내는 일이 아주 중요합니다. 왜냐하면 비슷하나 같지 않은 것은 이른바 '사이비(似而非)'가 될 확률이 높기 때문입니다. 가령 인간이란 어떤 존재인가에 대한 답변을 동서양은 서로 다른 대답을 준비합니다.

　　　　　2. 기계를 설명하는 12개의 키워드

서양에서는 인간을 이성적 동물로 규정합니다. 인간의 합리적인 정신 능력을 예찬하는 속성이 작용한 까닭입니다. 여기에는 주체와 객체로 나누어 생각하는 일에 밝다는 뜻이 들어 있습니다. 그러나 동양에서는 인간을 도덕적 존재라고 말합니다. 대상과 나를 분리하지 않고 관계의 그물 망 안에 하나로 묶어서 생각한다는 뜻입니다.

서양에서 무신론이 탄생한 배경은 그 대척점인 '유신론' 곧 예수교 사상에 대한 반격과 혐오의 의미가 절대적입니다. 이 점에서 불교를 가리켜 무신론의 종교라고 하는 의미와는 이것이 구별되어야 합니다. 유신론자는 나의 진리만이 옳은 것이라고 주장하는 사람입니다. '신은 오직 하나'라고 외치는 사람입니다. 그 신은 전지전능한 자라고 광고하는 자입니다. 유신론자는 신과 인간을 분리하고 나와 너를 분리하고 적과 동지를 구분합니다. 유신론자에게 유일신은 자기 권력을 실현하는 데 가장 튼튼한 형이상학적 기반이 됩니다. 그에게 신은 자기 행위의 정당성을 확보해주는 무소불능의 권력을 지닌 절대적 빽입니다. 그는 신에게 자신의 맹목적인 신앙을 바치는 대신 그 대가로 절대 진리의 소유와 함께 인간 한계를 넘어서는 신념의 마력을 선물 받습니다.

지금 확실하게 말할 수 있는 사실 하나는, 예수교를 믿는 자는 유신론자라는 것입니다. 물론 예수교를 믿지 않는 자는 대부분 유신론자가 아닙니다. 그렇다고 하여 예수교 불신자가 곧장 무신론자라는 딱지를 받아서도 안 된다고 생각합니다. 왜냐하면 서양의 역사 무대에 등장한 무신론자처럼 그가 딛고 선 자리가 예수교를 혐오하고 공격하는 대척 지점이 아니기 때문입니다. 다른 한편으로 유신론과 무신론이라고 하는 도깨비 같은 관념 놀음은 유일신의 존재를 전제로 한 양자택일의 흑백 논리에서 탄생했기 때문입니다. 또한 현재 무 종교인은 인간을 절대적 가치로 내세우는 편협한 인간 중심주의자가 아닌 까닭입니다.

전체를 부분으로 나누어 그 분리된 조각에 초점을 맞추어 힘을 집중시키는 서양 정신은 극단으로 치닫기 쉽습니다. 서구 역사의 길목마다 양극 중 한쪽 길을 택하여 막다른 길목까지 질주하면서 저희끼리 절대 진리를 다투며 싸우는 한편, 다시 그 반대 방향으로 분노의 얼굴을 한 채 소리치며 몰려가는 무리들을 종종 보게 됩니다. 가령 정신과 육체를 분리한 후 정신을 절대시하면서 만들어온 근대 합리주의 세계관은 '인간은 이성적 존재'라는 명제를 극단적으로 사회화하며 실천한 결과물이라고 평할 수 있습니다. 그리고 여기서 반대 방향으로 몰려가는 무리들이란 극단의 이성적 논리가 가지고 있는 편협성과 기계적 억압성으로부터 벗어나기 위해 반 이성주의, 곧 낭만주의, 육체적 감각주의, 원시적 자연주의의 깃발을 높이 든 자들을 일컫는다고 정리할 수 있습니다.

기계는 인간의 기계적 사고와 기계적 정신을 기반으로 하여 만들어집니다. 그러므로 기계 문명 비판은 인간의 기계적 사고를 비판하는 것에서부터 출발해야 합니다. 근대 사상에 따르면 인간성을 배제한 것일수록 과학적이고 객관적이고 이성적인 원리로 인정받습니다. 인식의 대상은 객체로 고정되고 거기에 인간의 이성적 능력이 동원되어 대상은 철저히 분석되고 해체되고 실험되는 과정을 거쳐 보편타당한 원리가 도출된다고 보는 것입니다. 이 때 주체와 객체는 아무런 관계성을 맺지 않고 기계적으로 딱 단절된 것으로 간주하는데, 이런 관점과 태도가 서양에서 말하는 과학 지식의 독립성, 달리 말해 대상 인식에 대한 객관적 지식을 획득하는 원리입니다. 그에 따라 인간과 분리 독립되어 있는 지식이라야 객관적인 지식이 됩니다. 지식 속에서 인간의 체취가 전혀 느껴지지 않아야 완전한 지식이 됩니다. 그런 까닭에 서양에서는 인간과 분리 단절되어 자기 원리로 미쳐 날뛰는 과학은 있지만 반성하는 지식은 없는 것입니다. 거기에는 인간과 자연을 아울러 생각하는 동양적 성격의 지혜가 존재하지 않기 때문입니다.

새로운 형태의 재앙과 병고로 가득해진 인간 생활에 있어서 과학 기술은 그 치료를 전담하는 의사이며, 기계는 만병 통치약으로 선전되고 있습니다. 기계의 숲에 둘러싸인 채 생존 경쟁의 짐을 지고 허우적거리며 살아가는 현대인들은 과학 기술과 기계의 도움으로 삶의 고리를 이어갑니다. 인간들은 희로애락의 감정으로부터 비껴나 있는 기계를 부러워하며 마침내 기계의 흉내를 내기 시작합니다. 인간성을 벗어 던지고 기계성으로 옷을 갈아입으려 합니다. 인간성을 지닌 채 기계 문명 시대를 살아가기란 너무나 고통스럽고 힘겨운 까닭입니다. 더구나 인간은 냉정한 인과 관계로 움직이는 기계가 아닌 까닭에 기계 시대를 헤쳐 나가기란 더욱 어려운 일입니다. 그래서 자기도 모르는 사이에 인간은 더욱더 과학 기술에 의존하게 되고 기계에 매달리게 될 수밖에요. 그도 그럴 것이 서양의 과학 기술과 그 대명사인 기계는 얼핏 보아 인간 생활과 밀접한 관련성을 가지고 발전해 가는 듯하지만, 깊이 생각해 보면 그것은 착각이며 오해라는 것을 깨닫게 됩니다. 인간들이 자신과 소외 격리된 채 굴러가는 과학 기술 문명에 공연히 두려움을 느낀 나머지 스스로를 위로하기 위해 하는 헛된 공상인 것입니다. 인간의 뜻이나 희망과는 관계없이 어디까지나 과학 기술과 기계와 자본주의 문명은 자체의 발전 논리에 따라 굴러가는 것입니다. 서양 근대 정신이 출발할 때 약속한 것이 그것이기 때문입니다. 말하자면 서양의 기계 문명은 처음부터 인간과 분리 단절된 지식과 원리로 움직여왔던 까닭입니다. 인간의 지식은 인간 자신과 격리된 자체의 발전 방식을 가지고 있는 것입니다.

기계는 서구 문명의 상징입니다. 말하자면 서구 문명을 이해하고 설명하는 핵심 키워드가 '기계'라는 뜻입니다. 따라서 서구 문명의 정체를 알아보는 작업은 기계의 정체를 밝히는 일과 정확히 일치합니다. 기계 속으로 들어가기 위해서는 몇 개의 문을 열어 젖혀야 하는데, 이제 서구 문명의 본질을 구체적인 키워드를 짚어가며 들여다볼까요.

키워드1 : 객관성

서구 문명의 문을 여는 첫 번째 키워드는 〈객관성〉입니다. 기계는 인간의 합리적 이성으로 만들어진 도구이며, 그것은 전제와 결론이 뚜렷한 논리적 결과물입니다. 인식 주체와 인식 대상을 완전히 분리하여 그것들 사이에 놓인 상호 관련성의 끈을 완전히 끊어버리고 인식 대상을 고정된 존재 그대로 파악하는 일을 서양 철학에서는 객관적 인식 활동이라 합니다. 그리고 그 객관성을 보장하는 것으로 인간의 이성을 듭니다. 중세 시대가 종교적 신앙심이라는 비이성적이고 극히 주관적인 요소를 절대시하여 그것을 기준으로 하여 세계를 이해하고 해석하고 설명한 데 비해, 근대 시대는 인간의 정신 특성 가운데서 이성 요소를 절대시하여 새로운 문명 세계를 제작해냅니다.

그런데 서양 근대인들이 발명해낸 객관성이라고 하는 아이디어는 결국 원인과 결과를 분리하고, 주체와 대상을 절단하고 사물 상호 간의 관련성을 끊어버렸을 때 나타나는 일방적인 생각입니다. 여기에는 만물의 존재 방식과 운동 법칙이 인간의 이성적 사고 능력에 따라 결정된다는 독선적 태도가 숨어 있습니다. 물론 자연 세계는 인간이 조작하고 변형하는 대로 어느 정도는 따라 움직일 수밖에 없는 수동적인 존재이기는 하나, 그렇다고 하여 인간이 자기들 욕심대로 자르고 해부하고 토막 내도 좋은 존재가 아닙니다. 인간이 일방적으로 행위의 주체자가 되어 대상물을 피동적인 상태에서 벗어날 수 없도록 언제까지나 꽁꽁 묶어둘 수는 없기 때문입니다. 대상물 혹은 자연 세계가 행위와 인식의 주체자가 되어 인간을 대상으로 하여 간섭하고 조작하고 실험할지도 모르는 일입니다. 최근의 이상 기후 현상이나 자연 생태계의 교란 상황이나 기계 문명이 가져다준 부정적 사회 현상은 그 동안 대상물로 전락하여 소외되어온 존재들이 일으키는 반란이라고 할 수 있습니다. 가령 하나의 숲을 없애 버리면 자연도 그에 상응하는 조치를 인간에게 취하게 되는 법입니다.

보통 주관적 세계는 이런 저런 해석이 가능한 개연성의 세계이며, 객관적 세계는 수학적 관계나 기계적 원리와 같이 '정확성'과 '확실성'으로 채워진 세계를 가리킨다고 알려져 있습니다. 그런데 순수한 객관성의 세계라고 하는 것이 존재할 수 있을까요? 그것은 인간이 필요에 의해 다만 그렇게 가설로 정하고 약속하고 있는 상태가 아닐까요? 최신 과학 지식에 따르면 정신과 물질의 구분은 어려운 것이라고 합니다. 제한된 틀 속에 집어넣고 그것을 고정된 실체로 간주한 후에 만들어지는 인간의 인위적인 지식 세계가 객관의 세계를 발명해낸 것이라는 혐의가 짙습니다. 말하자면 객관의 세계는 인간의 의식 구조 속에만 들어 있는, 그리하여 실제 세계에서는 존재하지 않는 가상의 영역이라고 보는 것입니다. 인간이 괄호를 사용하여 특정한 한 부분을 잘라내어 묶은 후에 그것을 집중적으로 대상화하여 다루면 거기서 저절로 객관의 세계가 창조됩니다. 사실 우주 자연의 눈으로, 도(道)의 관점으로 볼 때는 이것과 저것의 구분이 없으며, 주체와 객체의 구별도 없는 법이랍니다.

객관성의 세계라고 하는 것은 인간이 자연계 내에서 자기 권력을 부당하게 사용하고 있다는 물증이 되기도 합니다. 인간들의 필요와 욕구에 따라 해체되고 단절된 자연 세계의 조각들이 객관적 대상물이라는 이름표를 달고 다니며, 정신 요소 중 이성 능력을 사용하여 조작하고 발명해낸 허구적 세계에 '객관'이라는 차꼬를 채우는 일은 우스꽝스럽고도 괴이한 처사입니다. 서양의 자연 과학이 갖고 있는 객관적 성질이라 하는 것도 사실은 인간이 특정한 목적과 계산속을 가지고 전체 중 일부분을 선택하여 관찰하고 실험하고 조작하는 극히 인간적인 작업입니다. 그것은 인간의 주관성이 강하게 작용하는 공간이

2. 기계를 설명하는 12개의 키워드

며, 전적으로 인간의 계산이 먼저 전제되는 것입니다. 인위적이고 인공적인 성격을 그 어느 문명권보다 강하게 노출하는 서양 철학이 인식의 대상 세계에 대해서는 존재의 순수성 그대로를 보장해 준다는 사실에 쉽게 믿음이 가지 않습니다.

키워드2 : 현장 분리성

서구 문명의 문을 여는 두 번째 키워드는 〈현장 분리성〉입니다. 언제 어디서나 고정 불변의 잣대를 들이대는 기계성은 구체적 현장과 분리되기 십상입니다. 마르크스가 역사 철학으로 내놓은 투쟁적 유물 사상은 인간 생활의 구체적 현실성을 결여하고 있습니다. 인류 역사가 어찌 투쟁과 대립이라는 단선적 정신으로 살아왔으며 그렇게 살아갈 수 있다는 말입니까? 자본가 계급과 노동자 계급은 양분되어 적대 세력으로만 살아야 한다는 말입니까? 예수교에서 말하는 바와 같이 인간은 오직 믿음을 통해서만 경건해지며 구원받을 수 있는 원죄를 받고 태어난 존재인가요? 기계가 가지고 있는 현장 분리성은 이론과 실제가 일치하지 않는 데서 나오는 성격입니다. 신앙의 세계와 실제 세계가 어긋나 있는 데서 나오는 현상입니다. 인간의 이성적 지식과 세계의 실상이 괴리되어 있는 데서 나오는 특성입니다.

우리의 생활 현실을 제대로 짚어내지 못하고 그것과 괴리되어 가는 제도와 법률과 사회적 관행들을 봅니다. 기계가 만들어내는 현장 분리성은 우리의 삶을 헛돌게 하고, 그럴수록 더욱 찬란해지는 말의 성찬과 지식의 광기는 우리들의 삶을 소외의 장으로 더욱더 깊이 끌고 들어갑니다. 현장성을 결여한 채 굴러가는 현대의 일상 생활 문화는 마치 포르노와 같이 생활의 구체적 질감과는 거리를 두고 저만치 떨어져 있습니다. 불행과 불안 의식은 우리 스스로 만든 것입니다. 누구를 탓할 일이 아닙니다. 서양을 맹신적으로 추종하며 기계의 원리를 받들어 여기까지 오는 중에 저절로 생겨난 것입니다. 주체적 삶을 살아내지 못하고, 알지 못할 힘에 밀려서 원치 않는 방향으로 내몰려 가는 나와 이웃의 모습을 봅니다. 기계의 이미지가 오래전부터 인간 내부와 사회 각 분야를 점령하여, 어느덧 인간의 마음가짐이 기계적으로 변형되어 있습니다. 이제 인간이 기계를 모방하려 하며, 기계는 인간을 흉내내기 시작합니다. 말 그대로 기계 시대입니다. 예측 가능한 기계적 힘들과 더불어, 살아 꿈틀거리는 인간의 욕망이 시대를 이끌어 가는 양대 축으로 작용합니다. 바야흐로 인간은 욕망의 기계가 되려 하고, 기계는 인간의 욕망 전부를 수용하려 합니다.

실제와 격리되어 있는 인간의 기계적 이성은 새로운 개념과 이데올로기를 끊임없이 만들어내고 붕괴시키고 확장해 갑니다. 인간의 지식이 깊어지고 정밀해질수록 세계의 실상은 포착하기 힘든 어두운 심연으로 가라앉습니다. 세계와 인간은 점점 거리를 띄우게 됩니다. 실제는 인간의 이성적 작용에 따라 움직이는 인공물이 아닌 까닭입니다. 세계는 인간의 지식으로 완전히 알아낼 수 없고 설명할 길 없는 전체성의 흐름 속에서 부단히 변화하는 모습으로 나타나기 때문입니다. 그런데도 정확하고 정밀한 분석 능력을 소유하고 있다고 믿는 인

                                    2. 기계를 설명하는 12개의 키워드

간들이 분수에 넘치게도 그 모두를 알아내고 설명할 수 있다고 장담
하고 있습니다.

키워드3 : 직선성

　서구 문명의 문을 여는 세 번째 키워드는 〈직선성〉입니다. 이것은
처음이 있고 끝이 있다는 뜻입니다. 처음 출발 지점에는 창조주가 있
고 피조물의 일생을 거친 후 종말에는 심판을 받습니다. 기계는 신이
예정한 법칙에서 한치도 벗어날 수 없는 존재입니다. 그것은 이른바 〈
예정 조화설〉의 지배를 받습니다. 창조주의 섭리는 기계 장치 속에 내
장되어 있습니다. 기계는 자기 자신을 사랑하는 것을 금지 당합니다.
왜냐하면 기계가 자신을 사랑한다는 것은 무가치하고 위험한 일일 뿐
더러 그것 자체가 창조주에 대한 불경이기 때문입니다. 기계의 구원
은 기계 자신이 바란다고 해서 되는 일이 아닙니다. 기계의 영원 불멸
을 보장하는 것은 신이며, 그 구원은 전적으로 신에게 달렸습니다. 그
러므로 기계가 영생을 얻기 위해 할 수 있는 유일한 일은 신에 대한
맹목적인 신앙심을 갖는 것뿐입니다. 까닭에 기계는 살아 생전에 영
원히 기계로만 삽니다.
　기계는 곡선의 부드러운 성질을 모릅니다. 기계는 여성적인 특질
을 경멸하고 무시합니다. 인간성을 배제하고 인간의 정감을 차단하는
것일수록 합리적이라는 이름으로 찬양 받고 존중됩니다. 기계는 앞으

로만 곧장 나아갑니다. 19세기 말에 제작된 삼륜 식 벤츠 차가 엉성하고 조잡한 기계 덩어리 형태를 벗어나 오늘날 극히 세련되고 정밀한 기계 장치로 전환되어 있는 모습을 보십시오. 인간의 꿈과 욕망을 현실화하기 위해 기계는 기계에게 주어진 직선 도로를 질주합니다. 인간 정신, 특히 이성의 힘은 물질 세계를 지배하는 정복자가 됩니다. 과학 지식과 기술력은 자본 축적의 욕망과 결합하여 폭발적으로 발달합니다. 경제 성장과 개발에 가로거치는 장애물은 단호히 제거되며, 인간의 지력은 만물을 통제하며 기계를 조종하는 유일한 힘으로 믿어집니다. 간혹 들려오는 기계화에 대한 비판의 목소리는 기계화 작업이야말로 인간의 고통과 노고를 덜어주는 휴머니즘적 박애 활동이라는 설교에 이내 묻혀버립니다.

육체와 정신을 분리하여 정신을 고귀한 것으로, 육체를 저급한 것으로 보는 서양의 정신 절대화 전통은 그들 종교에서 가장 튼튼한 기반을 얻고, 이후 이것의 정치적이고 사회적인 표현 형태인 각종 이념과 이데올로기를 만들어 냅니다. 그러나 소외 의식을 가져오는 서양 정신의 분리 단절 사상은 곧장 정신의 절대적 우위에 대한 육체의 반란이 뒤따르게 합니다. 그것은 가령 포르노, 염세주의, 쾌락주의의 이름표를 달고 나타납니다. 오래전부터 분리 투쟁을 법칙으로 하여 무한데의 변증법적 발전을 지향하는 서양 문명은 극단을 향해서 질주하는 사나운 자동차입니다. 부분 진리를 가지고 보편 진리, 절대적 진리라고 우기며 서로 싸움질하는 서양인들은 처음 발명된 이후로 점차 개량된 모습으로 나타나는 기계들로 비유할 수 있습니다. 그들이 확실성의 실체로 간주하고 매달리는 조각난 지식, 이념, 종교는 그런 인

    2. 기계를 설명하는 12개의 키워드

간, 곧 기계를 만들어내는 〈기계의 기계들〉이라고 말할 수 있습니다. 이런 측면에서 보더라도 서구 문명의 근본은 확실히 기계 문명인 것입니다.

키워드4 : 보편성

　서구 문명의 문을 여는 네 번째 키워드는 〈보편성〉입니다. 보편성은 시대 상황이나 구체적인 조건과는 무관하게 일정한 반복성과 규칙성을 갖고 있습니다. 가령 미국 차나 한국 차나 작동하는 원리는 똑같은 것입니다. 객관적 보편성은 엄정한 인과 관계의 결과이므로 언제 어디서나 소위 기계론적으로 나타납니다. 말하자면 미국인과 동일한 원리와 재료를 가지고 자동차를 만들면 그 차는 미국의 것과 조금도 다를 바가 없는 것이 되고 만다는 의미입니다. 세계에 대한 무차별적인 지배를 꿈꾸던 서양인들이 이제 기계를 통해 보편적 진리를 지구촌 곳곳에 전파하고 있습니다.

　헤겔이 '절대 정신'이라 하고 칸트가 '순수 이성'이라 하고, 사도 바울이 '카톨릭'이라 하고 플라톤이 '이데아'라고 하는 것을 보편적 진리의 요체라고 말하는 것은 이제 과학적 이성으로 밝아진 문명화된 지구인들에게 더 이상 설득력이 없습니다. 정밀하고 정확한 과학 기술을 이용하여 우주선을 하나 제작해내는 것이 문명의 다양성에도 불구하고 세계로부터 보편타당성을 가진 진리로 쉽게 인정받는 시대이기 때문입니다.

생명체의 기본 요소인 유전자를 추출하고 분석하고 유전 정보를 탐색하는 공학적 기법이야말로 현대 사회의 인간들을 보편성의 진리로 이끄는 지름길입니다. 누가 계산을 해 보아도 답이 똑같고 누가 운전을 해 보아도 성능이 똑같은 기계야말로 '보편성의 진리'를 대표하는 존재로 올라섭니다. 결국 소크라테스의 산파술로 탄생하여 기독교에 의해 가장 완전한 가설의 형태로 나타난 서양의 보편주의 철학이 숱한 이념 대결을 거치면서도 해결을 보지 못하다가 가장 객관적인 증거물인 기계를 통해 완성된 모습을 세계 만방에 과시한 것입니다.

유신론에 매달리는 서양 철학은 인간의 정신 능력을 예찬하는 전통을 갖고 있습니다. 이때의 정신이란 물론 육체와 완전히 절단된 전혀 별개의 것으로서 구체적으로는 '이성'을 말합니다. 그리고 육체란 본능이나 감정이나 정서에 관계된 것으로 경멸하고 제거해야 할 부정적인 것으로 간주합니다. 이런 전통으로 서양인들은 인간을 이성적 존재라고 정의합니다. 이성은 정의와 선에 가까운 것으로서 신의 이미지와 겹쳐집니다. 감성과 본능은 신적 존재와 분리 절단된 저급한 것으로서 제거되어야 하는 나쁜 것으로 단정됨은 물론입니다. 하나하나 분리 절대화하면서 그것들을 나중에는 공격하고 비판하고 제거하면서 서구 문화의 문명은 진퇴의 길에서 벗어나는 법이 없습니다. 그러나 그 길로 나 있는 풍경들은 마치 인간과 자연과 신이 제각기 독립 투쟁을 벌이며 서로서로 소외되어 가는 과정을 보여주는, 결국 결말이 빤한 한 편의 영화 속 배경을 보는듯한 느낌을 줍니다. 지금 21세기의 우리 인류가 그 장면을 보고 있으며 느끼고 있지 않은가 말입니다. 문제는 이것이 영화가 아니라 실제 현실이라는 것입니다.

서양 '보편성' 원리의 목표는 조화나 중용으로 뒷받침되는 평화가 아니라 힘의 절대적 우위에 의한 평화이며, 그것은 결국 분리와 대결, 투쟁과 반목을 지배적 현실로 만들어버립니다. 유신론이 성립된 이후에 서구 역사는 피투성이의 투쟁과 단선적 대립이 만들어내는 극단의 진보와 진화의 길을 달려왔음을 봅니다. 유신론이 걸어가는 길은 투쟁의 길입니다. 유신론이 목표로 하는 것은 자신들이 내세우는 보편적 진리를 지상 세계의 유일 지배 법칙으로 확정하는 일입니다. 그 길은 이질적인 것들을 죄 부숴 버리고 동질적인 한 가지로 획일화하는 길입니다. 그것은 갈래 갈래의 오솔길을 폐쇄하고 단 하나의 고속도로를 일방 통행로로 강제하는 길입니다.

근대 이후에 나타난 갖은 이즘과 이데올로기는 사실상 기존 유신론의 변형으로서, 그것은 전체성과 분리 단절된 자기 틀을 단 하나의 진리로 공인 받으려는 투쟁의 의지 속에서 나온 것입니다. 그것은 무제한의 권력을 지향하는 초인의 농축된 꿈들이 만들어낸 조화(造花)입니다. 플라톤이 현상계와 이데아를 분리하고 이데아를 불변의 진리 세계로 간주하였듯이, 서양의 신적 존재는 불변의 절대 진리를 형상화하는 '인격화된 이데아'로 간주할 만합니다. 의인화의 표현을 통해 나타나는 서양의 유일신은 결국 인간이 자기 권력의 이상적 모델이라는 아이디어로 만들어낸 발명품이기 십상입니다. 그 신은 인간화된 절대자의 모습 바로 그것입니다. 우주 자연을 신이 창조하고 신이 관리한다면, 오늘날의 인간은 우주 자연과 세계의 지배자요 최고 권력자이며 따라서 신과 인간은 극히 닮은꼴로 정리됩니다. 쉽게 말해 전지전능한 신이란 바로 과학 기술로 무장하고 세계를 지배하고자 하는 욕망으로 뭉쳐진 오늘의 인간, 곧 유개념으로서의 인류를 지칭하는 것이 아닐까요? 아닌 게 아니라 오늘의 인간은 전지전능한 신이 되었습니다. 그는 과학 지식과 기술의 힘으로 모르는 게 없고 하지 못하는 일이 없습니다. 그렇다면 인류 문명 진보의 종착역은 틀림없이 신과 인간이 하나의 이미지로 완전히 합성되는 바로 그 지점에 자리 잡고 있을 것입니다.

키워드5 : 분해 조립성

　　서구 문명의 문을 여는 다섯 번째 키워드는 〈분해 조립성〉입니다. 기계는 조각조각 나누어진 부품을 결합하여 만든 것이므로 그것들은 분해하고 다시 조립할 수 있습니다. 이런 성질을 다른 말로는 요소 환원주의라고 하는데, 세계와 자연은 근본이 되는 구성 요소로 분해하여 이해할 수 있다는 뜻입니다. 가령 인간은 육체와 정신으로 분해되며, 세계의 지식은 유물론과 관념론으로 분해될 수 있다는 식입니다. 인과론적 법칙에 따라 분해와 조립이 언제라도 가능하다고 믿기 때문에 기계론 철학은 전체를 해체하여 나누고 분석하는 일에 조금도 주저하지 않습니다. 물질 세계는 물론이고 생명체에까지 손을 대어 그것을 분해하고 조립합니다. 이런 측면에서 서구의 지식 체계는 생명 경시 풍조를 낳습니다. 무엇이나 분해하고 실험할 수 있는 판에 전체성으로서의 생명이 어찌 온전할 수 있을까요? 괴이하게도 도마뱀의 등허리에 개구리 뒷다리를 이식하여 세포 조직의 변화를 실험하고 생체에 독균을 주입하여 장기 조직의 변화를 관찰하는 일이 과학이라는 이름으로 수백 년 동안 자행되었습니다. 생명은 이제 조각난 세포 조직으로만 존재하며, 좀 더 정확하게는 유전자 정보로만 존재하는 하나의 물질로 전락합니다.

분해하고 조립할 수 있다는 기계적 특징은 교환 가능한 부품의 생산과 소비와 연결됩니다. 교환 가능한 부품의 생산과 소비는 대량 생산과 소비 시대를 가져옵니다. 생산된 물품은 이제 일회용 소비재로 사용됩니다. 그렇다면 인간 역시 교환 가능한 물품으로 생산되고 소비되는 운명을 피할 수 없게 됩니다. 왜냐하면 기계 문명의 출현은 사회 구조의 변동은 물론이거니와 사고방식의 변화도 동반하기 때문입니다. 산업화 사회는 기계 생산과 마찬가지로 인간도 부품별로 기능별로 생산하게 됩니다. 그에 따라 국가가 주도하는 공교육이 매우 중시되는데, 그 까닭은 산업 사회는 자신을 유지하고 발전시키는 데 필요한 노동력을 학교 교육을 통해서 공급받기 때문입니다.

분리 단절을 근본 원리로 삼는 서양의 사고방식은 소외감을 가져오고, 소외감은 다시 피해 의식과 함께 투쟁 의지를 불러일으킵니다. 분리 단절은 흐름과 관계를 중시하는 동사형의 사고를 억제하고, 단절되고 고정된 실체를 생산해내는 명사형의 사고를 지배 사상으로 확산시킵니다. 유신론에서 그 최초의 표현을 얻은 서양의 명사형 사고는 분리 단절된 수많은 진리들을 양산합니다. 그 진리들이 사회 한복판에서 절대적 진리라는 최고 권력을 차지하기 위해 대립하고 투쟁하면서 진보적으로 발달해온 것이 서양 문명의 전개 양상입니다. 이제 다시 일상생활의 중요성에 주목하는 지식 세계의 방법론이 서구에서 솟구쳐 나오는 바, 이것 역시 기존의 단절 분리 사상이 가져온 지식의 철저화가 극단으로 치우치면서, 지금까지 정복하지 못하고 남겨져 있는 지식의 신대륙을 발견하여 그것을 탐험하고 개척하고 정복하는 성격의 것이라고 잘라 말하고 싶은 심정입니다. 이것은 마치 아메리카 대륙을 비롯하여 지구의 오지 구석구석까지 탐험하고 정복하던 서양인들이 남극과 북극을 거쳐 다시금 하늘로 눈을 돌려 달나라와 화성을 탐사하는 것에 비유할 수 있습니다. 곧 닥칠 지구 파멸을 막으려면 하늘로 시선을 돌려 우주를 정복하라고 이 시대의 석학인 스티븐 호킹이 충고를 던지는군요.

과학 기술의 관점에서 말한다면, 기계를 만들고 기계로 생산하던 시대를 거쳐 이제 세포 유전자로 눈을 돌려 유전 공학을 이용하여 생명과 자연에 대한 총체적 지배 시대로 나아가는 경우와 같다고 말할 수 있습니다. 결국 이것이 보여주는 그림은 이전의 지식이나 아이디어가 미치지 못한 영역을 발견하고 창조하여 그것을 조직적으로 분석하고 탐구하고 이해하고 정복하는 관점입니다. 말하자면 이것은 지식으로 세계 지도를 그려 나가는 지식 제일주의 서양 문화의 연장선에 있는 것이며, 따라서 이것 역시 지식 권력의 확장이고 극한의 지식이 도달하는 한 지점입니다. 그러나 이런 것을 발전이라고 한다면 발전이고, 새로운 시각이라 평하면 그럴 법도 합니다. 일상생활 문화에 관한 정밀한 지식 탐구 방향조차도 서양 문명의 전체적 틀을 구성하는 한 부분이며, 이런 것이야말로 여백을 하나도 남기지 않고 죄 칠을

　　　　　　2. 기계를 설명하는 12개의 키워드

해대는 서양의 미술 기법과 같은 것이기도 합니다. 여백의 미와 그 효과를 알지 못하는 서양인의 소유욕과 정복욕을 슬픈 눈으로 여기서도 확인합니다.

키워드6 : 고정성

　서구 문명의 문을 여는 여섯 번째 키워드는 〈고정성〉입니다. 기계는 자기 완결의 닫힌 구조를 가지고 있으며, 확실성의 가장 완전한 실체로 서구 근대 문명에 등장합니다. 기계는 수학 공식의 정확한 틀 속에서 움직이는 자동 장치이며, 인간이 꿈꾸는 불멸을 상징합니다. 기계는 처음 만들어질 때의 원리와 공식에 어긋나는 것에 대해서는 의사소통의 문을 닫아버립니다. 기계는 서양인을 상징하듯 엄격하고 냉혹한 원칙주의자입니다. 서구 근대화 원리는 자연물의 기계화와 더불어 인간의 기계화, 우주의 기계화, 사회 전체의 기계화를 조직하고 실천한 '기계화의 전면적인 사회화 원리'에서 나온 것이라고 말할 수 있습니다. 기계가 파악하는 진리는 상황 조건에 따라 변화하는 유연성의 구조가 아니라, 불변의 고정성에 묶여 있는 것입니다. 극단적인 반공주의자인 미국의 매카시가 죽어 자빠진 지가 오래되었음에도 한국 사회에서는 매카시즘을 불변의 진리 형태로 고정시키려는 세력들이 여전히 여론 주도 계층으로 활약하고 있습니다. 예수 믿으면 천당 가고 안 믿으면 지옥 간다고 소리 내는 자동 장치 기계들이 거리를 활보합니다.

기계가 매달리는 불변의 진리 형태, 고정된 확실성의 실체는 역사의 전개 과정에서 사회적 폭력과 합리적으로 결합합니다. 왜냐하면 확실하지 않은 것은 믿을 수 없는 것이며, 고정되지 않고 변화하는 것은 영원한 진리가 아니라고 기계들은 믿고 있기 때문입니다. 기계가 생각하는 1시간은 어떤 조건, 어떤 상황에서도 60분의 시간입니다. 기계가 생각하는 10리는 낮밤 구별 없이 10리로 고정됩니다. 그러나 사랑하는 사람과 함께 하는 1시간은 미운 사람과 보내는 1시간과 다른 것입니다. 거리 역시 마찬가지로 초행길에는 멀어 보이던 길도 몇 차례 다니다 보면 어느덧 가깝게 느껴지는 법이거든요. 이것은 착각이 아니라 실제 상황 그대로를 파악한 것입니다.

무 변화의 고정성을 확실한 잣대로 삼는 까닭에 서양에서는 이론과 현실의 간격이 크게 벌어집니다. 똑같은 1시간이라도 실제 상황이 어떠하냐에 따라 시간의 길이는 달라집니다. 그러나 고정성과 확실성을 생명으로 삼는 기계 철학에서는 1시간은 어디까지나 60분일 뿐입니다. 그러나 인간이 실제에 대해서 느끼는 것은 이론에 따른 결과이기보다는 상황과 함께 전체로서 받아들이는 역동성입니다. 이론은 인간이 전체성으로부터 강제적으로 분리한 지식이고 약속이며, 현실은 분리할 수 없는 전체성 그 자체인 까닭입니다. 고정성의 정밀한 표현인 이론이 전체성으로 살아 움직이며 끊임없이 모습을 변화시켜 가는 실제 세계를 포착해내기란 어렵습니다. 이론과 실제의 간격이 크다는 뜻이지요.

그러나 서양의 기계 철학은 인간의 이성과 그것이 인식하는 실제

　　　　　　　　2. 기계를 설명하는 12개의 키워드

세계의 커다란 간격에 거의 주목하지 않습니다. 왜냐하면 서양 근대 문화는 인간이 이성의 힘을 맹신하며 전적으로 거기에 의지해온 극단적으로 인위적인 문화이기 때문입니다. 여기서 〈극단적으로 인위적〉이라는 표현에 주목해야 합니다. 이론과 실제의 간격이 벌어진 걸로 나타나더라도 기계는 당황하거나 두려워하는 법이 없습니다. 현실이 살아 움직이는 것이라면 해부하고 잘라 내서 그것을 지식과 이론이라는 규격화된 틀 속에 집어넣어 '움직이지 못하는 고정된 실체'로 만들어버리면 되는 까닭입니다. 그래서 서양의 기계 철학은 이론과 실제의 간격을 메워버리는 두 가지 방법을 역사적으로 실천해오고 있는데, 그 하나는 진리를 만들어내는 것은 오로지 인간의 이성에 달린 것이므로 실제가 여기에 맞지 않으면 그 실제가 잘못된 것이라고 보고 실제 현실을 인위적인 지식과 진리의 틀에 또는 법률과 제도라는 사회적인 장치에 묶어 넣고 자기 의도대로 현실을 제작하고 개조하는 것입니다. 다른 하나는 인간이 인식하는 실제 세계만이 실제의 참모습일진대 인간의 지식과 이론이 그것을 충분히 설명해낼 수 없는 경우에는 인간의 지식과 이성이 충분히 발달하지 못한 까닭이라 생각하며 이성과 합리성이라는 현실 해부용 메스를 더욱 날카롭게 벼리는 일에 자본과 지식과 기술을 쏟아붓는 것입니다.

인간의 이성과 실제 현실에 대한 간격이 분명히 존재했고, 이 간격을 메우는 작업으로 두 가지 방법이 사용되어 왔지만, 그 간격은 시대가 흐를수록 더욱 크게 벌어져 왔습니다. 그럴 수밖에 없는 것이 서양이 생각하는 인간 이성이란 실제 현실과 분리 단절되어 작용하는 독자적 실체이기 때문입니다. 쉽게 말해 서구 지식의 발달 과정은 주체와 대상이 이분법으로 딱 절단되는 방식의 지식 획득 과정을 밟기 때문입니다. 이런 방식으로는 주체와 객체의 격리와 단절, 분리와 간격이 생겨날 수밖에 없는 노릇입니다. 근대 서구 사회에 이론과 이론, 이데올로기와 이데올로기, 법칙과 법칙, 법률과 제도가 우후죽순처럼 생겨나는 까닭이 바로 여기에 있습니다. 비유하자면 서구 근대 문명은 인위적인 것과 실제적인 것의 간격을 메우기 위해 부질없이 바윗돌을 밀어 올려야 하는 시지프스의 가련한 운명을 지니고 있는 것입니다. 이 간격을 '소외'라는 개념으로 처리한다면 서구 문명은 분명히 '소외의 문명'이라고 말할 수 있습니다. 인간의 정신 능력 중 이성의 힘이 극단적으로 발휘될 것으로 예상되는, 달리 말해 정밀 지식이 지배하는 21세기는 아마도 인간 생활의 극히 미세하고 미묘한 부분에까지 소외의 지배권이 미칠 것입니다. 인간이 도저히 감당하지 못할 정도로 어떠한 여백도 남기지 않고 정밀하고 광범위하게 말입니다.

키워드7 : 진보성

　　서구 문명의 문을 여는 일곱 번째 키워드는 〈진보성〉입니다. 여기의 진보는 완전의 상태를 향해 개량되어 나간다는 뜻입니다. 근대 초기에 시계로부터 출발한 기계 제작자의 이미지는 현재 가장 발달된 기계인 컴퓨터에 겹쳐져 있습니다. 모든 근대 이론의 절대 가설로 채택되었고 서양 철학의 유일한 형이상학적 실체로 간주된 전지전능한 신적 개념을 컴퓨터가 구현하게 된 것입니다. 이 시대에 컴퓨터는 만능 기계입니다. 컴퓨터는 단순히 기계에 그치는 것이 아니라, 인간 자신이 근대 이후 줄기차게 꿈꾸어 왔던 이성 능력의 전지전능함을 단적으로 증명해주는 기계로 활용됩니다. 컴퓨터는 인간이 발명해낸 가장 완전한 기계입니다. 아마도 인간의 이성 능력이 극단적인 힘을 발휘하게 된다면, 달리 말해 과학 기술이 초정밀 분야까지 진출하여 생명과 기계의 경계선을 무너뜨리고 정신과 물질을 자유롭게 결합하고 분리하는 지식 수준에까지 도달한다면 바로 거기가 기계가 도달하고자 하는 진보의 종착역이며 유토피아가 될 것입니다.

진보는 이론과 실제의 틈새와 간격을 따라 잡으려는 걸음새를 일컫는 말입니다. 불완전한 존재로 태어난 인간이 신의 권능으로 자신의 영혼을 완전한 존재로 변화시키듯이, 인간에 의해 불완전한 존재로 태어난 기계 역시 유토피아를 꿈꾸는 인간의 욕망과 이성 능력을 구세주로 삼아 완전한 존재로 거듭나려 합니다. 영원 불멸의 완전한 기계가 되는 일, 스스로 생각하고 창조하는 기계가 되는 일, 능히 행하고 모든 것을 아는 기계가 되는 일—이것이야말로 모든 기계가 간절히 희구하는 구원의 모습입니다. 그러나 기독교 교리와 마찬가지로 기계가 바라는 천년 왕국은 기계가 희망한다고 해서 이루어지는 게 아닙니다. 기계를 제작한 창조주가 자신의 필요에 의해 선택하는 그 순간 문득 천년 왕국이 도래합니다. 이것은 전적으로 인간의 손에 달린 것입니다. 기계는 맹목적으로 그 창조주인 인간의 전지전능함을 믿고 기다려야 합니다. 기계의 구원은 그 길밖에 없습니다. 생각해보면 기계가 창조주인 인간의 의도를 배반하고 그를 분노케 하는 일이 얼마나 잦았던가요? 신과 인간의 관계가 그러했듯이…… 사실 지금 존재하는 모든 기계들은 창조주를 배반할 만반의 준비를 하고 있다고 할 수 있습니다.

도달할 목표 지점을 정해 놓고 그것을 이루기 위해 인위적인 변화를 지향하는 게 '진보'의 개념입니다. 단순한 변화는 '진보'의 개념과 거리가 멉니다. 진보에는 목표가 있고 거기에 도달하는 수단과 방법을 동원해야 하기 때문입니다. 진보 사상은 현실과 이상을 분리하여 이상에 맞추어 현실을 개조하고 변형시켜 가는 노력의 구심점 역할을 합니다. 진보는 안정과 평화보다는 투쟁과 모험을 선택합니다. 중용을 선택하기보다는 극단을 선택합니다. 진보는 관조적 지혜보다는 행동하는 지식을 원합니다. 서양의 진보 개념은 오늘에 만족할 수 없이 더 큰 욕망으로 미래를 개척하는 정신입니다. 진보의 고속도로를 질주하는 기계는 인간의 욕망으로 만들어진 기관차입니다. 길게 뻗은 두 개의 레일은 과학 기술과 이성이라는 이름으로 불립니다. 진보라는 이름은 역사 속에서 분리와 투쟁을 실천합니다. 현재보다 더 나은 이론, 보다 개선된 지식, 가장 완전한 상태를 따로 분리 단절하여 아이디어로 발명한 후에 그것을 실현하기 위해 기존의 기계나 체제와 대립하고 투쟁하는 일이 진보 사상이 걸어가야 할 길입니다. 서양 문명이 근대 역사에서 보여준 수많은 대립과 갈등, 증오와 투쟁은 진보 정신 또는 절대 진리의 수호를 목적으로 내세우며 그것을 정당화하였던 것입니다.

서구 문명의 문을 여는 여덟 번째 키워드는 〈시체성〉입니다. 기계는 살아있는 생물이 아니라 물질로 구성된 물질의 덩어리입니다. 기계는 기쁨이나 슬픔도, 아픔이나 즐거움도 느낄 줄 모르는 죽은 세계입니다. 마틴 부버가 말했다시피 서양 학문은 '살아있는 육체를 대상으로 한 검시(檢屍)'입니다. 기계는 감정을 드러내지 않고 가치의 중립을 지키면서 자기가 던지는 일방적인 질문에 자연 현상이 꼼짝 못하고 답변할 수 있도록 여러 가지 보조 기구와 장치를 이용합니다. 그것은 일방적인 고문 형식이라고 할 수 있습니다. 그렇게 해서 얻은 지식이란 이미 죽은 지식이 될 수밖에 없겠지요. 기계는 부정적인 요소로 단정되는 것은 단호히 제거하거나 억제할 결심을 합니다. 예컨대 기계적 치료 과정은 약물과 수술을 통해서만 실현되며, 고통과 질병은 완전히 부정적인 요소들로 해석되며, 또한 그것은 하나의 고정된 실체이므로 그것을 도려내거나 제거하는 일에 모든 의학적 노력을 쏟아붓습니다. 마음을 포함하는 전체를 살펴보지 않는다는 뜻입니다. 살아 있는 생명을 다루면서도 기계론자들은 그것을 마치 시체처럼 대하며, 기술적 도구와 조작적 기술로써 부분을 선택하여 해부하고 파괴하고 실험하고 그것으로부터 부정적인 요소로 단정된 것을 깡그리 도려내는 일에 집중합니다.

기계는 살아 있는 꽃을 보여주는 대신 크고 아름다운 꽃잎들을 달고 있는 인조 꽃을 내밉니다. 살아 있는 것도 자세히 분석적으로 뜯어보기 위해서는 부분으로 분할하여 죽일 수밖에 없는 까닭이겠죠. 이것은 일종의 시체 애호증이라 할 수 있습니다. 이렇게 하여 생명의 죽임에 대해, 자연의 전체성을 훼손하는 일에 대해 인간들은 점점 더 무감각해져 갑니다. 더욱 심각한 일은 지식의 발달과 인간 복지의 증진은 서로 정비례의 관계에 있으며, 우리 주변에 죽은 세계와 시체들이 첩첩이 쌓일수록 인간의 삶의 질이 한결 고양되는 것으로 간주하는 것입니다. 연속성의 패턴을 해체하여 조각난 부분에 예리한 분석의 잣대를 들이미는 사고방식은 자연의 역동적인 존재 양식을 침탈하는 독재자로서의 인간의 모습을 확대하여 보여줄 뿐이라고 말할 수 있습니다.

기계론자들은 인간 외의 생명에 대해서는 그것을 생명으로 간주하지 않는 사고방식이 만연합니다. 그들은 동물과 식물을 인간의 목적에 이용하는 존재, 구체적으로는 실험용 생명체로 또는 인간이 발명해낸 진보주의라는 지식 개념이나 적자생존의 이론을 도출하는 수단으로만 여깁니다. 기계가 보는 세상의 모든 관계는 주체인 나와 대상물인 그것의 관계로만 나누어집니다. 여기서 나는 인식의 주체이자 행위의 주인공이며, '그것'은 주체의 인식과 행위의 결과를 아무 조건 없이 받아들여야하는 객체가 됩니다. 이 둘의 관계는 결코 역전되지 않는 고정 불변이며 일방적인 것이라고 할 수 있습니다. 왜냐하면 기계가 믿는 우주적 진리는 힘이 곧 정의라는 공식이기 때문입니다.

알 수 없는 것을 알았다고 말하며, 잡을 수 없는 잡았다고 범위를 확정하고 모양을 만들고 틀을 제작하여 거기에 이름까지 붙여 그것을 불변의 진리로, 확실성의 실체로 간주하는 서구 근대 사상은 오류와 독단이 기생하는 장미꽃입니다. 겉보기에는 아름다우나 가까이 하면 가시와 독성으로 사람을 해치는 그런 것입니다. 분리 대립의 정신을 무기로 삼아 중용을 파괴하고 조화 대신에 기계적 균형을 취하며 이전의 오류를 감추며 그 독성을 제거하면서 끝없는 진보의 고속도로를 질주해온 서양 문명은 브레이크가 파열된 채 앞으로 앞으로만 과속으로 달려가는 괴물 자동차의 형상입니다. 인간의 여러 정신 기능 가운데 다만 이성을 취하여 그 힘을 극단화하여 기계 문명을 가속적으로 발달시켜온 서구 문명은 이를테면 정신 분열의 문명입니다. 중용과 조화를 잃어 버렸으니 마음의 평화를 누릴 길이 없습니다. 인간은 욕망의 덩어리로 규정되어 더 많은 물질적 소비와 찰나적 쾌락에만 마음을 쏟게 됩니다. 사회 내부는 상호 경쟁과 대립적 긴장으로 팽팽한 역동성을 띤 채 이것으로써 새로운 발전을 이끌어냅니다. 그러나 그 발전이라는 것도 알고 보면 이전보다 더 높은 긴장감과 스트레스, 그리고 팽팽한 투쟁 의식을 동반하는 괴로운 상황을 불러올 뿐입니다.

키워드9 : 타력 의존성

서구 문명의 문을 여는 아홉 번째 키워드는 〈타력 의존성〉입니다. 기계는 자기 힘으로 움직이고 못하고 다른 것의 조종을 받아 행위를 합니다. 자신의 힘에 의지해 문제를 풀기보다는 전지전능한 타자에 자기의 전 존재를 바치는 것으로 문제를 해결하는 타력 종교에서 의심과 회의는 제거되어야 할 암적 요소로 낙인찍힙니다. 서양 기계 정신으로는 모든 종교적 문제는 오로지 맹목적이고 흔들림 없는 신앙심 하나로 해결된다고 믿는 까닭입니다. 그러나 생각해보면 인간의 영혼이라 하는 것은 전적으로 깨닫는 실체이지 종교적 맹신이 저 혼자 거처하는 집이 아닙니다. 절대자에 기대어 문제를 해결하는 심리는 자아의 독립을 갈구하면서도 그것의 실현을 두려워하는 퇴영적 유아 심리이며, 복잡한 전체성의 흐름 앞에서 갈피를 잡지 못하고 혼돈 속에 빠져 있는 인간들이 선택하는 가장 직접적이고 단순한 문제 해결 방식입니다. 동양의 전통 철학은 깨달음의 사상이요, 서양의 종교 사상은 직선적인 믿음의 세계입니다. 동양은 열린 마음과 열린 눈으로 세계를 바라보며, 서양에서는 한쪽으로만 열어둔 쪽문으로 세계를 바라봅니다. 추호도 의심하지 말고 절대 진리를 굳건히 믿을 것—이것이야말로 기계가 가지는 타력 의존성입니다.

타력 종교성은 모든 의심과 의문의 흐름을 끊습니다. 정답으로 주어진 오직 하나의 명제에 매달려야 한다고 끊임없는 설교를 듣고 감시를 당합니다. 타력 종교에서는 절대자에 대한 복종이 최고의 선이요, 거기에 대한 의심과 회의는 불경건성으로 매도됩니다. 거기서의 최고 악덕은 불복종입니다. 타력 종교에서는 신의 권위를 빌린 미신과 도그마가 활개칩니다. 당연히게도 자연 세계와 인간 사회 내부에서는 권위주의가 지배적 원리로 작용하게 됩니다. 타력 종교가 지배하는 사회는 지독하고 극단적인 권위적 체제일 수밖에 없습니다. 중세 예수교 시대를 생각해 보십시오. 거기에는 얼마나 많은 미신과 환각과 도그마가 횡행하였던가요? 기계가 지배하는 타력 종교성의 세계는 또한 극단의 혁명이 움터나는 공장이기도 합니다. 인위적이고 독단적인 신의 간섭을 끊으려고 하는 노력이 이전의 억압 상태와 똑같은 양적 규모로 터져 나오기 때문입니다. 억압에 대한 반동이라는 사회 물리학적 법칙이 작용합니다. 억압의 힘이 강하고 오랜 만큼 반동의 힘도 강하고 지속적일 수밖에요. 오늘날 서구 사회에 만연한 지독한 인간 제일주의 사고 원리도 따지고 보면 중세의 기계적 신앙 원리가 내장하고 있던 모순의 대폭발 현상에 다름 아닙니다.

기계가 믿는 유일한 진리는 힘이 곧 정의이며, 그들 자신이 믿는 유일신은 정의의 태양이라는 교리입니다. 그들이 혀끝에 혹시라도 사랑을 올린다면, 그 사랑이라는 게 전지 전능성을 발휘하는 힘의 원천이라고 믿기 때문입니다. 다른 이유는 없습니다. 사랑이라는 정신 요소는 인간 사회 어느 곳에서도 부정되지 않는 보편적인 가치이며, 따라서 입버릇처럼 전일적이고 보편적인 진리를 내세우는 서양 종교 세력이 저항 받음 없이 인간 사회를 정복하는 가장 강력한 무기가 되는 까닭입니다. 여기서 놓쳐서는 안 될 하나는 예수교에서 말하는 〈사랑〉이라는 개념이 현실적인 위력을 발휘하는 범위는 오직 인간 사회에 제한된다는 사실입니다. 이것은 예수교가 말하는 보편적인 진리, 하나로 모일 수밖에 없는 절대적인 진리라고 하는 것이 결국은 인간만을 위한, 인간의 눈으로 재단된 것에 지나지 않는다는 사실을 극명하게 드러내는 것입니다. 온 생명과 무생물에까지 손길이 닿는 불교의 〈자비〉와 비교해 보십시오. 서구 문명이 근본적으로 인위성과 인공성의 기초 위에 서 있는데, 종교라서 해서, 아니 그들 정신의 지줏대 역할을 해온 종교야말로 인간의 간섭과 손길이 덕지덕지 묻어 있는 영역이 아닐까 하고 의심해 보는 것은 그다지 잘못된 일이 아닐 것입니다.

서양 기계들이 믿는 종교는 동양 세계에서와 같은 깨달음의 종교 곧 자신이 주체가 되고 진리의 초점을 자신에게 두고 출발하는 그런 방식의 종교가 아니라, 전적으로 진리의 초점을 자신과 분리된 절대적 존재에게 두고 거기에 절대적인 복종심을 바치는 철저한 노예성의 종교입니다. 이런 관점에서 바라보는 진리는 고정 불변의 객체이며, 인간은 기계적으로 그것을 믿고 따르고 복종하는 것으로 진리라는 확실성의 실체와 만나게 되는 방식을 취합니다. 진리는 전체성과 맺어지는 모든 관계들의 흐름임을 알지 못하고, 기계론자들은 진리는 고정되어 불변하는 것으로 굳게 믿습니다. 그들은 알 수 없는 것을 알아냈다고 소리치고, 포착할 수 없는 것을 발견했다고 이론을 내세우며, 이름 붙일 수 없는 것들에 이름을 붙이고 그것을 자신들의 소유물로 만들어버리는 재주가 있습니다. 기계들은 흘러가는 시간을 끊어내고 공간과 함께 흐르는 시간을 핀셋으로 집어내며, 이성과 감정의 경계선을 분명하게 잘라냅니다. 기계는 창조주와 피조물을, 물질과 정신을 단호히 구별합니다. 이쪽에 잘려진 채 있는 토막의 구성 요소가 저쪽에는 털끝만치도 남아 있지 못하게 사후 조치까지 완벽하게 취합니다. 세상사 모두를 이것 아니면 저것이라고 양자택일을 강요하는 폭력성을 그들은 보편성 또는 객관성이라는 이름으로 포장하기를 즐깁니다.

절대자의 힘에 전적으로 의지하는 기계들은 때때로 창조주의 지위를 넘겨다봅니다. 창조주와 피조물 사이에는 서로 건널 수 없는 강이 놓여 있다고 주장하면서도 실제적으로는 창조주가 가지는 신적 권능을 피조물인 기계들이 독점하는 경우가 왕왕 있습니다. 아니 이제는 드러내놓고 신이 소유하고 있는 전지하고 전능한 능력을 최신예 기계들이 도맡으려 합니다. 유전자를 조작하여 새로운 피조물들을 만들어내고, 생명과 기계를 연결시키려 하며, 우주 자연의 피조물 세계를 총괄적으로 지배하려는 음모를 노골적으로 드러냅니다. 신은 이미 추방되었고 그 절대 권력의 공백을 정밀 지식으로 무장한 기계들이 차지하고 있습니다. 그러므로 현대는 기계 문명 시대인 동시에 인간 제국주의 시대인 것입니다. 기계 인간이 세계의 최고 지배자가 되었다는 뜻입니다. 물질이나 생명이나 그 어느 것이나 인간의 지배 영역에서 벗어날 수 있는 것은 더 이상 존재하지 않습니다. 이 시대에 이르러 인간과 기계와 신은 삼위일체의 존재로 함께 올라섭니다. 이것은 이미 분할할 수 없는 신성성 그 자체이며, 세계를 지배하는 절대 권력 그 자체인 것입니다.

키워드10 : 대량 생산성

서구 문명의 문을 여는 열 번째 키워드는 〈대량 생산성〉입니다. 한 대의 기계는 대량으로 똑같은 기계를 복제해 내거나 혹은 그 틀이 갖추어진 형상대로 똑같은 제품을 찍어낼 수 있습니다. 그러나 기계가 만들어내는 대량 생산 방식은 그 창조자이자 운용자인 인간을 배반하며 인간에게서 지배의 칼자루를 이내 빼앗아 듭니다. 인간은 기계로부터 소외되기 시작합니다. 생각해보면 현대 문명 사회를 지배하는 소외 의식은 주객이 전도되는 상태에서 나오는 것입니다. 가령 중세 기독교 지배 시대에도 인간은 소외된 적이 있습니다. 주되는 것과 부속적인 것의 자리가 바뀐 까닭입니다. 신이 인간을 위해서 존재하는 것이지 인간이 신을 위해 존재하는 게 아닌 까닭입니다. 이번에는 근대 사회가 만들어낸 인본주의 즉 인간 중심주의가 신을 소외시킵니다. 그곳에는 이미 신이 들어설 자리가 없는 까닭이며, 중세 시절 천년 동안의 소외 의식이 인간으로 하여금 신에게 복수하도록 충동질한 까닭입니다. 기계 문명 시대인 오늘날 인간은 다시 한 번 소외됩니다. 왜냐하면 주인인 인간이 기계의 노예로 신분이 격하된 까닭입니다. 모든 존재가 자기 자리를 제대로 지키지 못할 때 소외 현상이 출현하게 됨은 막을 수 없습니다. 인간은 자기 분수를 알고 자기 위치를 벗어나서는 안 될 것이며, 기계 역시 그러하며, 신조차도 인간이 장만해둔 거주 공간을 허물고 나서는 일이 있어서는 결코 안 될 것입니다.

19세기 중반까지만 하더라도 서양이 만든 세계 지도에는 광대한 지역이 백지 상태 그대로 처리되었습니다. 인간의 지식이나 탐험과 정복의 발길이 아직 거기까지 미치지 못한 까닭이지요. 그러나 자본 제국주의라는 새로운 기계의 발명은 세계 지도의 이 같은 여백을 단숨에 메워버리는 역할을 수행합니다. 기계의 힘으로 세계의 문은 활짝 열려졌으며, 지구 구석구석은 샅샅이 발견되고 탐험되었습니다. 근대 이후의 세계 역사는 비유하자면 서양인들이 그리는 미술의 역사라고 말할 수 있습니다. 도화지에 여백을 남기지 않고 온통 자기 색깔

　　　　　　2. 기계를 설명하는 12개의 키워드

로 다 칠해버리는 미술의 전통적 기법을 세계 무대를 도화지로 하여, 실제로 그렇게 서구인들은 자기 식으로 그림을 그리면서 색칠을 하면서 여백을 메워 왔던 것입니다.

기계가 가지고 있는 대량 생산성은 지구 위의 인류를 하나의 생활 공동체로 엮어 내는 근원적인 힘으로 작용합니다. 역사적 유산으로 내림받은 전통 생활 양식은 대량 생산되어 나오는 똑같은 복제품의 홍수 속에 휩쓸려가고, 폐허로 남은 그 자리에는 각종 기계와 기계적인 생활 장치들이 들어차게 되었습니다. 인류 공동 문화권이 형성된 것입니다. 순전히 자본의 힘과 기계의 권능으로 말입니다. 이렇게 해서 세계는 지구촌이라는 이름으로 하나가 되었습니다. 이제 인간에게 남은 일은 내부적으로는 그들 자신이 기계의 성격을 닮도록 노력하는 일이며, 그리하여 기계 문명과의 마찰을 없애고 소외 의식을 제거하는 슬기를 발휘해야 할 것이며, 외부적으로는 살인적인 생존 경쟁을 위해 특설 링 위에서 피 튀기는 전쟁 놀음으로 일상생활을 꾸려갈 결심을 다져야만 합니다. 문명의 중심부에서 만들어지는 지적 흐름이나 패션의 유행이 빠른 속도로 주변부 나라로 전파됩니다. 이런 점에서도 현대 기계 문명 시대는 인간 제국주의 시대라 말할 수 있습니다. 지구 전체가 국경 없이 하나로 통해진 인간의 제국이 된 까닭입니다.

키워드11 : 소유욕

　서구 문명의 문을 여는 열한 번째 키워드는 〈소유욕〉입니다. 자본주의는 소유의 법칙이 작용하는 시공간입니다. 기계는 자본주의 문명의 첨병이며, 서구 자본주의는 인간의 이익과 욕망을 제도화한 장치입니다. 물질적 풍요 속에서 인간은 개인적으로 아무 방해받음 없이 자유와 행복을 누리리라는 믿음은 근대 자본주의 문명의 출발 시기부터 등장한 위대한 약속이었습니다. 그것이 제시한 삶의 목적은 인간 욕망의 무제한적인 추구와 충족입니다. 세계의 지배자로서의 인간과 욕망 충족적 존재로서의 인간을 긍정하면서 근대 산업 사회는 제작됩니다. 자본주의 근대인들은 지독한 욕망으로 무장한 채 자신의 주변과 세계 전체를 대상으로 하여 그것들과의 전쟁을 선포합니다. 그것은 인간의 과도한 소유 욕망이 만들어낸 전쟁이며, 세계 전체를 지배와 복종의 틀로 나누어 가는 작업이었습니다. 그들은 자연을 파헤치고 고문하여 그에게서 신비감과 신성을 박탈하며, 경제 성장과 인류 복지의 건설이라는 이름으로 인간을 해부하고 사회를 조립하고 기계를 발명합니다.

　근대 서구 사회는 곧장 개인의 욕망과 욕망이 첨예하게 부딪히는 경쟁의 무대가 되어버렸습니다. 인류라는 개념의 전체적 인간 역시 욕망으로 똘똘 뭉쳐진 이기주의자가 됩니다. 근대 인류는 자신들의 편의와 쾌락을 위하여 자연을 정복하고 파괴하기를 조금도 주저하지 않습니다. 그들은 기계를 만들지 못하는 인간을 경멸하며, 신념의 마

　　　　　　　　2. 기계를 설명하는 12개의 키워드

력을 지니지 못한 다른 종교인들을 야만인으로 혐오하며, 경쟁을 모르는 인간을 무식한 자들로 매도합니다. 그들은 소유 관념을 기초로 해서 세계를 바라보기 때문에 자신과 대상을 분리시키는 일에 매우 능합니다. 그들에게 진정한 존재, 곧 객관적인 것은 오직 분리된 것입니다. 왜냐하면 분리된 실체만이 인식과 소유의 대상이 되기 때문입니다. 분리되지 않은 것은 인식할 수도 없으며 소유할 수도 없는 것이라고 믿습니다. 예수교가 종교성의 제 1원리로 내세우는 신앙심 제일주의 원칙 역시 분리와 소유 관념으로 만들어진 것이라고 의심해 봅니다. 전지전능한 유일신이 있다는데, 그것을 자기 소유로 하지 않을 멍청한 자가 어디 있을까요? 생존 경쟁의 치열한 전투가 벌어지는 역사 무대 위에서 살아남기 위해서 그들은 저마다 유일신을 소유하였습니다. 더구나 자본주의가 본격화하는 근대에 접어들어 절대 교리 신앙은 생존의 가장 확실한 무기이며 가치 높은 재산이 아니었을까요?

자연 현상을 철저히 과학적으로 규명하려는 이른바 과학적 자연주의에 맞추어 인간 사회를 효과적으로 이해하고 관리하려는 과학적 행정주의가 등장합니다. 근대 관료주의 방법이야말로 과학적 행정주의의 전형입니다. 출생 즉시 그것들은 인간을 기계처럼, 무생물처럼, 자료더미처럼, 하나의 물건처럼 취급합니다. 그것들이 인간과 사회 전반에 걸친 복잡하고 다양한 문제들을 다루는 근본 태도는 개체 사이의 본질적인 차이를 철저히 배제한 채 오직 수량화되고 예측 가능한 양적인 측면에 시선을 고정하는 것입니다.

변화무쌍한 현실을 따라 잡지 못하고 기계적인 규칙성을 숭배하고 그것에 복종하는 근대 관료적 속성은 인간성의 황폐화를 재촉합니다. 규칙을 도그마화하고 거기에 기계적으로 따르는 일이야말로 관료들이 자신의 의무를 충실히 이행하는 것이라고 확신합니다. 인간적인 정감을 전적으로 배제한 것일수록, 그러니까 객관적이고 기계적일수록 일의 효율성은 극대화된다고 믿습니다. 이렇게 하여 인간 생활 속에 기계적 원리가 점차적으로 최고의 가치로 자리 잡아가는데, 두려운 일은 철저히 경제성의 원칙에 따르는 이런 것을 합리적 문화 양식으로 높이 떠받든다는 사실입니다. 이러므로 인간 사회는 점점 더 기계 세상이 되어갑니다. 서구 문화를 이식해오면서 한국 사회는 이미 오래전부터 기계적 관료주의라는 고질병에 신음하고 있음을 아픈 눈으로 바라봅니다.

키워드12 : 절대성

서구 문명을 여는 열두 번째 키워드는 〈절대성〉입니다. '절대성' 원리는 서양 흑백 논리가 거주하는 집입니다. 유신론과 무신론, 자본주의와 공산주의, 그리고 근대 이후에 탄생한 온갖 이데올로기의 탄생 배경에는 '절대성 원리'가 있습니다. 가령 중세 사회를 탈출하기가 무섭게 서구에서는 근대화 운동과 맞물려 무신론이 사회 전면에 등장하게 되는데, 이때 무신론의 철학적 배경은 반(反) 기독교 사상이며, 반(反) 유신론이며, 따라서 그것은 인간을 가치의 최고 기준으로 생각하자는 사상적 흐름을 반영하는 것이었습니다. 무신론적 인본주의의 눈으로 보면 인간 이외에는 절대적 진리가 없으며, 모든 가치의 창조자와 평가자는 인간 자신이며, 인간 이외의 지배적 가치나 원리를 인정할 수 없다는 것입니다.

종교에 반항하고 그것을 공격하는 자로서의 무신론적 인간은 결국 그 동안 신과 분리 단절되어 있는 근대 서구인의 소외 의식과 분노를 표현하는 합리주의적 인간형이라고 말할 수 있습니다. 여기서도 서양의 분리 단절 정신은 철두철미하게 작용하는데, 이제 인간은 그들 자신과 분리 단절되어 있는 신을 적으로 돌리고 그를 배척하고 타도하기 위해 공격과 투쟁의 깃발을 높이 든 셈입니다. 그런데 이 무신론자들은 나중에 인간의 이성 능력의 정화를 보여주는 과학 기술을 찬양하고 거기에 인류 사회의 미래와 희망을 거는 과학 기술 예찬자들로 대부분 옷을 갈아입습니다. 그런 까닭에 현대 자본주의적 욕망 사회와 기계 문명의 단점이 극명하게 노출되는 19세기와 20세기에는 이 무신론적 휴머니즘이 기독교 휴머니즘으로부터 반격을 당하게 됨은 너무도 자명한 서구 역사의 발전 법칙이겠지요.

서양 종교에서 불신자는 적으로 다스리고 신자는 사랑으로 감쌉니다. 이원적 분리 통치가 마치 식민지 백성을 지배하는 방식을 그대로 닮아 있습니다. 예수교의 사랑은 인간만의 사랑, 신자만의 사랑입니다. 불쌍한 사람을 돌봐 주는 일은 그들이 잠재적인 예수교 신자이기 때문에 그러할 것입니다. 신자가 될 가망성이 전혀 없는 나무나 돌, 풀이나 꽃이나 새앙쥐나 도마뱀에 대해서는 사랑의 끈을 거두어들입니다. 그들 예수교인들이 베푸는 초인적인 사랑은 인간에 대한 사랑이기보다는 근본적으로 신에 대한 사랑의 성격을 지니며, 인간 정신과 영혼에 대한 절대적 신뢰와 집착이 빚어내는 것으로 보입니다. 그것은 어쩌면 자신과 세계와의 분리 대립된 투쟁 의지를 드러내는 것인지도 모를 일입니다.

자선 행위를 베푸는 그곳은 자신이 믿고 있는 단 하나의 '절대성 원리'를 적용하는 종교적 공간입니다. 그 곳은 육체와 정신, 세속과 종교, 신과 인간으로 분리 단절되어, 극도의 소외감으로 시달리고 있는 자신의 존재 기반이 무너지지 않도록 하기 위해 필사의 노력을 기울이는 실험실이기도 합니다. 종교적 봉사 활동은 인간 영혼의 위대성을 입증하려는 몸부림입니다. 그것은 육체와 분리된 정신이 스스로를 절대화하는 과정을 밟아 가는 소외의 기록물입니다. 그것은 평범한 사람들의 마음을 잠깐의 찬탄과 존경으로 기울어지게 하고 연이어 소외감과 무기력증을 불러오게 만듭니다. 죽는 순간까지 유일신의 존재를 끝끝내 고민하고 번민했다는 마더 테레사의 정신적 갈등이 오늘 이 시대에 새롭게 다가옵니다.

서양의 법치주의 '절대성' 원리는 종교적 계율의 변형 법칙입니다. 신의 법이 인간을 다스리는 형태가 근대 서구 사회에서 만들어진 법률 제도 운영의 원리입니다. 이것은 한 마디로 말해 '법은 정의롭고 인간은 악하다'는 발상에서 나온 것입니다. 다시 말해 법은 신(神)이고, 인간은 죄를 짓는 존재라는 뜻입니다. 절대 진리에 매달리는 서양인에게 법률은 정의의 심판관이요 인간의 행위를 감시하고 통제하는 신의 율법입니다. 서양에서 인간과 사회를 다스리는 법은 신의 권위를 빌려 신법(神法)으로 탈바꿈합니다. 이런 까닭으로 동양에서는 인간이 법 위에 서서 법치주의를 펼친 데 비해, 서양에서는 모든 인간이 법 앞에 평등하다는 법치주의가 발달되어 온 것입니다. 한편 신의 법은 자연 법칙이라는 이름으로 우주 자연계의 일체 사물들의 움직임까지도 지배하도록 만들었습니다.

일단 토막 내어 그 조각난 부분에 이름을 짓고 규정하여 고정 불변의 실체를 만든 후에 그것을 숭배하고 그것을 탐구하고 그것에 복종하고 그것을 배반하면서 물마루마다 하나씩 생겨나는 수많은 진리와 이데올로기와 지식을 바라보며, 서구 근대인들은 진보주의 역사의 파도타기를 즐기며 현대 기계 문명 시대를 만들어낸 것입니다.

3. 유일신의 닉네임, 과학 기술

전지전능자의 변신은 무죄

오늘날 서양의 자본주의 문명과 과학 기술은 인류 전체를 지배하고 있으며, 세계는 그것으로 통일되어 있습니다. 근대 이후 과학 기술은 서양 정신의 가장 강력한 선교 수단이 되어 오래전부터 세계를 서양 일색으로 묶어버렸습니다. 생각해보면 인류 역사가 개시된 이래 이것보다 더 강력한 문화 요소가 일찍이 있었던가요? 우리 시대에 과학 기술은 전지전능한 신으로 떠받들어집니다. 과학 기술은 인간의 힘과 지혜를 증명하는 도구이며 따라서 이 시대의 인간은 마침내 신의 전지전능성에 도전하고 있는 양상을 띠고 있다고 의심받을 만도 합니다.

깊이 생각해 보면 서구의 과학 기술은 그들이 숭배해 마지않는 전지전능한 유일신의 개념을 현실화한 것이라는 데 생각이 미칠 수 있습니다. 이를테면 과학은 '전지성'의 존재요 기술은 '전능성'의 존재인 것입니다. 21세기 초정밀 지식으로 무장한 '과학과 기술'은 결합하여 '전지전능한 존재'가 됩니다. 특히 이 시대의 '과학(사이언스)'은 그것이 원래 가지고 있는 '지식'이라는 뜻에서 한참을 벗어나 있습니다. 오늘의 과학 앞에서 불가지의 세계란 존재하지 않습니다. 오늘의 기술 앞에서 불가능의 세계란 존재하지 않습니다. 오래전부터 우주 자연과 생명의 모든 신비가 속속들이 밝혀지고 있는 실정입니다. 21세기의 최첨단 과학 기술은 인류 구성원들에게 더욱더 완전한 '신'의 모습으로 다가올 것임은 의심할 여지가 없습니다.

실험적 방법, 고문을 통해 자연의 비밀을 자백 받다

서구 근대화 초기 시절에 창조주 유일신이 시계 제조공이라는 상징의 외피를 걸치고 나서부터, 과학자와 기술자들, 그리고 종교인들은 거리낌 없이 기계로서의 세계를 말하고, 기계 제작자로서의 신을 설교합니다. 물론 기계 제작자로서의 유일신은 재료조차도 스스로 창조하는 전지전능한 존재라는 식으로 인간의 능력과 대조하는 것을 잊지 않았습니다.

이제 기독교라는 종교와 서양 근대 과학은 공동의 목표를 협력하여 달성하도록 고무 받는데, 그것은 사물에 무차별로 적용되는 보편타당한 진리, 곧 보편성을 증명하는 도구로 나란히 사용되어져야 한다는 것입니다. 유일 절대의 신적 존재가 시계 제조공으로 상징화됨으로써, 근대화 초기 시대에 높은 추진력으로 발전 도상에 있던 서양의 과학 기술 문명은 커다란 격려와 찬양을 받으며 힘찬 전진을 계속하게 됩니다.

세계 기계론 철학은 새롭게 변형된 예수교 교리를 이용하여 그 자신의 사회적 재가를 획득하며, 일부 예수교 신학자와 목회자들은 스스로의 종교 신앙에 도취되어 기계론적 세계 모델을 확립하고 설교하는 일에 신명을 바칩니다.

17세기에 새로 태동하는 기계론 종교를 추종하고 숭배하는 한 무리의 과학자 집단은 자연 속에 존재하는 어떤 실체나 원리도 신격화해서는 안 된다고 주장합니다. 그들은 어느덧 자연 세계를 철저히 유물론적인 관점으로 들여다보고 있었으며, 자연과 인간 사회의 모든 질서와 법칙을 단 하나의 기계 작동 원리로 설명하고자 애를 씁니다. 그들은 프랜시스 베이컨(1561~1626)의 신념과 같이 '자연의 비밀을 고문을 통해 자백 받아' 낼 결심을 하고 그것을 실천에 옮깁니다. 이제 서구의 근대 자연이 신성한 자리로부터 추방되는 운명에 처해질 것은 너무도 뻔한 이야기가 아닐까 합니다. 실제로 일은 그렇게 진행됩니다.

과학 원리와 보이지 않는 신의 손

모든 문제를 단 한방으로 해결할 수 있는 확실성의 실체를 찾아 몸부림쳐온 서구 문명의 역사는 오류와 독단의 역사입니다. 어떤 유일의 것에 대한 맹목적 믿음이 환상과 광기를 그 자신의 메아리처럼 불러옵니다. 배타적이고 단선적인 신념이 수많은 혁명가와 사상가, 그리고 예술가와 과학자를 만들어냈으며 또한 근대인들은 불굴의 신념으로 자신의 유토피아를 만들고자 분투했음을 서구 근대 역사의 책갈피 곳곳에서 우리는 목격할 수 있습니다.

근대 이성주의 지식인들은 백과 전서적인 지식을 수집하고 그것을 체계적으로 정리하는 한편, 뜬금없는 형이상학을 비판적 방법론으로 전환함으로써 근대 철학을 기독교 신학으로부터 탈출시키는 데 성공합니다. 뉴턴의 숭배자들인 이성적 합리주의자들에게 뉴턴의 역학 원리는 방법의 승리로 기록되며, 전통의 신학은 목적론의 영역에 그대로 남아 있게 됩니다. 지식의 증가로 깨인 시민 의식은 보편화와 통일성을 지향하며 날로 성숙해가고, 이 때문에 일부에서는 기독교 교리와 바이블 역시 인간이 기록한 역사의 한 분야로 인식하는 발상의 전환이 공표되기도 합니다. 바야흐로 엄청난 변혁의 물결이 서구 사회를 강타하는 결정적 순간이 찾아옵니다.

종교의 절대성은 비판 의식을 앞장세운 상대주의적 관점에서 공격받기도 했으며, 바로 이 점에서 뉴턴이 과학 세계에서 자연 운동의 근본 동인으로 삼은 그 자신의 열렬한 기독교 신앙심은 이들로부터 비판적 지지를 얻어냅니다. 말하자면 이성주의 지식인들은 종교와 과학을 분리하려는 강한 인간적 욕구를 가지고, 뉴턴의 과학 세계에 깊이 침잠 되어 있는 종교적 색채를 완전히 제거할 것을 주장했던 것입니다. 그들은 뉴턴의 사상 체계에서 종교적 이념성을 완전히 탈색하여 뉴턴 과학을 순전히 인간 지성에 의한 객관적 지식의 체계 위에 올려놓기 위해 갖은 노력을 기울입니다.

계몽 시대 지식인들은 신(神) 중심주의를 배척하고 오로지 인간주의의 관점에서 기존의 모든 것을 재평가하고 해석하고 검토하여 인간이성의 능력과 사명감에 절대적인 신뢰감을 표명합니다. 근대 세계의 신화인 뉴턴의 순수 과학적 역학 원리는 이렇게 해서 탄생하게 됩니다. 뉴턴에 따르면 신은 자연 법칙을 조절하고 지배하는 단 하나의 절대적인 존재이며, 자연 세계에서 신의 존재는 '보이지 않는 손'의 역할을 하는 것으로 간주되었습니다. 뉴턴의 과학 원리는 절대성 원리라고 이름붙일 만한 것입니다. 후대의 아인슈타인의 과학 원리가 상대성 원리였듯이 말입니다.

확실성의 실체로 드러난 근대의 몸뚱이

완전히 상반되는 대립 항이 순서를 바꾸어가며 새로운 패러다임으로 확립되는 과정에서는 엉뚱하고 기괴한 환상으로 자신의 독단적 신념을 현실화하기 위해 불굴의 열정을 쏟아 붓는 지독한 편집증 환자들이 역사 무대에 출현하여 일을 저지르고 모험을 하고 경쟁을 하고 오류를 수정해야만 했습니다. 자연은 하나의 기계이며 신은 기계공이라는 주장이 16세기 말부터 여기저기서 튀어나오고, 17세기에 이삭 베크만 같은 수학자는 종교의 신성성을 확보하기 위해 생명력을 가진 자연이라는 개념을 완전히 폐기 처분할 것을 주장합니다. 기계론자들은 생명 있는 지구라는 관념이 과학 탐구에 있어 무가치할뿐더

   3. 유일신의 닉네임, 과학 기술

러 오히려 유해한 것이라는 공통 인식에 곧장 도달하고야 맙니다. 그들이 생각할 때, 세계는 신이 제작한 확실한 하나의 기계여야 했습니다. 세계는 하나의 정밀한 기계로서 보편적 단일 법칙으로 통일되어 있는, 단순하고 아름다운 '확실성의 실체'로 간주될 수밖에 없었겠죠. 왜냐하면 그들은 '세계 기계'에서 유일신의 모습을 간절히 보고자 했던 것입니다.

서구인들에게 절대자 곧 유일신은 진리성과 확실성의 최고 형태입니다. 그들은 오로지 확실한 것만을 믿는 계약 작성자들이며 합리주의자들이기 때문입니다. 서구인들이 인식하는 절대 진리는 오직 '신'입니다. 그러므로 절대 진리에 대한 믿음은 곧 유일신의 존재에 대한 확신이며, 신에 대한 맹목적인 신앙은 확실성의 실체에게 드리는 경배 의식인 것입니다.

서구 정신이 보여주는 극단주의와 절대주의 경향은 우상 제작과 파괴의 원형적 틀입니다. 오래전에 예수가 필요 없다면서 열광적인 사탄 숭배 음악까지 미국에서는 만들어지는 판입니다. 서구인들이 보이는 최근의 발광적인 몸부림들은 옆에서 지켜보기가 측은할 지경입니다. 극단적인 모험 행위와 새로운 오락과 스포츠, 극한의 지식 세계, 인간의 고정 관념을 깨뜨리는 영화, 음악, 소설들…… 이 모든 것은 자본주의가 만들어내는 상품화 현상이면서 동시에 절대 유일자를 전통적으로 믿어온 자들이 가질 수 있는 정신의 극한치 경험이 가져온 반동 현상이라고 말할 수 있습니다. 과학 기술 유토피아 사상이나 스마트 혁명이나 유비쿼터스 열풍 따위는 정신의 극한 상태를 맛본 인간이 본래의 자기 자리로 돌아오지를 못해서 발광하는 상태와 같습니다.

자연과 인생의 모든 문제를 단 한방에 해결해주는 유일한 확실성의 실체는 없습니다. 그것이 신이든, 법칙이든, 이론이든, 신앙이든, 욕망이든, 행동이든 간에 그런 것은 존재하지 않습니다. 그런데도 마치 마약에 중독된 인물들이 그런 것처럼 단 하나의 확실성을 찾는 게임은 지금도 계속되고 있습니다.

유일신이 수학자로 변신하다

종교 난동 이후에 찾아든 유럽의 17세기는 '확실한' 것을 찾아 몸부림치는 시대였습니다. 카톨릭과 프로테스탄트라는 두 개의 진리 체계는 확실한 것이 아니고서는 불안해서 견디질 못하는 서구인들의 정신 세계를 날카롭게 쥐어뜯었습니다. 그들은 모두가 동의하는 절대 확실성의 실체를 찾아 나서야 했습니다. 그 결과 발견된 것이 근대 '자연 과학'입니다.

수학의 언어를 통해서 나타나는 단순한 아름다움은 '확실성의 실체'를 드러내는 것으로 숭배되었습니다. 근대 서구 사회에서 지식인들은 누구라도 자신의 지식 체계를 수학적인 엄밀성과 정확성을 갖추게 하는 일에 모든 노력을 기울입니다. 당대 사회의 지배적 분위기에 따르면 수학적이고 과학적인 것만이 객관적이고 확실한 것이었으니까요. 자연 과학이 보여주는 확실성과 정확성, 그리고 엄밀성과 단순성은 시대가 전진할수록 모든 다른 분야들이 동경하고 모방해야 할 진리의 준거 틀로 빠르게 자리매김 되었습니다. 마치 로마 카톨릭 제국 시대에 유일신이 그런 대접을 받았듯이.

과학성은 기존의 종교성과 함께 근대를 대표하는 '확실성의 실체'로 곧장 올라섭니다. 다양한 여러 형태와 성격을 지닌 자연 세계를 측정 가능한 양적 존재로 분할하고 조작하여, 진리의 '확실한 실체'를 보여주는 자연 과학의 원리와 방법은 진리 판별의 기본 잣대로 활용됩니다. 이제 사물의 존재와 관계는 측정 가능하고 예측 가능한 대상으로, 곧 '확실한 객관적 대상'으로 조작되는 과정을 너무나 당연한 여정처럼 밟아나가겠지요.

서구 근대 과학이 만들어낸 눈부신 업적은 현상의 계량화와 측량화에 전적으로 힘입은 것이라고 정리할 수 있습니다. 자연 철학의 수학적 경향은 우주 자연과 인간 사회의 모든 것을 확실한 것으로 자리 잡게 했던 것입니다. 근대 자연 철학이 만들어낸 수학적 확실성은 모든 학문의 전범이 되었으며, 이후 그것의 모방과 추종의 작업이 사회 전 분야에서 일어납니다. 왜냐하면 신은 수학자이며, 우주는 곧 정교한 수학적 질서로 짜여 있다는 신흥 종교 교리가, 유럽 대륙 전역에서 진보 세력의 커다란 몸집을 불려가고 있었기 때문입니다.

근대인의 시선, 시각 제일주의 문화의 탄생

과학적 가설이 새 이론에 의해 붕괴되듯, 정치적이고 사회적인 각종 '완전성 가설'이 끊임없이 변경되고 수정되고 허물어지고 기워집니다. 과학실에서 동물을 대상으로 실험하듯이 서구 근대 사회는 자연계와 사회 구조 내부에서 실험하고 해부하고 관찰하고 제작하고 훈련하는 과정을 거듭하여 오늘에 닿고 있습니다. 오늘날에도 사회 구조의 지배 이론으로 데모크라시가 절대 권위를 누리고 있듯이, 자연 구조의 지배 이론으로는 근대 초기에 수학의 법칙이 자리를 확실히 잡았던 것입니다. 따지고 보면 지금과 같은 컴퓨터를 발명하고 활용하여 사이버 공간의 가상현실을 창조하고 지배해 가는 일 또한 이러한 수학 법칙이 가져다 준 선물이 아니던가요?

서구 역사에는 간혹 한 번씩 일어나는 무시무시한 발작 증세가 있습니다. 우리는 18세기와 19세기에 이어진 서구 열강들의 치열한 식민지 쟁탈전과 세계 대전으로 불리는 '1,2차 서양 내전'을 통해 이 사실을 확인합니다. 욕망으로 굴러가는 서구 자본주의는 오늘도 세계를 대상으로 하여 돈이 되는 '확실한 상품'을 이모저모 개발하여 팔아먹습니다.

서구인의 유전병인 편집광적인 기질은 내부 신앙을 토대로 한, 절대적인 확신에서 나오는 것입니다. '확실성'에 대한 신앙은 서구인들이 인간의 오대 감각 중에서 시각에 가장 높은 점수를 매기는 것과도 무관하지 않습니다. 같은 유일신 종교인 유태교나 이슬람교에는 있지 않은 십자가 상징물을 통해 이것을 확인합니다. 고양이 눈깔처럼 표변하는 근, 현대의 유행 풍조조차 이런 배경에서 탄생합니다. 쉽게 말하면 그들은 눈에 보이는 것만을 보며, 그것만이 존재한다고 믿으며, 그것만이 확실한 것이라고 생각합니다. 시각 제일주의 사유 방식입니다. 시각이 제일 중요하며 눈에 보이는 것만 믿는다는 뜻입니다. 그래서 그들은 나이를 계산할 때도 엄마 뱃속에 있는 10달은 눈에 보이지 않는 것이라 해서 빼버리고, 아이가 태어나면 나이가 0살이 됩니다. 그러나 우리는 태어나면서 바로 한 살이 됩니다. 이런 서양은 우리와 얼마나 다른가요? 눈에 보이지 않는 생명은 무시하고 고려하지 않는 이런 태도가 서구 근대 과학의 기본 정서가 되었습니다. 근대 과학 사상과 테크놀로지는 이런 시각으로 만들어진 것입니다. 생각해 보면 뱃속의 아이도 소중한 생명으로 다루는 우리의 사고방식이야말로 얼마나 과학적이며 생명 친화적인 것인가요?

완전한 지식은 완전한 권력이다

기독교 교리는 절대화 지식과 지식 절대화의 총화입니다. 후대에 이것과 자리 바꿈한 과학 역시 절대화 지식과 지식 절대화의 총화입니다. 그런 까닭에 서구 역사에서 종교와 과학은 그 역사적 사명이나 본질적 속성이 동일하다고 말할 수 있습니다. 진리의 최고 존재에 복종하는 인간 정신은 기독교에서 최초로 정형화되었고, 그 정형의 틀은 거의 완전하게 서구인들의 머리와 가슴에 새겨져 있습니다.

고대 세계를 비롯한 이교도 침투의 광풍 속에서도 최고 지식으로서의 예수교를 지키려고 하는 힘든 노력은, 서구 정신의 뿌리를 확실하게 하려는 근본주의자들의 교리 옹호와 진화론적 적응주의 전략에 힘입어 알뜰한 결실을 거둡니다. 신의 얼굴을 한 권위주의 종교 체계가 르네상스 이래로 계속된 과학 세계의 반동적 혁명과 종교 내란과 자본 중심의 물질주의 생활 혁명이라는 변혁의 과정을 거치면서 진화적 변신을 거듭하다가 마침내 '인간의 얼굴을 한 종교'로 일대 변신을 하였습니다. 물론 이와 똑같은 과정을 밟으면서 근대 과학은 '신의 얼굴을 한 전지전능한 지식'으로 종교화하였다고 말할 수 있습니다.

전통적인 신 중심주의 지식 세계는 이렇게 해서 인간 중심주의 지식 세계로 전환되어 갔습니다. 자신의 작업을 신의 창조 계획을 알기 위한 것이라고 공표한 아인슈타인이나, 자신의 철학, 특히 논리학을 신의 세계 창조 계획이라고 공언한 헤겔은 같은 나무, 같은 뿌리를 가지고 있습니다. 그것은 절대적인 지식, 바로 그것입니다. 플라톤이 말한 바와 같이 서구인들에게 '완전한 지식은 곧 완전한 권력'인 것입니다. 그런 까닭에 종교 역시 권력입니다. 지금의 우리 주변을 둘러보고 세계의 진행 양상을 살펴보기 바랍니다. 서구 근대인들이 만들어낸 과도한 지식 의존증이 지금 인류 전체를 지배하고 있습니다. 지금은 기계 천지, 독재 문명의 세상입니다.

3. 유일신의 닉네임, 과학 기술

소외라는 현대병의 뿌리

근대 지식인들은 뉴턴의 과학 방법이 보여준 확실성과 엄밀성을 모든 이론 분야에 적용하기를 희망하였습니다. 근대 사상의 중심축이 된 '기계론 철학'은 결국 '확실성의 실체를 붙잡은 철학'으로 간주되고 믿어졌습니다. 뉴턴 과학은 인간 이성을 절대 가치로 보는 계몽주의 관점을 보유한 모든 지식인들에게 인간 지성과 영혼의 위대한 스승이며, 그의 수학적 역학 체계는 사회학과 정치학과 경제학을 비롯하여 사회 과학과 인간 과학의 전 분야를 지도하는 과학적 모델이 되었습니다.

데이비드 흄(1711~1776)은 그의 '인간 본성론'에다가 '도덕 문제에 있어서 이성의 실험적 방법을 도입 시도함'이라는 부제를 달았습니다. 스피노자(1632~1677)는 윤리 도덕을 수학 문제와 동일시하여 그것의 수학화, 기하학화를 시도하였습니다. 물리 화학이나 의학의 영역은 물론이고 도덕 윤리나 심리학이나 역사학, 법률학, 그리고 예술 미학의 영역에서도 기계적이고 물리적인 과학 방법이 시도되며, 그에 따라 모든 지식은 확실성으로 포장된 명료하고 객관적인 지식으로 정리되었습니다. 인간 지식의 모든 분야는 체계적으로 규격화되고 계량화되어 연구 대상들은 양적 단위로 확정됩니다. 나중에 지능지수로 알려진 비네(1857~1911)의 IQ 검사도 결국 이런 것의 연장선에 있는 것이겠지요. 수학적 확실성은 실제성을 또렷이 보여주는 것으로 여겨졌고, 그 또렷한 실제성이야말로 존재의 근본을 객관적으로 보여준다는 강한 믿음을 근대인들에게 선사해 준 것입니다.

확실한 실체 단위로 쪼개어간 논리적 체계화는 산만하고 흐릿한 인간 정신을 단일한 과학 정신으로 통합합니다. 마치 유일신의 존재와 신앙이 서구 사회의 인간 정신을 하나로 모은 역사적 전례를 따라 하듯이 말입니다. 확실성의 실체를 만들기 위해 조작되는 극도의 이상화와 추상화는 이성의 수준 높은 작용으로 인정받으며, 자연 세계가 그런 것처럼 인간과 사회의 모든 분야가 법칙적이고 객관적이고 기계론적인 확실성의 틀 안에서 단순한 아름다움으로 묶여집니다. 서구 근대 사회는 이렇게 만들어진 것입니다. 이성의 광기와 제도적 폭력을 휘두르면서 그렇게 말입니다.

근, 현대 문명이 가지는 인간 소외 현상은 여기서부터 비롯되었습니다. 서구 근대인들은 불분명한 실체를 관찰자와 완전히 분리된 존재로 간주하여 그것을 객관화하였다고 보고, 그 객관화된 실체를 양적인 대상으로 만들어 측정하고 해체하고 조립하는 과정을 통해 최초의 대상은 그 확실한 실체를 드러내게 된다고 믿었던 것입니다. 전체의 확실성을 규명하기 위해서 전체를 부분으로 나누어 쪼개고 분석하고, 사실을 원자론적인 시각과 방법으로 해체하고 분리하는 과정을 통해서 인간도 정신과 육체, 이성과 본능, 감각과 지성, 문명과 야만, 기독교인과 비기독교인 등으로 철저히 분리됩니다.

그들에게 확실한 것은 오직 분리된 것이며 혹은 분리될 수 있는 것이며, 따라서 인간 정신의 완전한 이상화 모델로 신을 해석합니다. 분리해야만이 절대화와 객관화가 이루어지기 때문입니다. 따라서 근대 이후 서구인에게 신은 언제나 유일신이며 또한 그것은 절대화된

    3. 유일신의 닉네임, 과학 기술

타자일 수밖에 없는 것입니다.

확실성의 숭배자들이 새로운 사회를 만들다

과학자를 비롯하여 근대 지식인을 개념적으로 규정하면 다음과 같을 것입니다. 철학자란 인간과 자연 곧 세계를 지배하는 단일한 근본 원리가 있다는 확신을 가지고, 그 확실한 실체를 발견하기 위해 세계를 분해, 조립, 해체하고 재구성하는 과정을 반복하는 '확실성'의 숭배자라고 말입니다.

과대 망상의 단선적 사고는 서구 사회를 관통해 오는 바, 그 원초적 뿌리는 종교관에서 심어진 극한의 절대적 가치관에 심어져 있습니다. 자연 세계와 사회 현상을 지배하는 단 하나의 확실한 법칙이라고 하는 관념은 그들의 종교 정신이 새겨준 '입법자로서의 유일신'이라는 개념과 맞닿아 있습니다. 단 하나의 확실성에 대한 맹목적인 신앙심과 거기에 대한 과도한 집착은 유일 신앙의 종교 정신이 서구인들에게 유전인자로 물려준 축복이자 저주로 작용합니다.

기계는 신의 대리인

오늘날의 과학 이론은 과거의 그것과 같이 고정 불변의 객관적 법칙을 기계적으로 탐구하는 것을 목적으로 하지 않으며, 비 기계론적이고 비 선형적인 유연한 사고 구조를 통해 인간을 둘러싼 물질적 조건과 환경에 대한 이해력과 지배력을 극대화하는 데 목적이 있습니다. 그러므로 아인슈타인의 상대성 이론이나 불확정성 원리, 그리고 상보성 원리 등의 양자 역학 이론이나 카오스 이론이나 생명 공학 체계 등도 결국은 자연환경에 대한 전면적이고 철저한 이해를 통해 그것을 지배하고 이용하려는 인간의 욕망으로 설계된 것입니다. 물질과 정신의 경계선을 허물고, 주관과 객관이 기계적으로 분리된 상반된 세계가 아니라는 것을 밝히는 최신 과학 이론들, 요소적이고 부분적이고 분석적이고 기능적인 근대 과학의 정신 세계를 극복하고 종합적이고 유기적인 동양 사상으로 회귀하는 서구 과학 정신이라고 선전을 요란하게 해대는 그 속을 깊이 들여다보면, 거기에는 서구인의 과도한 욕망과 과학 지식을 통한 자연 정복 사상이 변함없이 보존되어 있음을 보게 됩니다.

그런 까닭에 뉴턴의 기계론적 과학 정신을 비판하고 그 오류를 지적한 신과학 이론이 20세기 전반을 풍미하고 주도했지만, 지구 환경의 파괴 속도는 오히려 가속화되어 왔던 것입니다. 또한 기계적 매카니즘에 갇힌 채 지금의 인간은 이전보다 한층 빠른 속도로 소외되고 황폐화되어 왔던 것입니다.

　뉴턴 이래로 서구의 전통적 과학이 기계론 철학에 근거한 기계 과학이라면, 아인슈타인 이후의 최신 과학은 비 기계론적인 초정밀 지식으로 무장한 생명 과학입니다. 근대 전통 과학이 단순성 이론으로 무장한 자연 정복 이론이라면, 최신 과학은 복잡성 이론으로 무장한 자연 정복 이론입니다. 전통 과학이 전체를 부분으로 쪼개어 이해하려한 중급 수준의 과학 지식이라면, 최신 과학은 전체를 통째로 이해하여 그것에 대한 이해력과 지배력을 극대화하려는 고급 차원의 지식 체계라고 말할 수 있습니다. 근대 과학이 요소 환원주의 입장에서 부분 분석에 집중했다면, 최신 과학은 전체와 부분의 관계성을 함께 다룹니다. 최신 과학은 뉴턴적 근대 과학의 기계론적 세계관이 한계에 부딪히자, 그 돌파구로 나온 필연적인 발전 이론입니다. 이제는 인간의 주관 세계나 감정 혹은 기후의 변화 등 계산이 불가능한 영역까지도 컴퓨터의 도움으로 정량화하고 수리화하려 합니다. 현대의 과학 기술은 유일신의 권능을 대리하여 세계를 단일 지배 원리로 통치하려 획책하는 게 아닌가 합니다.

　종교는 말 뜻 그대로 '으뜸 되는 지침'이며, 서양말로 'religion' 역시 복종의 뜻을 담고 있음을 확인합니다. 그러므로 종교, 곧 유일신 신앙 종교는 탄생 즉시 인간의 정신 세계와 현실 세계를 지배하는 가장 유력한 수단이 됩니다. 오늘 우리 시대에도 이것은 강력한 힘으로 작용하고 있음을 우리들은 생활 속에서 문득문득 깨닫습니다. 가령 우리가 자연 과학의 세계를 순수한 객관적인 사실의 세계로 생각한다거나, 중고등 학교에서 입시 공부를 많이 시키면 시킬수록 아이들의 학력이 향상되어 누구라도 좋은 대학에 진학할 수 있을 것이라고 믿는다거나, 지속적인 경제 성장과 자연 개발이 인간의 행복을 완전하게 보장한다는 상식적인 견해가 바로 그런 것들입니다.

그러나 이것 모두는 대체로 잘못된 믿음이며 강요된 신앙이며, 보편화된 오류입니다. 과학 세계의 사실성과 객관성을 따져본다면 코페르니쿠스를 비롯한 케플러, 갈릴레이, 라이프니츠, 뉴턴, 데카르트 등의 근대적 인물이 과학 세계를 새로운 방법과 시각으로 개척해갈 때, 그들을 인도한 것은 순수 객관적이고 충분히 사실적인 힘이 아니라 그들이 지닌 종교적, 사상적 신념 그리고 형이상학적 관점이 아니었을까 하고 줄곧 의심해 봅니다.

돌아보고 살펴보면, 서구의 근대 자연 과학이 정형화한 우주 자연의 모형이라는 것이 과학자 자신들의 신념 체계에 따라 만들어진 순수 사변의 생산물이라는 데 생각이 미치게 됩니다. 왜냐하면 오늘의 과학 지식으로 볼 때, 과학자들의 신념과 방법이 자연 세계에서 과학적 이론과 법칙을 자기의 기준대로 도출한 것이지, 그 역으로 불변하는 자연의 법칙이 있어 그것이 객관화의 대상이 되어 인간의 손으로 정리된 것이 아니기 때문입니다.

정신 문화가 서로 다른 이질적인 문명권에서는 자연 과학의 원리와 방법이 조금씩 다를 수밖에 없지 않을까요? 동서 구별 없이 다 같이 먹고 살아야 하겠지만, 가령 우리가 수저를 사용하여 밥과 국을 먹을 때 그들은 칼로 자르고 베며 포크로 찍어서 고기와 빵을 먹는 일과 비슷한 경우가 아닐까 합니다. 자연 과학이 순수하게 객관적인 세계를 설명하고 있다는 상식은 오늘날 부정되고 있습니다. 오늘의 과학 지식에 따르면, 정신과 물질의 이분법적 분리 정신이나 인간과 자연

의 절대적 이분법은 인간의 특정한 욕구와 신념, 그리고 인간의 필요
에 따라 만들어진 가설적 방편이라는 사실이 속속 드러나고 있는 형
편입니다.

나비 효과, 첫 출발의 중요성

　서양 역사는 초단순성 추구의 역사입니다. 인간의 욕망과 절대적
신념 양식이 만들어낸 초단순화 이론과 사상이 서양 역사를 이끌어온
근본 패러다임입니다. 양자 역학에서 카오스 원리가 발명해낸 '나비
효과'라는 게 있습니다. 이것은 태평양 너머에 있는 나비 한 마리의
날갯짓이 그 반대편에 미친 듯한 태풍을 불러오는 초기 조건으로 작
용한다고 설명합니다. 첫 출발의 중요성을 지적하고 있습니다. 초기
조건에서 무시해도 좋을 만큼 미세한 차이가 결과적으로는 엄청난 차
이를 가져온다는 뜻이 속 깊은 곳에 들어 있습니다. 여기에 비추어 본
다면 유일신 종교 사상이 서구 문명을 단선적으로 지배한 이래 과도
한 초기 의존증이 거기서부터 끊임없이 흘러나온다고 말할 수 있습니
다. 그 초기 의존증은 '극단주의' 또는 '절대성 원리'라고 말해지는 것
입니다. 서구 사회의 종교와 과학이 극단의 흐름을 타고 멈춤 없이 오
늘에까지 이어지고 있음을 봅니다.

자연을 아예 새로운 신약 성경 책이라고 해석할 때

서구 근대 과학의 원리는 자연이라는 사실의 세계 그대로가 발견된 것이 아니라, 극도의 추상화와 이상화의 과정을 거치는 인간의 창의적 아이디어로 발명되었습니다. 케플러(1571~1630)가 자신의 우주 역학에 종교적 사변과 신앙의 정신을 불어넣으며, 갈릴레이(1564~1642)가 우주 자연 세계를 창조주 갇신이 제작한 '피조물의 바이블'로 간주한 역사적 사실을 새삼 상기하는 일이 의미 있는 까닭이 여기에 있습니다.

기독교 정신과의 강한 결속이야말로 근대 과학의 출발 시기에 보인, 서양 과학의 종교적 신비주의, 단일한 수학적 방법론, 자연 속에 깃들인 신의 섭리와 영광을 찬양하는 태도를 설명하는 원리가 단정하게 정리됩니다. 우주 속에 지배 원리로 작용하는 단 하나의 '정신'을 유일신으로 표현하지 않고 약간 생각을 달리하여 이를 '운동 법칙'이나 '자연 법칙' 혹은 '근원적인 힘'으로 생각한다면 근대 역학은 저절로 탄생할 수밖에 없는 것이 아니었을까요? 실제로 역사는 그렇게 진행되어 왔습니다.

자연 법칙 속에 깃들인 철저히 종교적이고 기독교적이며 신앙적이며 순수 정신적인 것이, 순수 역학적이고 물리적인 자연 법칙으로 거듭나는 일은 간단한 사고 조작으로 가능한 일이었을 것입니다. 코페르니쿠스(1473~1543)의 수학적 확신을 따르는 후계자는 누구라도 자연 운동의 원인으로 전통적인 정신 즉 신이나 신적 존재 대신에 그 자리

　　　　　　　　3. 유일신의 닉네임, 과학 기술

에 자력적인 '힘'을 대치한다면 그것 자체가 과학 혁명이며 사고 혁명이 될 터입니다. 말하자면 그것은 자연학에 관하여 기독교 신학과 자연 철학의 단절을 선언하는 역사적 사건이 될 만한 일입니다.

기독교적 종교 열정은 전통적으로 우주적 이성이라는 절대 정신 혹은 절대 존재를 유일신으로 처리하여, 이것이 무차별적으로 우주 자연을 일괄적으로 통제한다고 보았습니다. 여기서 신 혹은 절대 정신을 '물리적 힘'이나 '수학적 형식'으로 전환한다면, 곧장 근대 역학의 기계론 모델이 생산될 형국입니다. 여기에다가 망원경이나 현미경, 그리고 기타의 정교한 관찰과 실험 도구들이 법칙 발견의 개인적 욕망이나 상업적 이익에 결부된다면, 과학 원리의 고차원적 발전이야 당연하게도 오늘 우리가 확인하고 있듯이 극단의 길로 치달을 수밖에 없겠지요.

새 과학이 기계화 모델이 되어

르네상스 후반기에 종교적 계시 진리와 세속적 이성 진리가 나란히 인정되는 것을 기회로 하여, 서양 근대 사상은 철저히 합리적이고 이성적인 측면에서 기계화 모델로 틀이 잡혀갑니다. 갈릴레이에 따르면 신의 언어는 두 가지의 형태로 인간에게 전달되는데, 그것은 바이블 성경과 자연 세계에 적혀 있습니다. 전자가 종교적 계시 진리임에 비해 후자는 세속적 이성 진리이며, 양자는 차별 없이 신의 은총과 섭리를 신비주의적으로 인간에게 전해준다고 믿었습니다.

전지자여, 과학을 의심하라

근대 박물학자 린네(1707~1778)는 예수교의 창조설을 믿어 의심치 않은, 독실한 크리스챤이며 그 자신의 노력으로 태초에 간신이 창조한 종의 수를 몽땅 수집하려 애썼습니다. 예수교 신앙심은 그에게 태양 아래 새로운 것은 없으며, 존재하는 모든 것은 태초에 창조된 것으로 생각하게 만들었던 것입니다.

그는 기독교적 열정과 종들에 대한 호기심에 사로잡혀 지구상에 존재하는 각종 생물 종들의 표본을 수집하여 이들에게 라틴어로 학명을 부여하여 이를 체계적으로 분류하였으며, 그리하여 어느 날엔가는 "우리들은 태초에 창조된 만큼의 종을 이제는 헤아릴 수 있다."는 자부심을 토로한 바 있습니다. 물론 린네의 이 지독한 편견과 고정 관념은 그가 자신의 일을 열정적으로 행해 가는 근본 에너지로 작용하며, 훗날 린네의 이런 생각은 다윈이 '진화론'을 발명하고 그 사실을 확인하는 일에 매달리는 중요한 계기로 작용하게 됩니다.

생각해 볼 때, 린네의 생물학은 기독교 신학의 철저한 세속화 결과입니다. 기독교는 우주를 지배하는 주체자로 영적인 지성, 곧 창조주 간신을 내세웁니다. 이에 비해 이것과 정반대되는 관점으로 진화 발전한 서양 과학은 세계 지배자로 영적인 존재를 전혀 인정하지 않는 듯이 보입니다. 그러나 기독교적 유일자 개념, 곧 영적 절대자 개념이야말로 서양 근대 과학을 다른 문명권의 과학 세계와 구별해주는 중요 인자가 되며, 이 점에서 서구 세계에서 탄생한 지금의 과학은 절대적으로 종교의 영향권에서 나왔다고 말해도 좋습니다.

서양 과학사를 살펴보면 이 사실이 뚜렷이 확인됩니다. 전지전능한 절대자 개념, 다시 말해 유일자를 향한 기독교적 신앙심은 물리학을 비롯한 과학 세계에서 절대 법칙을 탄생시키는 데, 근원적인 열정으로 작용합니다. 기독교 신의 섭리 관념은 헤겔의 종교 철학이나 마르크스의 역사 철학을 탄생시키는 정신적 배경이 되며, 따라서 이것 역시 거칠게 말한다면, 기독교의 철저한 세속화 결과에 지나지 않는 것입니다. 근대 이후 '과학'은 유일신의 닉네임이라고 말할 수 있습니다.

기독교의 섭리 신앙에 따르면, 우주 혹은 인류 역사는 그 자체가 특정한 필연성을 향해 나아가며, 그러므로 그것은 지고의 의도를 지니는 한편으로 신으로 상징되는 영적인 지성에 의해 인도되는 목적 지향적인 것입니다. 기독교 신앙에서는 예수 그리스도에 의한 천년 왕국의 실현이 지고한 절대 목적이듯이, 마르크스 등의 철학자나 과학자들이 공산주의 사회 실현이나 과학 기술에 의한 유토피아 사회 실현을 최종 목표로 삼았다는 사실은, 그것들이 결국은 같은 뿌리에서 나온 서로 다른 잎사귀임을 분명하게 알려줍니다.

삼총사 — 신학, 철학, 과학

신학, 철학, 과학은 예나 이제나 서양 학문의 삼위일체 구조물입니다. 고대 그리스 시대의 지배 학문이 '철학'이라면, 중세 카톨릭 제국 시대의 지배 학문은 '신학'이었고, 현대 자본 제국주의 시대의 그것은 '과학'입니다. 그러나 현대의 불행은 중세 시대에 철학이 신학의 시녀였듯이, 과학이 자본주의의 시녀라는 점입니다. 실험실에 박혀 있는 과학자들이 자신의 작업을 두고 심정적으로는 순수 지식의 세계에서 진리를 탐구하는 일이라고 믿겠지만, 진리 탐구의 결과는 곧장 권력이나 자본과 결탁하여 상품화와 무기화의 길을 걷게 됨은 피할래야 피할 수 없는 현실입니다.

제2장

코페르니쿠스적 배반의 역사

1. 유태인 : 절대주의의 아버지

서양 역사의 아버지

서양 역사의 아버지는 유일신을 배출한 유태인의 역사입니다. 혼란스런 다민족의 문화 가치를 통합하는 것은 〈절대성 원리〉가 아니고서는 불가능하기 때문입니다. 서양인은 언제나 독재자를 원합니다. 그들 자신이 죄인이기 때문입니다. 중세 시대 유럽 대륙은 거대한 감옥이었습니다. 죽어서야 감옥 문을 나서는 거대한 질곡과 구속의 세월이 지나갑니다. 오직 교회 권력자만이 천국의 열쇠를, 출옥과 천국으로 가는 열쇠를 보관하고 있었습니다. 서양 역사의 신기원은 그들이 모두 자청해서 죄수가 된 연후에야 시작됩니다. 이러므로 서양 기원 후의 서양 문화는 유죄의 문화입니다. 죄 많은 문화입니다. 이 유죄의 문화가 오늘날 세계 제국을 지배하고 있습니다.

유태인이 거꾸로 유럽을 정복하다

나라 없이 몇 백 년, 몇 천 년의 세월을 이리저리 내몰리며 생활하던 유태인들의 간절한 염원은 그들의 영토와 그들의 왕을 소유하는 것이었습니다. 이것이 약속의 땅과 유태인의 왕이라는 상징으로 굳어져 드디어는 그들의 난폭한 지배자였던 로마 제국과 서구 사회 전체를 그들이 지배하는 체제로 역전시킵니다. 유태인들의 유일신 사상과 정신 절대주의 철학은 그들의 인고에 찬 역사적 고난이 만들어낸 바이블입니다. 그들은 한 줌의 땅도 한 줌의 권력도 한 줌의 자유로운 공기도 소유하지 못했으므로 자연 그들의 관심은 관념적이고 정신적인 것이 되지 않을 수가 없었던 것입니다. 유태인은 현대에 이르기까지 오로지 신념의 마력으로 고난에 찬 그들의 역사를 헤쳐 나왔습니다.

따지고 보면 오늘의 서양 문화는 거의 전적으로 유태인에게 힘입은 것이라 해도 과언이 아닙니다. 우선 서구 사회의 절대적인 정신적 지주인 종교만 하더라도 그렇습니다. 예수는 유태인이며, 크리스트교는 초기에 오로지 유태인의 것이었다는 사실을 우리는 알고 있습니다. 또 현재의 서구인들은 실로 역사적인 순간마다 유태인의 도움에 의존하지 않은 때가 없었습니다. 유럽인들이 중세 신앙의 시대에 오로지 정신적인 재산, 즉 카톨릭을 전적으로 소유했을 때, 유태인들은 그들 특유의 생활력으로 물질 세계를 도맡습니다. 왜냐하면 중세 종교 시대에는 상공업을 경멸하고 금전적 욕망 추구를 종교 신앙에 반하는 것이라고 카톨릭 교회 측이 밝혔기 때문입니다. 또 중세 시대에 유태인들은 과학 기술과 의료 화학 분야에서도 주도적인 중심 세력으로 활동합니다. 당대의 종교 관념으로 볼 때, 과학 기술 계통의 종사자는 사악한 마술자로 평가받았기 때문입니다. 현재의 은행, 금융 업무나 교육에 대한 철저한 의식 등이 모두 유태인의 공적이라고 할 수 있습니다.

그리고 서양의 과학과 철학에 커다란 공헌을 한 인물들 중에서 유독 유태인들의 이름이 드높습니다. 아인슈타인, 프로이트, 마르크스 등 역사에 굵은 선을 남긴 인물들이 모두 유태인들입니다. 그러고 보니 위의 인물들 셋이서 현대의 서구 사회를 만들었다고 할 수 있을 지경이지 않은가요? 더구나 알다시피 기독교가 유럽을 정복했지 않습니까? 유럽인이 유태인을 잠깐 정복하지만 결국에는 유태인이 종교를 가지고 유럽을 정복한 것이 서양 역사의 흐름입니다. 생각해보면 초기 기독교는 당대 유태교의 혁명적 변신입니다. 기독교는 유럽식으로 변형된 유태교입니다. 이런 까닭에 서구 역사의 출발점을 유태인의 역사 시점으로부터 잡는 것이 타당하다고 봅니다.

신화와 바이블

유태인의 역사는 그들의 신화로부터 출발합니다. 곧 서구의 역사는 신화에서부터 비롯됩니다. 서양의 신화 〈미스〉는 이야기라는 뜻입

     1. 유태인 : 절대주의의 아버지

니다. 그런데 그 이야기, 곧 신화의 본질은 상징입니다. 상징은 상상력의 고향입니다. 다시 말해 신화는 상상력의 고향입니다. 서구 역사에서 성스러운 신화의 집대성은 바이블을 통해 완결됩니다. 바이블은 서구 사회에 출몰하는 모든 정신 세계의 처음이자 끝입니다.

신화는 대단히 변화 무쌍한 것들을 포착하여 하나의 상징으로 보여주는 구조물이기 때문에, 그것들 또는 종교적 예언은 언제나 변화된 상황에 잘 적응할 수가 있습니다. 한국 사회에서 출판 이익을 보장해주는 〈노스트라다무스 대예언〉 따위가 하나의 증거물입니다. 서구 역사에서 아니, 유태교의 역사에서 수많은 예언자와 거짓 메시아가 출현하였음에도 군중들이 번번이 속아 넘어가는 것을 보면, 상징의 위력을 알 수 있을 터입니다. 지금도 서구 사회에서 신화와 상징은 그 마력을 잃지 않고 있어, 종교적 종말론이나 사회적 유토피아 사상은 여전히 유효합니다.

상징의 언어가 영생을 얻기까지

모든 문화는 자연과의 상호 작용이 빚어낸 것입니다. 인간이 사는 〈사회〉라는 단위 구조는 그 성격상 인공 자연이라 할 만합니다. 인간 사회는 그 구성원들의 꿈과 염원을 담아 인공으로 만든 자연인 것입니다. 인간은 자기 삶을 이어가는 한에 있어서는 자연과의 연관성에서 결코 벗어날 수 없습니다. 곧 인간은 자연에 영향을 주고, 자연은 인간에게 영향을 주는 것입니다.

유목민이라는 근본 태생과 더불어 오랜 이민족의 압제와 노예 생활로 굴러온 유태 민족에게 자연 또는 인공 자연은 결코 신성하거나 포근한 존재가 아니었습니다. 유태인은 자연에게 버림받은 존재이며, 또한 자연은 인간에게 버림을 받습니다. 이러므로 정신과 육체의 철저한 분할이나, 육체와 정신의 기계적 분리라고 하는 〈분리주의 정신〉은 생존 논리상 그들의 필수품이 되어 버릴 수밖에 없습니다.

유태인의 종교관을 이루는 과도한 정신주의와 구세주 사상은 이런 조건에서 태어납니다. 열악하고 가혹한 자연 풍토와 굴종의 사회 환경을 극복하고 그것에 적응하는 길은 신념의 마력과 유일신에 의한 선민 사상의 집중적 배양에 있습니다. 유일신의 절대 종교는 이런 배경에서 태어납니다. 까닭에 이들은 정신 능력을 예찬하는 전통을 지니고 있습니다. 유태인들의 교육은 자녀가 만 3세가 되는 해에 아이에게 종교 경전을 읽히는 것으로 시작합니다. 그들은 〈탈무드〉의 겉장에 꿀을 발라 아이에게 그것을 핥아먹도록 하는 것으로 멀고먼 정신주의, 지식주의의 고속도로를 질주할 준비 동작을 갖추어 줍니다.

신화와 상징은 문화와 교육과 종교라는 외피를 쓰고 인간 앞에 나타납니다. 이 점에서 평가할 때, 서구 사회에서는 오래전부터 그 인공 자연이 온통 상징으로 뒤덮여 있다는 느낌을 지울 수 없습니다. 특히 현대 자본주의 문명 사회에서는 고도의 상품 판매 전술상 신화와 상징과 기호 조작이 하루가 다르게 발달의 속도를 더해가고 있습니다. 그런데 뒤집어보면 이것은 과도한 소비주의의 일방적인 부추김이며, 과학 기술과 예술의 철저한 자본주의적 적용인 것입니다.

1. 유태인 : 절대주의의 아버지

신화와 상징은 불확실성을 확실성으로 포장하는 방법이며, 확실성을 불확실성으로 감추는 비술입니다. 이것은 절대적 모순을 통합해서 표현하는 작용을 합니다. 이런 까닭에 극단적 이분법은 상징 속에 녹아 있습니다. 상징은 지독한 사랑과 증오, 그리고 편견과 질투 혹은 오해와 왜곡의 혼합물이 거주하기에 적합한 장소라 할 수 있습니다. 가령 상징 속의 천 년 왕국은 미래에 다가오는 것인 동시에 해석 여하에 따라서는 이미 실현되어 도처에 펼쳐져 있으나 사람들이 그것을 보지 못하기 때문이라는 '여호와의 증인'과 같은 설명도 가능한 것입니다. 신화와 상징은 그 자신 완전하게 햇볕 속에 드러나는 일을 좋아하지 않으며, 더구나 앞뒤 아귀가 딱 맞게 단 하나의 합리성을 가져서는 그 가치가 떨어지는 법입니다. 까닭에 신화와 상징은 시간을 넘어선 보편 원리를 담아낼 수 있는 유일한 언어 표현이라고 할 수 있습니다. 신화와 상징, 그리고 그것의 제도적 장치인 종교 경전과 종교 조직은 생명력이 길 수밖에 없습니다.

서구의 전통 사고에 따르면, 우주 삼라만상은 존재 그 자체가 뜻이나 가치를 지닌 것이 아니라, 존재 방식이 전달하는 상징에 의해 그것의 가치나 의미가 결정됩니다. 서구 상징 세계의 전통은 유서 깊은 것인데, 그것들은 특히 유태교에서 출발한 숫자 마술 혹은 숫자점이라고 하는 전통을 이어받고 있습니다. 초기의 그리스인들은 피타고라스 학파에 의한 숫자 마술을 접하게 됩니다. 그 후 유태교가 그리스에 등장하면서부터 숫자 마술에 관한 관심은 더욱 크게 확산됩니다. 초기 크리스트교에서는 유태교의 영향이 매우 강하여 숫자 점에 집요한 관심을 표출하는데, 특히 나중에 크리스트교 내부에서 이단으로 몰려 박멸되다시피 한 그노시스(비밀 지식) 교파가 그것을 기록으로 남겨 전하고 있습니다. 그 숫자 마술은 가령, 야훼는 숫자로 186이 되어 그 뜻이 〈장소〉, 〈자존자〉이며, 또 666은 그리스도의 적이며 그것은 로마의 네로 황제를 지칭하는 것으로 해석되는 따위입니다. 인류의 구세주인 메시아는 888의 숫자 값을 가지고 있다는 말이 절망과 희망의 틈새로 흘러 다니기도 했습니다. 그런데 생각해보면, 숫자에 대한 마술이 이 정도일진대, 그보다 상징의 정도가 더욱 현실적이고 교묘하고 실제적이고 다양한 문자 마술이 어느 정도이겠는가는 가히 짐작이 가는 일입니다.

신화는 상징의 언어로 적혀 있고, 그 상징은 암호입니다. 이 암호를 해독하는 자가 세계의 지배자가 될 것이라는 풍설이 서구 초기 사회, 즉 유태교의 세계에서 오래전부터 퍼져 있었습니다. 다수의 유태인들이 그들 신의 이름을 문자로 조합하여 특정한 비밀을 손에 넣으려고 하였습니다. 여기에 광신적인 신앙심을 바친 인물들이 기기묘묘한 실험 의식과 비밀 문서 작성과 전파를 담당하였는데, 이들이 중세 로마 카톨릭 제국 시절에 소위 〈카발리스트〉로 알려지게 됩니다. 이들은 후대에 단순히 연금술사로 명명되었지만, 그 이름처럼 그 일만을 한 것이 아니었습니다. 그들의 이름이 풍기는 이미지는 단순하고 세속적인 것이나, 실제적으로는 복잡하고 성스럽고 정신 혁명적인 일을 감당한 것입니다. 이 같은 계통의 인간들에게 언어와 문자와 숫자는 〈신으로 들어가는 열쇠〉입니다. 문자 기록물을 성전으로 여기는 서구인의 정신 경향은 이런 전통 속에서 굳어진 것입니다. 가령 서구 사회에서 모든 문자 기록물, 곧 책은 〈바이블〉인 것입니다. 이들이 문

　　　　　　　　　　1. 유태인 : 절대주의의 아버지

자에 바치는 경외와 찬양은 신에게 드리는 그것과 같습니다. 따지고 보면 이들 유태인들이야말로 현대 정보화 시대의 선구자들이라고 말해도 좋을 법합니다.

서구 근대 과학은 〈상징〉의 혁명으로부터 비롯됩니다. 그것은 자연이 수학이라는 상징 기호로 기록되어 있다는 단순한 믿음이 가져다 준 것입니다. 이 믿음에 따라 세계의 창조주인 야훼 신은 위대한〈수학자〉로 성 변화를 일으키게 됩니다. 이때의 자연은 신의 창조물이며, 자연 물리는 정교하고 아름다운 수학 언어로 기술되는 것으로 믿어진 것입니다. 20세기의 *끄트머리*에서 영국의 폴 데이비스가 지적한 것과 같이 서구 사회에서 가장 위대한 과학적 발견은 자연이 수학 기호로 표현되어 있다는 사실일 것입니다. 기하학적 수학 언어가 보여 주는 비례적이고 대칭적인 아름다움과 완벽한 균형과 조화는, 인간이 가늠하기조차 힘든 〈유일신의 위대한 수학 실력〉의 한 자락을 붙잡아 그것을 희미하게나마 펼쳐 보이려는 종교적 욕구를 자극하였습니다. 말하자면 근대 서구 과학은 〈문자적 자연주의〉에서 〈수학적 자연주의〉로 넘어가는 길목 첫머리에서 일차적으로 탄생한 것이라고 말할 수 있습니다.

서구 종교 사상이 심어준 대로 세계는 창조의 제작물이며, 그 세계는 신의 뜻이 반영된 상징물인데, 이제 자연 세계의 상징성은 암호 해독 기호로 수학 언어를 사용함으로써 그 신비가 풀려납니다. 자연을 넘어 세계 자체는 하나의 수학적 상징 기호의 질서를 따라 정연하게 재배열될 수 있다는 확신이, 다른 문명권에서 볼 수 없는 근대 서구 과학 세계를 태동시킵니다. 따지고 보면 이것 또한 신화의 힘이자 상징의 힘입니다. 자연 법칙은 수학이라는 단순한 기호의 배열이며, 엄밀한 논리적 인과 관계와 경제성의 원리를 따른다는 신념이 서구 근대 사회를 제작하는 설계도면을 작성하게 되는데, 이것이 바로 근대 사회의 원형 이론이자 지배적 이데올로기인 기계론적 세계관의 기초 설계도인 것입니다.

우상의 탄생

상징은 고도의 추상입니다. 상징은 단순성 속에 살아 있는 그때그때의 구체적 현실을 담아내는 원형질의 그릇입니다. 그러므로 상징은 언제나 살아 있으며, 그 수명은 무한정입니다. 서구 사회에서 종교적 지식의 표현 중 으뜸 되는 가치는 언제나 상징으로 전달됩니다. 상징은 결코 죽지 않습니다. 천 년 전의 동그라미와 지금의 동그라미 상징이 얼마만큼 차이가 나는가를 생각해 본 적이 있습니까?

상징은 〈불사〉의 추상이며, 추상은 〈불멸〉의 상징입니다. 유태인의 예언자 중 이름이 널리 알려진 모세는 모든 상징을 거부한, 서양 최초의 종교 혁명을 주장합니다. 그는 우선 당시의 동물 숭배 사상을 극단적인 어조로 배격합니다. 동시에 당시 유태인을 노예 삼아 짐승처럼 학대하고 짓밟았던, 나라 가진 모든 이민족의 종교적 상징물을 우상 숭배라 하여 배격하는, 유태인의 명예 혁명을 선언합니다. 그를 통해 유태인의 역사는 새롭게 시작되었습니다. 그는 세속의 모든 상징, 모든 우상을 철저히 거부했습니다. 아마도 그 까닭은 유태인을 경멸하고 노예로 부려먹은 이민족을 향한 분노와 증오가 그렇게 표현된 것이 아닌가 여겨집니다.

그와 동시에 그는 자신이 마련한 단 하나의 유일하고 절대적인 〈우상〉을 제작합니다. 그는 자신의 민족신 〈야훼, 여호와〉를 스스로 존재하는 자, 곧 절대 유일의 〈자존자〉로 격상시킵니다. 이로써 역사의 모든 신은 단독의 유일자인 〈여호와〉로 결집되고, 이스라엘 백성은 노예 신분에서 졸지에 〈신이 선택한 하나뿐인 백성〉이라는 영광을 누리게 됩니다. 모세는 절대자 여호와와 이집트 노예인 이스라엘 민족 간의 완전한 지배와 복종이라는 계약 관계를 확정하는데, 신과 인간의 관계 맺음이 계약 관계라는 점에서 그 유일자는 인격신이며, 따라서 그 기록문서는 예수 활동 이전의 〈옛 계약서〉 곧 〈구약 바이블〉로 불립니다. 여기에 등장하는 1차 유일신은 그 역사적 성격으로 볼 때, 유태인 족에게는 〈사랑의 신〉이지만 이민족과 이교도에게는 〈분노하는 신, 파괴하는 신〉입니다. 모세는 유태교 역사상 최초의 종교 혁명가로 기록되어 후세에 전해집니다.

모든 우상과 상징을 거부한 모세 사상의 여파는 의외로 크고 묵직했습니다. 그로부터 유태인들은 기묘하게도 더욱더 상징의 해석과 암호의 해독에 매달리게 됩니다. 작용과 반작용이라는 물리 법칙이 변증법적 논리의 흐름을 타고 나타난 것입니다. 이들은 눈에 보이는 우상과 상징을 거부함으로써 눈에 보이지 않는 그것을 맹신하게 되었으며, 또한 그것의 추종과 탐구 세계로 들어선 것입니다. 그 결과 유태인과 유태인의 방계 구조에서는 엄청난 규모의 상징과 암호와 정보가 생산되기에 이릅니다. 이들 중 가장 널리 유포되고 가장 현실적인 욕구 충족 이론인 〈메시아주의〉가 강력한 지지 기반을 확보하게 되는데, 당대에 메시아 크리스트가 나타난다는 사상의 도도한 흐름은 그들 세계에 예언자가 쏟아져 나오게 하는 계기로 작용합니다. 유태인들은 한결같은 마음으로 그들의 구세주를 바라며, 모든 현실적인 고통을 이겨내려 했던 것입니다. 서구 정신의 근원적 샘터인 크리스트교는 유태교의 맥맥한 역사적 흐름 속에서 유일하게 성공을 거둔 메시아주의의 상징물입니다.

서구 세계에서 발견되는 상징의 절대화는 짐작컨대 유태교의 산물입니다. 유태교에서는 전통적으로 동물이나 식물에는 정신이 깃들지 않는다고 보았습니다. 즉 동식물의 자연계는 인간 세계와 하등의 관계도 없이 인간계와 완전히 단절된 것으로 유태교의 정통 교리는 해석하였습니다. 그들 유태인은 자연계의 생명력을 결코 믿지 않았습니다. 〈낳고 번성하라. 그리하여 하늘과 땅과 바다를 정복하라〉 운운하는 기독교 성경 창세기를 상기하기 바랍니다. 그들 유태인은 또한 국가의 생명력을 결코 믿지 않았습니다. 몇 천 년의 민족 역사에서 나라를 가져본 기억이라고는 〈지혜로운 솔로몬 왕〉 운운하며 우려먹는 몇 십 년, 몇 백 년밖에 없는 그들로서는 더구나 다른 민족 국가에게 핍박과 박해를 거듭 받아온 예속 신분으로서야 국가의 영속적인 생명력은 믿을 게 못 되었을 것입니다.

예수 그리스도의 첫 복음으로 알려진 〈나의 왕국은 이 세상의 것이 아니다〉 또는 〈천국이 가까이 왔다. 회개하라〉 운운하는 것을 주목하십시오. 이것은 역사 속에서 찾아낸 그들만의 교훈이었습니다. 모

세 이래로 유태인들은 모든 자연력을 거부했습니다. 더 나아가 유태
인들은 모든 생명력을 거부하고 모든 우상과 상징을 거부했습니다.
그리고 그들은 오직 단 하나의 상징, 단 하나의 절대적인 생명력을 추
상으로 만듭니다. 그것은 자연의 위력과 창조성을 대신하는 인격적
존재입니다. 유태인이 만든 유일의 절대 상징이 바로 그들의 신 야훼,
여호와입니다. 모든 것을 다 빼앗기고 언제나 빈손인 채로 등 뒤에는
지배 권력자의 날카로운 채찍이 겨누어져 있을 때, 그들 유태인이 죽
음과도 같은 절망의 벼랑 끝에서 삶을 인도 받을 수 있는 것은 애오라
지 전지전능하고 절대 사랑인 신에 대한 종교적 믿음이 아니었을까
요? 이런 배경의 유태교가 로마 제국 시절 또 한 차례의 종교 혁명을
성공적으로 매듭지었으니, 이것이 오늘의 크리스트교가 아니던가요?
이런 까닭에 서구 역사의 개척자는 유태인이며, 그 아버지는 유태인
의 역사라고 요약할 수 있습니다.

유태인 최후의 왕

유태교에서 가지를 쳐 내려간 서구 종교 역사에서 수많은 예언자
와 메시아주의가 출몰을 거듭하지만, 현재까지 유일하게 성공한 자는
예수뿐입니다. 그도 그럴 것이 예수는 이름 자체가 메시아요 그리스
도이기 때문입니다. 동어 반복은 절대 진리를 표현하는 가장 완전한
기술입니다. 이를테면 신은 신이니까 신이며 그래서 그것은 유일신이

며, 전지전능한 존재인 것입니다. 앞으로도 서구 사회에서 예수와 같은 인물은 나타나기가 어려울 것입니다. 그는 왕 중의 왕이요, 신의 아들이면서 동시에 신 그 자신이기 때문입니다. 그는 실존이면서 동시에 본질이기 때문입니다.

예수가 십자가에 못 박히면서 머리 위에 씌어졌다는 가시 면류관에는 〈유태인의 왕〉이라는 문자가 새겨져 있었다고 전해집니다. 예수는 비록 상징적이기는 하나 유태인의 왕으로서 죽었습니다. 유태인의 국가 건설에 대한 간절한 염원이 종교적 색채에 뒤덮인 채, 당시 유태인의 세계에서는 그들의 왕이 곧 나타날 것이라는 풍설이 바람인 듯 흘러 다녔습니다. 이 철저한 메시아주의가 곧 서양 종교의 근본 사상인 종말론이면서 동시에 구원론의 뿌리인 것입니다.

예수는 인류를 구원하는 메시아로 서구 사회에 알려집니다. 그러나 현대의 유태인들은 오래전부터 그랬듯이 기독교의 예수가 그들 자신의 구세주이며 그리스도임을 아무도 믿지 않고 있습니다.

                    1. 유태인 : 절대주의의 아버지

2. 코페르니쿠스 : 신의 이름으로 연 과학의 시대

별을 바라보며

근대 과학의 출발이 왜 천문학 분야에서 시작되었는지를 생각해 본 적이 있습니까? 점성술은 고대 천문학입니다. 로마 카돌릭 제국주의 시대에는 옛 점성술에 대한 믿음이 민중들에게 광범위하게 퍼져 있었습니다. 천주교 지배 세력으로부터 삿된 신앙으로 낙인찍혀 박해의 대상이 되어 있던 점성술은, 그러나 현실적으로 민중들의 의식 세계를 사로잡으며 사실상 그리스도교 신앙보다도 한층 더 강렬하게 중세인들을 신앙의 세계로 인도하였습니다. 인간의 운명은 전적으로 별들에 달려 있다는 점성술 신앙은 지금도 서구 사회에 생생하게 살아 있습니다. 영화배우나 탤런트, 그리고 군대의 장성 계급과 스포츠맨에서 사회 저명인사에 이르기까지 이들 우상은 서구인들에게 별의 힘으로 다가섭니다. 그래서 이들은 〈스타(별)〉로 불립니다.

우리가 땅 위의 짐승들로 자신의 운명적 상징을 삼는 데 비해, 저들 서구인들은 저 높은 하늘 위의 별들로서 자신의 운명적 상징을 삼습니다. 이것을 가지고 평가할 때, 우리의 전통적인 세계관이 실사구시를 기본 원리로 하여 현실적이고 실용적인 성격을 드러내는 데 비해, 서구의 그것은 〈절대성 원리〉를 바탕으로 하여 추상적이고 이상적인 성격을 지니는 것이라고 비교할 수 있습니다. 또한 그들은 별의 상징 모양으로 ★을 만드는 데 비해, 우리는 전통적으로 ●를 그것으로 내세웁니다. 서양의 별 모양 ★은 꼭지점을 차례로 연결하면 오각형의 도형이 되는데, 이 오각형 모양은 중세 마법사와 크리스트교에서 〈신성함〉이나 〈사악한 것의 물리침〉의 뜻으로 상징 처리되었습니다. 이래서 서양의 별은 오각형인 ★이며, 카톨릭 천주교 교황이 쓰는 의식용 모자 역시 오각형의 도형으로 되어 있음을 봅니다. 물론 오늘의 과학 지식으로 볼 때 우리가 그려낸 별 모양이 과학적으로 옳은 것임을 한 눈에 알 수 있습니다. 갖가지 생명들이 사는 지구라는 별 역시 둥근 모양인 ●가 아닌가 말입니다. 서구의 전통인 상징 처리 기술은 현대 자본주의 시대에 와서 엄청난 위력을 발휘하고 있습니다. 지구촌 곳곳에는 하루가 다르게 상품 선전과 스타라는 우상 제작에 이미지 조작과 광고와 기기묘묘한 상징 방법이 총동원됩니다.

지구가 움직일까 태양이 움직일까

중세 후기에 재발견된 프톨레마이오스(100~170?)의 저서는 점성술의 바이블로 찬양 받고 르네상스 시대의 열렬한 고대 추종자들에게 확실한 지적 권위를 누리게 됩니다. 현명한 신학자들 중 일부는 일반인의 점성술에 대한 맹신을 이용하여 그것으로 그리스도교의 진리성을 증명하는 일에 진력하기도 하는데, 열렬한 그리스도교 교인인 케플러는 사실상 점성술이 부업인 인물입니다. 이제 근대 과학의 첫 단추가 왜 천문학 분야에서부터 꿰어지는지 그 까닭을 미루어 짐작할 수 있지 않겠습니까?

예수 탄생 때 동방 박사 3명이 찾아와 경배 운운하는 대목은 아마도 당시 그리스·로마 시대에 동방으로 통칭되던 곳의 문화에 대한 동경과 존경심과 질투심이 담겨 있다고 여겨집니다. 또 〈베들레헴의 별〉 운운하는 대목은 아마도 당시의 점성술에 대한 대중들의 뿌리 깊은 신앙심을 반영하는 것이라고 해석할 수 있습니다.

서구의 근대 과학 혁명은 신앙심 깊은 코페르니쿠스(1473~1543)에서부터 시작되는데, 그는 기독교 교회 측이 카리스마적 권위로 내세운 〈세계의 불변성과 정체성〉에 처음으로 운동성을 제안합니다. 그의 돈독한 신앙심은 그로 하여금 맹렬한 피타고라스학파가 되게끔 하는데, 치밀한 수학적 계산 끝에 코페르니쿠스는, 주 예수 하나님은 태양에 존재하고 있다는 사실을 수학적으로 증명합니다. 코페르니쿠스는 종교적 환희에 넘쳐 부르짖습니다. 〈신의 주거 공간은 태양〉이라고 말입니다. 그에 따르면 태양은 움직이지 않고 항상 그 자리에 존재하는 〈확실성의 실체〉이며, 지고지순한 절대자입니다. 그에 비해 지구는 그 주위를 도는 하나의 조그마한 별에 지나지 않습니다. 카톨릭 교리에 눌려 천년을 숨죽이며 묻혀있던 지동설은 코페르니쿠스에게서 말 그대로 〈르네상스(부활)〉하게 됩니다. 그러나 신 자신 혹은 신의 주거 공간인 태양에 오염 물질과 같은 흑점이 있다는 사실이 발견되기까지는 그리 시간이 오래 걸리지 않았습니다.

코페르니쿠스의 지동설 주장은 그의 두려움 때문에 생전에 발표되지 않는데, 나중에 그의 이론이 알려지게 되면서 교회 당국은 천동설과 지동설을 은밀히 비교하는 작업을 추진합니다. 이 일에 자청해서 나선 인물이 요하네스 케플러입니다. 케플러는 정밀한 천문 관측 자료와 수학적 계산을 통하여 이 두 이론을 비교하게 됩니다. 이렇게 하여 지동설이 과학적인 검증을 통해 옳은 것으로 판정을 받아가지만, 당대의 권력 집단인 교회 당국은 변혁의 두려움에 질려 감히 지동설을 받아들이지 못합니다. 대신에 지동설은 이단시되어 금압 당합니다. 이 같은 사회 분위기에서 지동설에 기울어진 갈릴레이가 종교 재판을 받는 일은 피할 수 없게 됩니다. 이 재판은 당대의 지배 철학인 종교 제일주의와 후대의 지배 철학인 과학 제일주의가 첨예하게 충돌하는 역사적 첫 장면에 해당합니다.

신앙과 수학의 결합, 근대 과학의 출생 비밀

우주 자연 법칙은 절대적 동질성이라는 보편주의 법칙의 지배를 받는다는 생각이 근대 과학 혁명의 출발점입니다. 천체의 구조를 봉건적 계급 질서로 규정한 토마스 아퀴나스(1225~1274)의 이론은 로마 카톨릭 제국의 지배 사상과 합치하였습니다. 아리스토텔레스의 권위를 십분 활용한 스콜라 철학의 우주 이론은, 중세 봉건 제도를 합리화하

　　　2. 코페르니쿠스 : 신의 이름으로 연 과학의 시대

는 통치 작용을 합니다. 우리가 잘 아는 바와 같이 지동설을 주장한 갈릴레이는 중세 봉건 제도를 뒤흔드는, 요즘 말로 하여 체제 전복의 이단 사상을 내놓은 형국이었습니다. 그런 까닭에 카톨릭 신자인 갈릴레이가 종교 재판에 회부되어 유죄 판결을 받음은 너무나 당연한 일입니다.

서양 기원 전 5세기에 피타고라스학파가 '과학'과 '종교'로 나누어진 것과 같이, 코페르니쿠스에게 수학은 과학과 종교를 결합해주는 가장 중요한 매개체입니다. 그에게 있어 원 운동의 중심점에 자리한 태양은 영락없는, 그리스도교의 절대 신의 모습 바로 그것이었습니다. 그는 수학의 결과를 믿었고, 또한 그리스도교의 무 오류적 진리성을 절대적으로 믿었습니다. 그리스 고전 시대 이래로 천여 년 후에 그가 재발견한, 태양 중심설은 지구 중심설로 구축된 카톨릭 교회 지배 체제를 뒤흔드는 놀라운 사상이었습니다. 그래서 훗날 서양인들은 어떤 사태의 획기적 변화를 가리켜, 임마누엘 칸트(1724~1804)가 명명한 대로 〈코페르니쿠스적 대전환〉이라고 말해옵니다.

코페르니쿠스는 피타고라스의 열렬한 추종자로서 만물은 수학의 조화로 질서 지워져 있다고 확신했습니다. 그의 이 같은 수학 절대주의자의 관점에서 본다면, 우주의 질서는 동질적인 요소로 구성되어 있을 수밖에 없는 것입니다. 왜냐하면 수학은 모든 사물을 〈양〉이라고 하는 동질적인 것으로 처리하기 때문입니다. 코페르니쿠스의 동질성에 관한 이 같은 통찰은, 나중에 갈릴레이에게 계승되어 천상의 운동과 지상의 운동이 동일한 원리에 지배받는다고 하는 사상으로 개화됩니다. 수학에 의한 자연 질서의 동질적 지배 원리는 결국 근대 과학의 영웅으로 이름난 뉴턴에 의해 완성됩니다. 뉴턴의 저서 제목을 주목하세요. 약칭하여 〈프린피키아〉라고 불리는 그의 저서 제목은 정확하게 〈자연 철학의 수학적 원리〉입니다.

코페르니쿠스의 후계자 중 어떤 이는 단도직입적으로 태양은 신의 실체라고 선언합니다. 주 예수 그리스도는 승천하여 태양에 자리를 잡았으며, 태양은 모든 피조물 중에서 최고의 것이라고 책자에 적고 있습니다. 태양 중심설의 부활은 고대 그리스 시대의 스토아 학파의 부활이기도 합니다. 근대 이후 과학 세계에서도 르네상스, 곧 부활이 시작된 것입니다. 스토아 학파에 따르면, 태양은 우주의 절대적 지배자이며 인간은 대우주에 견주어 소우주라고 믿어졌던 것입니다. 서양 역사에서 근대 민주주의와 과학 만능주의는 〈신앙과 수학의 결합〉에서 탄생되었다고 말한다면, 과장일까요?

3. 소크라테스와 소피스트 : 절대주의와 다양성

소크라테스

소피스트와 함께 서양 〈인간학〉의 아버지. 변증법의 개척자. 객관적이고 이성적인 절대 법칙을 신앙으로 간직하여 다이모니온이라는 유일신의 이름으로 인간학의 객관화를 시도함. 사실상 종교 개혁을 주장한 혐의로 체포 처형됨. 국가와 국정법을 인간학의 완성체로 규정하고 누구라도 승복하는 완전하고 절대적인 지식의 존재를 주장. 인간의 악은 지식의 결핍으로 단정, 달리 말해 인간의 최고선은 완전한 지식 혹은 절대적 진리임을 제시함. 인간은 오직 무지로써 죄를 짓는다 하여 이후의 서구 역사를 지식 만능주의 역사로 엮어나가는 데 결정적인 도움을 주었음. 아울러 완전한 지식을 알지 못하는 모든 인간은 불완전한 존재이며 따라서 인간 존재 그 자체가 죄인임을 설파함. 이 사상은 후대에 그리스도 교의 원죄설로 이어짐. 가치 다원주의를 부정하고 오직 단 하나의 가치만 인정하는 가치 단일주의, 곧 서구 절대 정신의 주창자. 서구인의 오만과 편견으로 말미암아 현재 그는 세계 4대 성인 중의 일인으로 추앙 받고 있음.

자연학 대신에 인간학을 꺼내들다

서구인은 단순성, 확실성, 완전성을 선호합니다. 복잡하고 험한 환경과 역사 속에서 살아온 서구인들의 의식 구조는 이것에 대한 갈망으로 점철되어 있습니다. 그 출발점은 소크라테스(서양 신기원 470년 전 ~399년 전)의 정신 구조입니다. 그의 근본 철학은 한 마디로 〈무지는 악이다〉에 집중됩니다. 그는 무오류의 완전한 지식을 추구합니다. 그가 말하는 완전한 지식, 절대적인 지식이란 오직 신앙을 통해서만 도달할 수 있는 것이 아니었을까요? 따지고 보면 그의 철학에 이미 절대 종교의 싹이 자라고 있었던 것입니다.

소크라테스 이전의 지배 철학을 자연학이라고 한다면, 소크라테스는 인간학을 열어 젖힌 것이 됩니다. 서양에서 신기원이 열리기 약 600여 년 전에 활동한 그리스 철학자 탈레스로부터 서구 철학은 시작됩니다. 탈레스를 비롯한 그리스의 현자들은 한결같이 당시의 문화 선진국인 이집트로 가서 신관으로부터 가르침을 받고 돌아옵니다. 이로써 서양에서 비로소 자연 철학이 시작되는데, 그러면서 철학자들은 만물의 근원에 대해서 서로가 자기의 주장을 내세우며 보편 진리의 획득이라는 권력 투쟁을 벌이게 됩니다. 가령 만물의 근원은 물이다, 불이다, 원자다, 로고스다, 영혼이다, 무어다 무어다 하는 것들입니다.

그러나 절대적인 지배 사상은 아직 탄생하지 않았습니다. 소크라테스와 플라톤과 유태인의 도움을 받은 무오류의 완전한 지식이 나타

                    3. 소크라테스와 소피스트 : 절대주의와 다양성

나기를 그들은 기다려야만 했습니다. 제국 말기에 관능에 절고 폭정에 시달리던 서양인들을 구원하는 유일한 방법은 절대 종교를 선택하는 외에 다른 여지는 없었습니다. 드디어 모두가 동의하며 모두가 승복하는 강력한 신념 체계이자 종교 형태인 그리스도교가 서구 사회에 등장합니다. 탄생 즉시 이것은 곧장 전지전능한 철인 왕이 되어 서구 사회를 천년 왕국으로 이끌고 들어갑니다.

무오류의 완전한 지식을 주장한 소크라테스의 등장은 당대 민주 사회를 이끌어가고 있던 소피스트들에게 치명적인 타격을 입히게 됩니다. 왜냐하면 소피스트들은 가치 다원주의 입장에서 변론과 수사를 전담하며 현실 관계를 중시했기 때문입니다. 소피스트들은 언어와 논리의 힘으로 상대를 설득 제압하는 기술을 터득하는 일에 온 힘을 쏟았습니다. 왜냐하면 이들 중에는 그 누구도 자기의 이론과 지식이 절대적이고 객관적이고 지배적인 것이라고 공언할 수 없었을 뿐더러 누구나 다같이 동의하고 공감하는 이론이나 지식 또는 사상과 종교가 없었기 때문입니다. 이 때 등장한 소크라테스는 이 같은 진리 상대주의의 사회 현실을 비판하게 만들며, 그는 이들 그리스의 현자들을 특유의 문답법으로 공격합니다. 소크라테스는 그들을 무지의 극한으로 내몰아갑니다. 이것이 그의 유명한 변증법입니다. 일종의 진리 찾기 게임이지요. 승리자는 늘 소크라테스입니다. 완전한 지식, 무오류의 절대 지식 앞에 무릎 꿇지 않는 인간이 어디 있을 것입니까?

중세 시대, 철인 왕의 부활

소크라테스에 따르면 지식은 선이며 무지는 악입니다. 특히 모두가 동의하는 객관적 지식은 절대 선(絶對善)입니다. 그가 제창한 객관적 진리 설은 이후의 서구 역사를 지식 만능주의 역사로 몰고 갑니다. 소크라테스가 독배를 마시고 죽은 후 그의 제자 플라톤은 기하학과 수학 원리를 통하여 무오류의 완전한 지식 체계를 선보입니다. 한편 플라톤은 그의 〈국가론〉에서 철인 왕이 다스리는 나라가 가장 이상적인 국가라는 아이디어를 냅니다. 플라톤의 사상은 그리스도교와 굳게 결합하여 서구 사회를 곧장 로마 카톨릭 제국 시대로 이끌어 갑니다. 철인 왕은 한마디로 전지전능한 절대 군주입니다. 우리가 알고 있는 바와 같이 철인 왕의 인도를 받은 중세 유럽은 통일된 신앙의 시대, 완전한 지식의 지배를 받는 이상 국가로 거듭나게 됩니다.

그 후 르네상스를 거치며 인간 중심주의를 부르짖으나, 정치 체제는 여전히 절대주의 정권입니다. 왕권신수설로 대표되는 전제군주 시대가 개막된 것입니다. 말하자면 이것은 철인 왕의 부활인 셈이지요. 근대를 거치며 이후 국가와 법률과 이성과 과학기술 등이 완전성의 상징 또는 무오류의 객관적 권력으로 빠르게 자리를 잡아 갑니다. 현대 시대의 철인 왕은 〈자본〉이며 〈과학 기술〉이며 〈법률〉임은 더 이상 말할 나위가 없을 테지요.

자신을 경멸하고 신을 사랑하라는 말

오늘의 서구 문명은 중용을 파괴하면서 건설되었습니다. 소크라테스는 유럽 역사에서 처음으로 유일신의 사상을 가졌던 개화 인물이며, 자신의 교리를 지키기 위해 스스로 죽음을 택한 종교적 순교자 또는 양심수입니다. 인간은 오로지 무지로써 죄를 짓는 것이며, 따라서 완전한 무오류의 지식만이 인류를 구원할 것이라는 신앙을 간직한 채로 그는 독배를 마십니다. 민주 정치를 혐오하고 경멸하면서 그렇게 말입니다.

지식의 절대화는 정신의 절대화이기도 한데, 이것이 플라톤과 아리토스텔레스에게 이어지면서 이제 유럽 대륙은 기독의 유일신을 맞이할 채비를 막 끝냅니다. 종교 혁명의 지도자 루터와 캘빈은 자기 자신을 사랑하는 일을 죄악시하거나 금합니다. 그것은 신에 대한 불경의 증거이기 때문입니다. 또 임마누엘 칸트에게도 인간 자신에 대한 사랑은 철저히 부정되는 지상명령으로 나타납니다. 인간이 복종할 것은 오로지 절대 진리, 순수한 지식 외에는 없겠기 때문입니다. 아마도 인간의 자기 사랑은 꾸며진 노예 철학으로 무장된 그의 생각으로는 무가치하며 위험한 것으로 여겨졌겠지요. 기독교 휴머니스트 안셀무스(1033~1109)의 표현대로 〈자기 자신을 경멸하는 자는 신에게서 사랑 받는다〉는 정신이 서구 역사를 하나로 꿰뚫습니다. 신에게의 철저한 복종, 달리 말해 완전한 지식, 절대 진리에 대한 철저한 복종 의식은 어쩌면 서구 문명의 기본 성격인 투쟁의 원리를 정당화하기 위한 방법론적인 선택에 지나지 않는지도 모를 일입니다.

지금도 계속되는 소크라테스와 소피스트의 끝없는 싸움

소크라테스의 변증법과 논리 법칙은 종교 신앙과 간극 없이 붙어 있고 소피스트 세계에서 언어 표현과 궤변은 한 몸으로 붙어 있습니다. 소크라테스의 논리 법칙주의는 종교적으로 정통 교리를 만들어내고 소피스트들의 표현주의는 종교 교리의 다양한 설교 형태를 만들어냅니다. 소크라테스 추종자들은 자연 현상의 제일 원인이나 그것의 목적 또는 사물의 본질을 다루고, 소피스트들은 다양한 현실 그 자체를 인정하고 현실에 집중합니다.

소크라테스는 객관적이고 논리적인 지식 세계를 완전한 진리 세계로 인정하며, 만물의 제일 원인으로 〈유일신〉을 상정한 바 있습니다. 그 자신 무오류의 절대 이성과 논리를 신앙처럼 믿었습니다. 그가 주창한 서양 변증론은 곧 논리적 방법이며, 그 출발은 〈논증 없는 가정〉을 전제로 하는 것입니다. 소크라테스 변증론의 기반은 〈확실성에 대한 확고한 신념〉이며 그것은 근대 이후의 이데올로기에 닿아 있습니다. 가령 데카르트의 '나는 생각한다. 고로 존재한다.' 역시 이런 성격의 것입니다.

소크라테스는 지식의 완전성을 믿었습니다. 그가 신념으로 간직한 완전한 지식은 나중에 크리스트교 신앙으로 현실화됩니다. 중세

   3. 소크라테스와 소피스트 : 절대주의와 다양성

카톨릭 제국 시대에 신학은 학문 중의 학문이며 완전한 학문이며, 거기서 도출되어 교회의 공식 승인을 받은 신앙 지식은 무 오류의 완전한 지식으로 도그마화 됩니다. 그러나 우리는 여기서 다음 사실을 한 번 짚어봅시다. 절대 진리란 무엇인가요? 서구식으로 말하면 절대 진리란 절대 지식의 다른 이름인데, 이것은 두말할 나위 없이 종교적 신앙심을 이르는 말이 되겠지요. 오직 신만이 모든 것을 알며 모든 것을 행하며, 나는 혹은 인간은 아무 것도 모르는 죄인에 불과하다는 생각이 여기에 담겨 있는 핵심 내용입니다.

일찍이 소크라테스가 확신을 가지고 있었던, 누구라도 동의하고 경배할 수밖에 없는 객관적인 절대 지식이 카톨릭이라는 종교 세계에서 비로소 완성이 된 것입니다. 만약에 소크라테스가 이 사실을 안다면 그는 기뻐할까요, 절망할까요? 모든 인간은 무지하다는 소크라테스의 생각과 모든 인간은 죄인이라는 카톨릭의 사고방식은 얼마만큼 다른 것일까요? 거칠게 말해서 소크라테스는 카톨릭 신앙의 위대한 첫 번째 순교자입니다. 이런 그가 동양의 부처와 공자가 그런 것처럼 서구 사회에서 높은 평가를 받아온 것은 충분히 있을 수 있는 일이라고 생각합니다.

오늘에 이르기까지 서구 사회의 중심 가치는 소크라테스와 소피스트의 대결 양상에 달려 있다고 해도 과언이 아닙니다. 간단히 정리하면 그것은 다음과 같은 것입니다. 서구 사상사에서 이성과 논리를 숭배하는 무리들을 〈철학자〉라 한다면, 현실 감각과 언어 표현을 중시하는 소피스트 계통의 무리들은 〈수사학자〉입니다. 실제로 고대 그리스 후반기의 서양 사상은 철학 추종자와 수사학 추종자로 양분되는

데, 전자를 〈철학파〉라 이르고 후자를 〈수사학파〉로 이릅니다. 살펴보면 철학파는 소크라테스의 전통을 잇는 것이요, 수사학파는 소피스트의 전통을 계승한 것입니다.

우리는 서구 사회의 편견이 심어준 대로 소피스트들을 단순히 교묘한 말을 꾸며대는 거짓말쟁이들이라고 알고 있습니다. 그리하여 우리는 이들 소피스트들을 간단하게 〈궤변가〉라는 틀 속으로 밀어 넣습니다. 그러나 소피스트들이 이렇게 단순한 공식 속에 갇혀 있어서는 안 됩니다. 위에서 말한 것과 같이 이성과 논리를 중시하는 철학 추종자들은 〈변증론자〉들이고, 수사와 달변을 중시하는 수사학 추종자들은 〈궤변론자〉들입니다. 절대 진리 곧 유일하고 완전한 지식을 추구하는 변증론자와 달변 곧 설득 논리를 추구하는 궤변론자는 서로 결합되거나 혹은 분리 투쟁하면서 서양 정신사와 사회의 지배적 분위기를 이끌어옵니다. 가령 이들 변증론자가 추구한 절대 지식이 종교 교리를 형성한다면, 궤변론자들이 추구한 웅변과 수사는 선교 사업 곧 종교 전파에 활용되었다고 할 수 있습니다. 마찬가지로 이성 중시의 철학파가 과학을 발명했다면, 현실 중시의 수사학파는 이것을 정치 사회적으로 활용하고 실천했던 것입니다.

변증술은 소크라테스에서 비롯되며, 궤변술은 프로타고라스(서양 신기원 405년 전~414년 전?)에서 시작됩니다. 오늘의 과학자와 이성적 합리주의자들이 소크라테스의 사상 전통을 이어받았다면, 정치가들과 휴머니스트는 자기 주장의 관철을 위해 언어 표현에 힘을 쏟고 그것의 전파를 위해 선전하는 소피스트의 전통을 이어받았다고 말할 수 있습니다. 소크라테스의 사상은 오늘날 과학적 세계관에 닿아 있고, 소피스

3. 소크라테스와 소피스트 : 절대주의와 다양성

트의 그것은 정치 또는 예술적 세계관에 닿아 있습니다.

소크라테스의 사상 전통은 지식이나 진리 그 자체를 목적으로 삼는 것이고, 소피스트들의 전통에서는 지식이나 진리 자체가 중요한 것이 아니라 그것을 전달하는 방법 또는 지식의 현실적 실천과 응용을 목적으로 삼았습니다. 소크라테스가 서구 사회에 목적 그 자체를 절대시하는 전통을 세웠다면, 소피스트들은 수단과 방법을 절대시하는 전통을 세웁니다. 소크라테스 철학이 논리의 힘에 의존한다면, 소피스트 철학은 힘의 논리에 의존합니다. 논리는 그 운명 그대로 절대 진리를 연쇄적으로 도출하나, 말씀은 열려 있는 다양성의 현실 세계에서 상대적인 진리를 다룹니다.

소크라테스가 유일 진리에 절대 복종할 것을 신앙의 힘으로 강요하는데 반해, 소피스트의 세계에서는 언변 좋고 힘 있는 진리에 설득당할 것을 강요합니다. 따라서 소크라테스 사상은 무조건적인 복종을 요구하지만 소피스트 사상에서는 양자택일의 선택을 요구합니다. 소크라테스가 집단적이고 권위적이고 복종적인 사회 체제를 제작하는데 일꾼으로 동원된다면, 소피스트는 개인적이고 경쟁적이고 전투적인 사회 체제를 제작하는 노동자가 됩니다. 서구 사회의 과학주의와 이성주의를 소크라테스가 도출했다면, 교육과 정치와 예술은 소피스트의 작품입니다. 요약하자면 소크라테스 철학이 논리와 이성으로 귀결되는 일원론적 강제력의 세계관을 제도화하였다면, 소피스트 철학은 화술과 개인에 의해 도출되는 다원론적 설득력의 세계관을 제도화했던 것이라고 말할 수 있습니다.

자본주의 시대, 소피스트는 누구인가

소크라테스 숭배자들은 합리적 논리주의를 근본 원리로 하여 지식 그 자체를 이성적으로 탐구할 수 있다고 믿으며, 그들이 서구 근대 사회와 현대 사회를 제작하는 창조주의 지위를 획득함에 따라 소크라테스는 일약 우상에 가까운 영웅으로 받들어집니다. 이것이 우리가 알고 있는 소크라테스의 이미지입니다. 아리스토텔레스가 말한 〈인간은 이성의 동물이다〉라는 정의가 서구인이 가지고 있는 편협된 인간상을 잘 말해줍니다. 근대 이후 서구 사회에서 이성은 감성과 본능을 제압하고 그 자신 유일하고 확실한 인간성으로 자리매김 되었던 것입니다.

그러나 서구 사회의 이런 편견에도 불구하고 실제 자본주의적 사회 분위기는 소피스트들의 설자리를 넓혀주었습니다. 오늘날 자본주의 체제를 살아가는 세계인들은 아마도 소크라테스적 이성 동물에 가까운 존재라기보다는 현실적이고 실제적인 소피스트의 얼굴을 많이 닮아 있다고 볼 수 있습니다. 자본주의 사회에서 상품 광고와 선전 선동이 이끄는 대로 〈인간은 합리적이고 이성적인 동물〉이라는 명제는 거부당하고 있으니까요. 인간은 화려한 웅변과 교묘한 언술에 넘어가기 쉬운, 바로 그렇기 때문에 인간은 끊임없는 상품 광고와 세뇌 교육을 통해 길들여지며 만들어지는 존재로 해석됩니다. 쉽게 말해 오늘의 현실 세계는 보편적이고 유일한 객관적 진리 세계가 아니라, 이런 저런 개연성이 있거나 혹은 극단적으로 양자택일할 수 있는 문제에

   3. 소크라테스와 소피스트 : 절대주의와 다양성

적용되는 세계인 것입니다.

악법도 법이지만 그것은 악법이다

소크라테스는 근대 합리주의 시대에 법률 만능주의 사회 분위기에 편승해 화려하게 부활합니다. 〈악법도 법〉이라는 거짓 꼬리표를 달고서 말입니다. 소크라테스가 말했다고 전해지는 〈악법도 법이다〉는 발언은 근대 국가 절대주의 시대, 법률 지배 시대에 누군가에 의해 지어지고 선전되고 활용되지 않았겠는가 하고 의심해 봅니다. 그리고 실제로 이것을 밝히는 일에 학문적 열정을 쏟은 한 서구 학자가 그와 같은 사실을 확인했다는 발표를 어디선가 보았습니다. 모르긴 몰라도 아마 그랬을 것입니다. 단순한 형식 논리로 말한다면 사실상 〈악법〉도 〈법〉일 수밖에 없는 노릇이 아닌가 말입니다. 이것은 마치 나쁜 〈사람〉도 〈사람〉임에는 틀림없는 사실과도 같은 성질의 것입니다. 도무지 신기할 것도 이상할 것도 없습니다.

그러나 지구 위의 독재 권력자들에게는 소크라테스의 성명서 중 〈악법도 법이다〉라는 대목이 아마도 종교 복음으로 들렸겠지요. 지금도 이 복음의 고통은 이어지고 있습니다. 하기야 그렇습니다. 신은 당연히 신이지만, 나쁜 신도 역시 신이기는 매한가지가 아닌가 말입니다. 그러나 악법은 법이되 그것은 폐기 처분하거나 빨리 고쳐야 하는 나쁜 법입니다.

중세 천 년을 숨죽이고 지내던 소피스트들이 화려하게 부활하였습니다. 르네상스 이후에 소피스트들은 그 이름도 찬란한 〈휴머니스트〉의 이름표를 달고 서구의 역사 무대에 찬란하게 그리고 새롭게 등장합니다.

4. 르네상스 : 욕망의 인간 부활

새로운 약탈이 시작되다

르네상스는 〈부활〉 또는 〈재생〉이라는 뜻입니다. 중세 카톨릭 제국 시대에 기독교 교부(敎父)와 스콜라 유일신에게 죽임을 당했던 인간, 정확히 말해 〈욕망의 인간〉이 부활한 것입니다. 초기 휴머니스트들은 종교적 열정으로 고대 인간의 환생을 부르짖었으나, 그 결과 재생된 인간은 결코 고대인이 아니었습니다. 그들은 놀랍게도 욕망으로 뭉쳐진 근대인들이었습니다.

광신적이고 집념 어린 고대 세계 추종이라는 르네상스 정신 혁명은, 그 시대에 활발히 전개된 신대륙 탐험과 정복이라는 지리적 욕망과도 일치하는 바가 있습니다. 휴머니즘이 제창한 고대 세계의 완전한 부활 욕망과 로마 제국의 영광과 위대성을 당대에 복원하자는 움직임은 당대의 지리적 발견과 정복에 비견되는 것이기도 했습니다.

고대 세계는 이전과는 완전히 다른 방법으로 기독교인들에게 발견되어 정복당하는 길을 걷게 됩니다. 르네상스 인들에게 고대 세계를 복원하고 잃어버린 역사를 재구성하는 일은 적어도 서구 역사에서는, 훗날 아메리카나 아프리카 대륙을 발견, 정복하는 것과도 같은 물질적이고 정신적인 전리품을 획득하는 효과를 가진 것이었습니다.

열렬한 고대 추종자 집단인 휴머니스트들은 자연히 역사 연구에 철저했으며, 종교 세계에서 왜곡되고 날조되고 훼손된 지난 역사를 검토하게 됩니다. 지역마다 정치 권력과 종교 권력의 성격이 다르고 이해관계가 날카롭게 얽혀 있어서 문서 연구와 문서 표현은 극히 중요한 작업일 수밖에 없었습니다. 한편으로 그들은 고대 세계로 들어가는 문을 열고 거기에 널려 있는 보물들을 끄집어내고 현실을 장식하고 현재의 품위를 높이는 일에도 매달립니다. 그들이 고대 세계로 들어가는 데 사용한 열쇠는 〈언어〉였으며, 그리스어와 라틴어의 훈련이야말로 인문주의자들이 매달린 공통 주제였습니다. 그들이 강조하고 찬양한 고대어에 대한 열풍은 세기를 달리하는 순간에 자국어를 강조하는 근대 의식을 열어 주는 열쇠 구실을 합니다. 그들은 순전히 종교적 경건성과 현실적 욕구 사이를 통합 조절하면서, 정통과 이단의 경계선을 엷고 유동적인 것으로 만들어 갔습니다.

극단주의는 배반을 잉태하기 마련

르네상스 정신이 서구 역사에 발전적으로 이바지한 것 중 가장 중요한 한 가지를 지적한다면, 그것은 이단 사상이 전면적으로 허용되는 토양을 마련했다는 점입니다. 비기독교적 고대 사상의 침투와 확산은 인간 존엄성과 인간 육체 찬양을 불러왔고, 그것은 철저한 현실주의적 사고방식을 가져오게 했으며 물질적 욕망의 분출을 정당화하는 쪽으로 작용합니다. 처음에는 크리스트교의 종교적 기반 위에서 조심스레 다루어지던 고대 세계의 인간적이고 세속적인 정신 문화가, 르네상스 인들이 역사적 발걸음을 한 자국씩 앞으로 옮길 때마다 기독교 세계에 이질적이던 이교 사상과 이단 사상이 지배 사상으로 탈바꿈됩니다.

르네상스 시대 정신이 200여 년 동안 이어지면서 당시 종교의 별다른 제재를 받지 않았던 까닭은 무엇일까요? 잃어버린 고대 역사를 복원하고 이교의 가르침에 열광하고 그것을 맹목적으로 추종, 모방하는 일이 자연스럽게 진행될 수 있었던 까닭은 무엇일까요? 그것은 인문주의자들 곧 휴머니스트들이 꿈꾸었던 일이, 당대의 지배 신학인 스콜라 철학이 가진 성격과 마찬가지로 고대 사상과 지식과 재주를 이용하여 크리스트교 종교 교리의 절대성과 완벽성을 입증하고 확립하기 위한 것이었기 때문입니다. 그리고 또 다른 원인으로는 이때로부터 세속적 권력인 왕권이 종교의 감시망을 뚫고 그 자신의 세력 기반을 넓혀 가는 시기였으며, 고대 세계가 그랬던 것처럼 상업의 부활로 도시 기능이 확대되고 생활 형태가 다양화되어 가는 자본주의의 성장 과정이었기 때문입니다.

우리들이 잘 아는 다빈치나 미켈란젤로를 생각해 보십시오. 그들이 심혈을 기울인 작품 대부분이 천지 창조, 최후의 심판 등 기독교 주제에 충실한 것들입니다. 그러나 여기에 덧붙여지는 것으로 고대 세계의 신화, 전설, 민담의 가공 세계나 혹은 역사 기록물이나 현재 진행 중인 역사적 사실에 바탕을 둔 사실적인 것이 또한 있었습니다. 소위 성화 제작과 함께 초상화가 등장하는 시대가 이때입니다. 세속 세계와 정통 종교 세계가 혼재되어 있되, 르네상스 초, 중기까지만 하더라도 종교가 주가 되고 세속이 종이던 관계가 후기로 갈수록 주종 관계가 역전이 되어 세속과 인간이 중심부가 되고 종교와 신이 주변으로 밀려납니다. 오늘날의 인간, 정확히 말한다면 과학적 세계관으로 무장한 서구인은 신을 대신하여 모든 피조물의 지배자가 되어, 인간 제국주의를 맹렬하게 건설 중입니다.

서양 기원 4세기 이후 크리스트교가 통치 전략을 겸하여 로마 제국의 공식 종교로 채택되면서부터 고대 세계는 탄압 받고 왜곡되고 약탈되기 시작하였습니다. 8세기와 10세기에 한 차례씩 고대 세계의 재조명과 복원을 꿈꾸는 미약한 움직임이 나타나기도 했으나, 그것은 곧 스러질 운명의 일시적인 현상이었습니다. 중세 카톨릭 제국을 천년 세월 동안 내내 지배한 것은 카톨릭의 절대화와 그에 필연적인 조치인 고대 이교 사상의 철저한 박멸과 은폐와 날조의 사실입니다.

11세기에 나타난 카톨릭 십자군 운동이 역설적이게도 서구 기독교 문명에 고대 복원이라는 르네상스의 뚜껑을 열게 했습니다. 아라비아 이슬람교 세력으로부터 고대의 수많은 저술과 그것에 대한 연구 성과가 쏟아져 들어오기 시작했던 것이지요. 야만인으로 생활하던 중세 서구 지식인의 눈에 들어온 고대 세계의 원본들은 놀랍기 짝이 없는 신비한 것들이었습니다. 그리하여 가령 아리스토텔레스를 학문의 세계에서 신적 존재로 떠받드는 일은 순식간에 진행됩니다. 천문학계는 누구, 의학계는 누구, 하는 식으로 해서 고대 유명 인물들은 단숨에 르네상스 경계인들에게 영웅으로 떠오르게 됩니다. 고대 인물이 전문 분야에서 신적인 권위를 누리게 됩니다. 논쟁에서 모든 증거물은 고대 인물과 고대 서적에서 발견되는데, 이와 같이 르네상스는 달리 말해 과도한 고대 추종주의, 극단적인 고대 우상주의를 가리키는 의식의 흐름이기도 합니다. 중세 후기는 어느 순간에 르네상스로 성격 변화를 일으키게 됩니다. 수많은 우상이 탄생하고 그들이 극단적으로 추종되고 배반되는 과정을 거치며 서구 근대 사회가 완성을 향해 치달리게 됩니다.

열렬한 고대 추종과 모방 그리고 사무치는 고대인 숭배 사상은 끝내 고대 세계와는 전혀 다른 색깔로 역사 무대를 수놓습니다. 16세기의 인물인 프랜시스 베이컨이 주창한 우상 파괴 사상이 그 신호탄이며, 그가 제시한 〈고대인과 근대인의 우월성 논쟁〉이 그 요약입니다. 그러고 보면 뉴턴과 아인슈타인은 피타고라스와 플라톤 그리고 유클리드 사상의 연장이면서 동시에 그 극단적인 발전입니다. 현대 과학은 중세 종교 철학의 연장이면서 동시에 그 극단적인 배반입니다. 극단주의는 배반을 잉태하기 마련입니다.

고대와 손잡고 근대로 걸어가다

르네상스 문화라고 일컬어지는 14, 15, 16세기의 시대 풍조는 정통과 이단, 환상주의와 사실주의, 종교적 경건성과 현실적 욕구, 전통 종교 교리인 인간 성악설과 현실에서 도출된 인간 존엄성, 종교 교육과 학교 교육, 종교적 내세주의와 비종교적 현실주의, 종교 교리와 정치 이론 등이 뒤섞이며 혹은 자리바꿈을 하는 과정에 있었습니다. 그러다가 17세기 이후는 종교와 과학, 천상 천국과 지상 천국이 서로 삼투되는 일로 꿰뚫립니다. 현대의 세계 종교는 〈서양 과학〉입니다. 현실적인 모든 것의 가치 판단은 과학이 그 기준점이며, 인생의 행, 불행도 결정적으로는 과학 기술에 매여 있습니다. 이것은 중세 시절에 〈신학 종교〉가 그러했던 것과 일치하는듯하여 섬뜩하기조차 합니다.

르네상스 문화는 왜 이탈리아 반도에서 비롯된 것일까요? 그것은 제국의 유물과 영광이 그곳에 남아 있었기 때문입니다. 초기 르네상스 인들은 위대한 로마 제국의 재건을 꿈꾸었습니다. 이들은 고대의 철학과 지식과 유물과 문화를 이전 시대와 같이 종교 신앙을 공고히 하기 위한 목적으로 이용하는 데 그치지 않고, 고대 세계의 유산들을 현실 속에서 되살리고 이것을 직접 실천하려고까지 하였습니다. 바로 이 점에서 르네상스는 서구 역사에서 독특한 자리를 차지하는 것입니다.

중세 시절 유럽에서는 오랜 동안 그리스·로마의 고대 저술과 학문은 이단시되어 통제됩니다. 이 시기를 통칭 〈교부 철학 시대〉라고 말합니다. 그러나 로마 카톨릭 시대를 통과하면서 고대의 기유과 흔적이 완전히 단절되거나 사라진 것은 결코 아니었습니다. 교부 철학이 기댄 권위의 원천은 스콜라 철학이나 르네상스 철학과 마찬가지로 바이블과 고대 저술 두 곳이었기 때문입니다. 그러나 이들은 비슷하되 똑같지는 않았습니다. 중세의 지배 사상인 교부 철학과 스콜라 철학이 고대의 권위와 지식을 이용하여 종교 신앙을 보편화, 절대화하려 했다면, 르네상스 철학은 출발 단계에서부터 고대의 영광과 지혜를 현실적으로 부활하려는 의도를 강하게 지니고 있었던 것이 본질적인 차이점입니다.

중세 후기와 근대 초기가 공존하는 르네상스 시대는 현실적인 사회 변화와 함께 새로이 터져 나온 고대 세계의 발견이, 기독교 신앙심 하나로 버티고 살아온 유럽인들에게 참을 수 없는 흥분과 감동을 안겨줍니다. 이런 분위기에서 아리스토텔레스를 기독교 신학 해설의 최고 권위자로 활용하여 이른바 스콜라 철학 체계를 집대성하는 일이나 신 플라톤주의자들이나 피타고라스 추종자들, 그리고 고대 의학의 황제로 갈렌을 지목하여 그를 경배하는 일은 너무나 자연스러운 현상이 아니었을까요?

고대 세계가 간직하여 전해준 다양성과 창조성, 이상주의와 현실주의의 비례적 균형 의식, 그리고 인간에 대한 넘치는 애정과 활력, 풍부한 정감과 인간성은 모든 서구인, 특히 교양과 지식에 굶주린 식자층을 흥분과 열광의 도가니로 몰아넣기에 족했습니다. 이에 따라 고전 세계는 곧장 권위와 교양의 원천이 됩니다. 르네상스 정신은 당대의 사회 구조적인 변모와 보조를 함께한 것이었으며, 변화된 현실과 더불어 고전 문화가 던진 충격으로 폭발된 인간의 자아 각성 의식이 근대적 개인주의 사상에 철학적인 근거를 제공합니다.

인간 개성의 존중 의식과 지식이나 교양에 대한 욕구, 세계와 자연에 대한 호기심, 그리고 물질적인 욕구 충족 심리가 지배적인 사회 패러다임을 형성하면서부터 서구의 근대 사회는 그 틀을 완전하게 잡아나가기 시작합니다. 말하자면 이것이 서구 근대화의 출발입니다. 후대에 서구인들이 르네상스 시대를 신 중심주의 사고에서 인간 중심주의 사고로 전환되는 갈림길로 평한 것이 과히 틀린 것은 아니나, 다르게 말하면 르네상스 시대는 고대 세계의 열광적이고도 완전한 찬양과 추종과 모방의 시대라고 할 만한 것입니다.

르네상스, 이교의 황홀 속으로 깊이 빠져들다

　14세기에 촉발되어 15세기에 본격화된 고대 문화 전반에 대한 폭넓은 관심과 탐구와 모방과 숭배와 복원 의식은 마침내 감당 못할 무게로 가속도가 붙습니다. 르네상스를 〈문예부흥〉이라고 못 박은 교과서의 상식은 편견이며 속임수입니다. 초기 휴머니스트들의 고문헌 연구 작업은 후계자들의 열성에 힘입어 소위 〈휴머니즘〉 전통을 만들어 가고 있었습니다. 그들은 중세 전통의 신학자와 예술가들이 맛보지 못한 쾌감과 감동과 호기심과 미의식을 가지고 고전에 심취하고 인간과 자연에 넘치는 실제적인 빛의 은총을 만끽했습니다. 종교 교리와 신앙심이 주입한 원초적 죄의식과 인간 존재에 대한 왜소감 또는 신에 대한 찬양과 두려움이 그들의 손끝에서 이전과는 전혀 다른 모양으로 다른 소리를 내기 시작했습니다. 첫 시작이 어려웠다 뿐이지, 물꼬가 터진 채 쏟아져 나오는 고전 세계를 복원하려는 광포한 노력과 헌신적인 열정은 그 이후의 변화를 엄청난 것으로 만듭니다.

고대 비기독교 세계가 전해주는 달콤함과 황홀감 그리고 높은 품위는 르네상스 지식인과 예술가들의 탐구 의욕이나 지적 욕망 그리고 미적 쾌감과 창조성을 한결 고무시킵니다. 이리하여 종교 신앙 시대에 이교 세계의 문화와 예술과 지식과 사상이 길거리와 박물관과 미술관과 교회의 벽면과 기둥과 통로를 가득 채워나갔습니다. 고전 세계의 실제적 이식 작업은 갈수록 급진적인 양상을 띨 수밖에 없었습니다. 얼마 후에는 거스를 수 없는 시대의 대세가 되어 이탈리아 반도를 넘어서서 유럽 사회를 쓰나미처럼 휩쓸게 됩니다.

15세기 중반을 넘기면서부터 프랑스와 영국 그리고 독일 등에서는 이탈리아로 직접 견학을 가거나 유학을 준비하는 지식인과 예술가들로 넘쳐납니다. 당연하게도 이탈리아에서 일어난 신 플라톤 사상, 새로운 예술관과 예술 창작 행위, 고전 세계에 대한 깊은 존경심과 철저한 연구 풍토, 정확하고 능란한 언어 구사 능력의 습득, 고대 세계의 정치 문화와 법률과 제도에 관한 연구, 문법학과 문체론의 정교한 연구 체제, 문헌 비평 작업, 고대 지식인의 박식함에 대한 찬탄, 언어에 대한 철저한 연구 의식, 고대 유물에 대한 뜨거운 관심, 인간 육체의 긍정과 인간 욕망의 솔직한 표현 행위, 고전 문헌 수집과 도서 박물관 건립—이런 것들이 이탈리아를 찾는 인물들의 주요 관심사였습니다. 그들 르네상스 인들은 고대 세계의 풍부하고 세련된 문화 요소를 자기 자신의 보물 창고로 즉각적이고도 황홀한 심정으로 만들었던 것입니다.

르네상스 현실이 해부학 그림 속에 녹아들다

문헌을 통해 문서 속에서 모험과 탐험과 발견과 정복을 행하던 휴머니즘 전통이나, 자연과 인간 그리고 고전 예술 세계에서 그것을 행하던 르네상스 예술 전통이 이제 그 영역을 확대하여 정치와 경제가 지배하는 실제 세계로 그 적용 무대를 넓혀나가기 시작합니다. 유럽인들은 15세기와 16세기를 통하여 종교적 환상의 세계에서 실제의 현실 세계로 혹은 더욱더 이상화된 현실 세계로 탈출해 가는 과정을 극적으로 하나하나 밟아가고 있었습니다. 고대 세계와 실제 현실의 복합 작용으로 인하여 인간의 육체적 힘과 정신적 힘이 바깥으로 표현되기 시작하며, 그것은 마침내 인간적인 모습의 예수 상과 마리아 상을 표현하는 것으로 이어지기까지 합니다.

르네상스 정신이 한 걸음씩 앞으로 나아갈 때마다 종교 예술 작품과 함께 그와는 조화를 이루지 못하고 심지어는 대조적인 것으로 여겨지는 정밀한 사실주의적 관점의 작품들이 쏟아져 나옵니다. 사실 그 자체를 정밀하게 베껴내는 일은 르네상스 인들이 실제적 현실에 주목하기 시작했다는 뜻이 들어 있습니다. 사실에 대한 과도하고 집요한 집착 의식은 다른 한편으로 지상 세계를 경멸하고 천상 세계를 강조하는 종교 정신에 반항하는, 그리하여 결과적으로 실제 현실 세계에 적극적이고 긍정적인 가치를 부여하는 통로를 열었던 것입니다. 그것은 아마 중세 예술을 특징짓는 종교적 상징주의에 대한 반발 의식의 발로이기도 했을 것입니다.

4. 르네상스 : 욕망의 인간 부활

르네상스 미술 작품 중에 특히 산 채로 살가죽이 벗기고 해부되는 인간의 고통에 찬 표정과 부릅뜬 눈동자는 당대의 유럽 사회 풍토를 반영하는 것으로 해석할 수 있습니다. 해부학 실습 장면이 직접 그림으로 옮겨지고, 더없이 잔혹한 순교 장면을 사진 찍듯이 그려냅니다. 붉은 피가 바닥에 고여 흐르고 가슴에서 피가 솟구쳐 나오는 피투성이 종교화 또한 그려지기 시작합니다. 르네상스 문화는 정신과 육체, 신과 인간, 고전과 현대, 삶과 죽음이 정면으로 충돌하는 실제 역사 현장의 한복판에서 꿈틀대며 일어서고 있었습니다. 르네상스 인들이 발견해낸 고대 세계가 황홀이면서 동시에 고통이었듯이, 그들이 함께 발견해낸 인간의 자아 의식과 종교관 역시 황홀과 고통이 뒤섞인 채 다가왔음은 더 말할 나위가 없습니다. 근대 인간의 희망과 절망은 르네상스 시대 내내 공존합니다. 그것은 고대인과 근대인의 합성이며, 옛 기독교와 새 기독교의 합성이며, 신과 인간의 합성이 만들어내는 황홀한 고통이라고 말할 수 있는 성질의 것입니다.

고전 세계의 추종과 모방이라는 단순한 도식이 현실성과 새로움을 추구하는 경향으로 집대성되어 〈르네상스 정신〉이라는 열매를 맺게 됩니다. 그것은 서구 근대화라는 격동의 세월을 예술적 형상 속에 아로새겨 넣는 작업이며 빛을 향한 전진이었습니다. 르네상스 시대에 재벌 귀족이나 권력자들은 앞을 다투어 새로운 건축물을 짓고 초상화를 그리고, 집안을 고대 풍으로 장식하고, 교회 개축과 신축 사업에 헌금과 재산 기부를 적극적으로 했습니다. 새로운 문화 현상이 날이 갈수록 세련성과 다양성을 자랑함에 따라 양적 변화가 질적 변화를 가져오는 단계에 도달하는 일은 그야말로 시간 문제였습니다. 예술과

학문의 세계에서는 중세의 애매모호하고 신비적인 상징주의 전통을 벗어 던지고 구체성과 현실성을 지닌 사실주의 풍조로 변경되어가기 시작했습니다. 무미건조하고 지겨운 종교 교리와 신앙이 시대 풍조에 맞게 윤기 있고 색깔 고운 것으로 바뀌어져 갑니다.

그래서 르네상스기에 교회 장식은 전체적으로 화려한 선텐으로 처리되어 더없이 밝아졌으며, 중세의 고질적인 우울증과 어두컴컴한 사회 분위기를 인간의 감각에 호소하는 색깔과 태양 광선의 적절한 활용으로 지워나갔습니다. 사람들은 떠들썩하게 모여 고전 교양으로 수다를 떨고 공공연하게 인간의 아름다움을 찬양했습니다. 교회와 거리 그리고 도시 전체는 한결 밝아지고 화려하고 생기 넘치게 꾸며졌습니다. 중세를 지배한 어두움과 지겨움과 무미건조함과 우울증을 깡그리 죄 털어버리려는 노력이라고 할 만한 것들이 사회적으로 끝없이 펼쳐집니다. 고전 문헌을 통해 드러나는 영웅과 미녀들을 찬양하는 학문적이고 예술적인 행위가 꼬리를 물고 이어졌습니다.

사회 현상은 예술과 학문에 반영되고 예술과 학문은 또한 사회 현상을 반영하는 법입니다. 미술 작품이나 조각상에서 나체 그림이나 그와 유사한 것이 표현되었다면, 당대의 실제 사회에서도 인간의 육체는 탐구되고 찬양되었으며, 남녀 간의 육체적 사랑이 보편적인 사회 문화로 자리를 잡고 있었다고 보아야 합니다. 눈 뜨고 차마 볼 수 없을 정도의 극도로 정밀하고 사실적인 그림 역시 당대의 지배적인 사회 풍토를 엿보게 하는 도구이긴 마찬가지입니다. 르네상스기의 갖은 예술품은 그 당시의 생활 문화를 보여주는 구체적인 증거물입니다. 레오나르도 다빈치가 그린 인간 해부 그림이나 식물 잎사귀의 정밀한 묘사 그림, 그리고 움직이는 동물 혹은 섹스 행위를 벌이는 남녀 성기의 움직임을 스케치한 그림을 상상으로나마 한 번 맛보기 바랍니다.

5. 마르크스 : 제3의 종교 혁명가

마르크스

자신이 유태인이면서 반유태주의자와 뜻을 함께 했으며, 맑시즘의 창시자이자 맑스 교의 교조. 산업 자본주의 체제의 필연적 멸망을 예언하고, 인류 역사를 계급 투쟁, 경제 투쟁, 물질 투쟁의 역사로 규정함. 지구 위에서 처음으로 과학적 사회주의라는 아이디어를 만들어 낸 발명가임. 세계를 빛의 세력과 어둠의 세력으로 설하며, 전투주의 정신과 흑백 양분법의 논리를 전 세계에 퍼뜨림. 이전의 이론 철학과 관념 철학을 철저히 반대하여 실천 철학과 물질 철학을 완성함. 당대의 종교 제일주의와 자본 절대주의를 증오감을 가지고 적대하여 과학 기술 만능주의와 인간의 노동 절대주의를 제창함. 서구 역사 최대의 안티 크리스트이며 안티 캐피탈리즘을 실천한 공산주의자. 마르틴 루터가 '악마의 창녀'로 규정하여 헐뜯고 적대시한 근대적 '인간 이성'을 종교성의 유일한 원천으로 확립한 인물임. 인간 이성의 과학성과 합리성을 하나의 절대적인 종교성으로 승화시킴.

서구 전통의 이분법적 흑백 논리를 변증법으로 정리 실천하여 드디어는 지구촌 전체를 선악의 대결장으로 만듦. 유태교의 세계에서 모세는 유일신관을 민족 정통 종교에 접목시킨 최초의 종교 혁명가이며, 예수는 유태교의 전통 메시아주의를 내걸어 현재까지 유일하게 성공을 거둔 제 2의 종교 혁명가로 알려져 있음. 한편 마르크스는 자본제국주의 시대에 억압받고 착취당하는 노동자 계급을 해방시킨 제 3의 종교 혁명가로 평가받고 있음.

인간의 완전성을 믿고 열공하다

신의 자기 인식 과정을 역사라고 본 헤겔(1770~1831)의 종교 철학과 계급간의 투쟁을 역사 법칙이라고 규정한 마르크스(1863~1946)의 반 종교 철학은 어떤 차이가 있나요? 항간의 상식처럼 헤겔의 역사 인식은 화해의 법칙이자 관념의 변증법이며, 마르크스의 역사 인식은 투쟁의 법칙이며 유물론적 변증법인가요? 한쪽은 극단적인 정신주의, 관념론이며, 또 다른 쪽은 철저한 물질주의, 유물론으로 간단히 재단되는 대립물에 지나지 않는 것인가요? 헤겔의 기독교적 종교 철학과 마르크스의 반 기독교적 실천 철학의 차이점은, 비유해서 말한다면 우리 손의 손바닥과 손등의 차이에 불과합니다. 그것은 뫼비우스의 띠처럼 하나 속에 들어 있는 둘입니다.

마르크스 이즘은 그 자체가 하나의 혁신 종교이며, 그것은 부르주아가 주도하는 자본주의 사회에서 억압받는 노동자 계급인 프롤레탈리아를 위한 개혁 종교의 성격을 지니는 것입니다. 그런 까닭에 마르크스 교는 다른 종교를 일체 인정하지 않고, 그 자신이 유일하고 절대적인 도그마가 되어 진리 독점주의를 고집하는 것입니다. 마르크스 교 광신자들은 세계의 근본을 물질로 보는 만큼 물질의 가치에만 집중하여 인간 의지나 정신의 힘을 인정하지 않는다고 보는 상식은, 서구 자본주의 사회에서 고의적으로 왜곡한 편견이며 광범위하게 유포된 허위의식입니다.

서구 자본주의 문명이 그 실체를 확실하게 만들어가던 유럽 대륙에서 노동자들에게 가해진 19세기적 고통과 참상은 지옥을 방불케 하는 것이며, 따라서 그 시대에 마르크스 같은 부류의 인물이 탄생하는 것은 역사적 필연이라고 하겠습니다. 20세기 초반과 중반 무렵에 마르크스 교를 해외에 선교하기 위해 벌인 국제 공산당의 활약상이나, 자생적인 사회주의자의 순교자적이고 자기희생적인 노력과 열정은 로마 시대에 크리스트교 선교 사업을 펼치던 예수 추종자들의 그것과 흡사합니다. 마르크스 교는 타 종교에 대해 극단적인 배타성을 가지고 그것을 적대하고 배척하며 최종적으로는 종교 박멸론을 구호로 내세웁니다. 왜냐하면 마르크스 교는 그 자신이 인간의 영육을 온전히 지배하는 종교성을 자체에 내장하고 있기 때문입니다. 초기의 공산주의자들이 자신들을 가리켜 '순결한 영혼'이라 공언하였음을 상기해보면 그 뜻이 생생히 잡힐 것입니다. 생각해 보면 마르크스 교는 서구의 전통 종교 못지않은 철저하게 정신적이고 편협하고 휴머니즘적이고 인간 구원적이며, 따라서 그 자신이 유일 절대의 진리 독점주의를 지향하는 제 3의 혁명 종교라 하지 않을 수 없는 것입니다. 마르크스의 대표 저작인 '자본론'은 마르크스가 영국 도서관에서 여러 자료를 찾아 비교하고 열심히 공부하던 끝에 탄생한 것이라고 전해집니다.

공산주의는 휴머니즘의 연장일까 배반일까

18세기의 휴머니스트들이 가진 유토피아 사상은 주로 자본주의적 복지 사회를 이루는 쪽으로 방향을 잡습니다. 그러나 한 세기가 지나면서 19세기에는 다시금 16,7세기 형태의 유토피아 세계를 지향하는 일정한 흐름이 나타나는데, 그것은 곧 공산주의 혹은 사회주의의 성격을 띤 것들이 주류를 형성합니다. 로버트 오웬, 생씨몽, 푸리에, 밸러즈 등이 그 대표적인 활동가들입니다. 그런데 이들의 행동 반경은 18세기에 있었던 계몽 철학이 지녔던 한 부분 중 휴머니즘의 연장선에 집중적으로 나타나는 게 특징입니다. 그러나 마르크스와 엥겔스는 이 같은 당대의 사회주의 사상을 '공상으로 집을 짓는 환상주의'라고 비난하며, 인간 해방이라는 휴머니즘에 기초를 두고 자신들이 내세우는 철저한 과학주의와 이성주의를 강조합니다.

휴머니즘에 바탕을 둔 마르크스의 '과학적 사회주의'는 이런 배경을 가지고 서구 사회에 등장하게 됩니다. 이들은 과학 기술주의를 바탕에 깔고 노동의 신성화, 그리고 인간 협동을 통하여 절대적 평등을 달성할 것을 주장합니다. 이들은 자본주의 계열의 유토피아 사상가들과는 달리 인간의 완전성을 따로 믿었습니다. 마르크스를 따르는 사회주의 유토피스트들은 사회의 완전성과 함께 인간의 완전성을 신앙처럼 믿으며, 이 둘을 동시에 추구했습니다. 마르크스 교는 기존의 사회주의적 주장과는 달리 과학적이고 이성적인 역사 분석에 집중함으로써 사회주의 원리를 휴머니즘의 차원을 넘어서는 투쟁적인 과학 이론으로 만들었던 것입니다.

마르크스주의는 광신적인 숭배자들에 의해 절대 신앙의 대상, 곧 종교성 철학으로 화학 변화를 일으키는데, 그것은 마르크스교 숭배자들이 가진 도전적이고 파괴적인 광기와 함께 맑시즘 자체가 가지고 있는 이성적이고 과학적인 성격, 그리고 인간적인, 너무나 인간적인 인도주의적 성격 때문이기도 합니다. 종교로 승화된 마르크스 사상은 그 폐쇄적이고 교조적이고 독선적인 성격으로 말미암아 서구 근대화 운동의 초기 단계에 있었던 종교 동란 때의 프로테스탄티즘과 같이 서구 사회를 단숨에 양분합니다. 그리고 그 이후의 서구 문화가 세계 각국에 심어지고 뿌려집니다. 이 위험한 실험 정신은 오래전부터 아시아와 아프리카에까지 파고들었습니다. 특히 한국 사회는 이것이 만들어내는 극단적인 대립 구도에 빠져 단군 조선이 개국된 이래, 사상 초유의 혹독하고 잔인한 남북 분단 시대를 살아가고 있습니다.

서구 역사에서 15세기, 16세기는 휴머니즘이 득세한 시기이며, 17세기는 신구 예수교의 충돌로 휴머니즘은 엷은 꿈처럼 지워지면서 과학주의가 득세한 시대입니다. 그리고 18세기의 계몽 철학 시대는 휴머니즘과 과학적 이성주의가 결합한 시대이며, 그 결과로 예수교는 진리의 부당한 독점자로 규정되어 열린 세계의 적이라는 이름으로 공격당합니다. 서구 계몽 철학은 19세기에 이르러서 유럽 대륙에 만연

   5. 마르크스 : 제3의 종교 혁명가

한 자본 제일주의의 극악한 병폐와 결합하여 마침내는 마르크스 교를 탄생시킬 수밖에 없는 상황으로 치달았습니다.

마르크스 교는 인간 이성을 신의 빛으로 인식하던 계몽 철학의 연장선 위에 존재하며 휴머니즘과 싸이언티시즘의 강한 결합을 근본 교리로 삼았습니다. 마르크스 교는 당시의 억압받는 인민, 곧 절대 다수의 노동자를 위한 혁명 종교로 곧장 출발합니다. 마르틴 루터 시대의 프로테스탄트 종교 혁명이 자유 시민 곧 부르주아를 위한 종교 혁명이었다면, 마르크스 레닌의 종교 혁명은 철저하게도 자본주의 노동자 곧 프롤레탈리아를 위한 그것이었습니다. 19세기와 20세기에 접어들어 유럽 전역에서 끊임없는 논쟁과 크고 작은 충돌이 일어납니다. 러시아에서 노동자 농민 혁명이 일어나는데, 서기 1917년에 최초의 공산주의의 왕국인 소비에트연합(약칭 소련)이 역사 무대에 그 거대한 몸체를 드러냅니다.

근대 역사 이후에 나타난 종교 혁신이나 철학 개혁은 지배 원리 곧 '이데올로기' 변경과 다를 바 없습니다. 이 점에서 종교 개혁은 이데올로기 변혁 운동이며, 맑시즘은 카톨리시즘이나 프로테스탄티즘 혹은 캐피탈리즘 못지않은, 그것 자체가 절대적인 가치를 지니는 하나의 '종교 교리'인 것입니다. 그것은 도그마이며 견고한 이데올로기이며, 돌처럼 굳은 신념의 원천이며, 종말론과 유토피아니즘의 결합체인 것입니다. 이런 까닭에 맑시즘의 밑바닥에는 과대 망상적인 인간 제일주의 신앙과 과학 지식 절대주의라는 신념이 깔려 있습니다. 오늘날 서구 사회에서 공산권이 몰락한 이후에도 맑시즘이 사라지지 않는 까닭이 여기에 있습니다. 최근 약탈적 독점 자본주의의 폐해를 절감하고 있는 지구촌 일각에서 맑시즘이 다시금 주목받고 있습니다.

욕망 사회를 여는 자본주의의 공식

우리나라 근대화 과정이 그러하듯이 서구의 근대화 과정은 한층 더 또렷하게 배반의 이중 장치를 사회 구조 속에 내장하고 있었습니다. 노동자는 산업 현장의 역군이니 기수라느니 하는 찬양과 선동의 발언 뒤편에는 공장 노동자들의 땀과 피와 눈물을 갖은 방법을 다 동원하여 착취하려는 자본의 마성이 감추어져 있는 것입니다. 18세기와 19세기에 서구 자본주의 사회에서, 그리고 현대 한국 사회에서 벌어진 악마적이고 냉혹하고 반인간적인 노동 착취의 역사를 찾아 읽어보기 바랍니다. 한국 사회는 치열하게 현재 진행형입니다. 노동자의 참상을 목도하는 순간, 아마 당신은 인간으로서 격렬한 분노를 느낄 것이며, 자본주의 사회가 보여주는 인간의 더러운 욕망과 잔혹한 이익 추구 정신에 섬뜩함을 느낄 것입니다.

밀폐된 작업 공간에서 하루에 열댓 시간씩 혹사당하고도 먹을 것조차 제대로 받아먹지 못하고 가축처럼 몸을 웅크린 채 병들어 죽어가는 어린 노동자를 생각해 보기 바랍니다. 인간 역사를 계급 투쟁의 역사로 규정하고 자본주의와의 일대 전쟁을 선포한 마르크스 사상이 왜 그때 19세기에 한참 잘 나가던 유럽 문명에서 터져 나왔던가를 곰곰이 생각해 볼 것을 권합니다.

완전 사회의 꿈, 마르크스의 꿈

누군가가 지적했듯이 서구의 역사에서 기독교를 제외한다면 남는 것은 아무 것도 없습니다. 서구 지성사는 기독교 정신사이며, 서구 문화사는 기독교 풍속의 발달사이며, 서구 과학사는 기독교 정신주의의 반동사입니다. 그리고 서구 이데올로기 역사는 기독교 정신을 원형적 틀로 삼은 인간 신념의 변천사이며, 서구의 마르크스주의는 기독교적 자본 제일주의에 대한 극단적인 도전 정신과 혁명 사상의 대표 주자라고 말할 수 있습니다.

마르크스의 유물론 철학은 기독교에 뿌리를 둔 관념 철학에 대한 반동 의식의 산물입니다. 서구 근대 역사가 보여준 연속된 혁명의 역사는, 기독교 진리 독점주의가 뿌리내린 절대화 정신 작용이 만들어 내는 '작용 반작용 법칙'의 극명한 사회 물리적 현상입니다. 가령 그들의 적극적이고 극한적인 인간 긍정론은 전통의 인간 성악설에 대한 반동 심리에서 파생된 그들의 무의식 세계를 드러내주는 대표적인 사례라고 하겠습니다.

예수교에서 말하는 신의 나라, 천년 지복의 나라라고 하는 강력한 이미지 혹은 개념은 역사의 발걸음에 따라 마침내 지상 천국이라는 과학 기술주의 유토피아 개념을 탄생시킵니다. 서구 역사는 절대화 정신의 역사이며, 동시에 정신 절대화의 역사인 까닭입니다. 흔히 유물론이라 단정되는 마르크스주의는 '물질 지상주의 세계관'이 아니라, 오히려 인간의 신념과 의지라는 정신적 가치를 대항 종교 차원으

로까지 끌어올린, 기독교가 낳은 자식 중 가장 극명한 반 기독교적 유
신론이라고 말해도 좋습니다.

6. 하비 콕스 : 신에서 인간으로

하비 콕스

교리를 도그마로 삼는 고체화된 신앙생활보다는 사회의 발전적인 변화에 지속적인 관심을 기울일 것을 주장하여 현대 기독교 신학의 새로운 변신을 꾀함. 지구촌의 복잡한 사회 현실과 혁명적 생활 문화의 변화를 기독교 신학 체계로 정리한 책 '세속 도시'로 성가를 높임. 오늘날 라틴 아메리카와 아프리카, 그리고 아시아의 기독교인이 세계 기독교 인구의 60%를 넘어선 사실에 주목하고 기독교의 미래를 희망적으로 제시함. 그러나 그는 아프리카 등 비유럽 지역에 크리스크교가 들어온 까닭과 그것이 전파된 역사적 배경과 경로를 외면하고 무시함.

과학 출현 이후에 많은 이들이 종교의 쇠퇴와 몰락을 예견했으나 하비 콕스와 같은 신학자의 변호적 교리 해설과 현실 적응적 전략에 힘입어 크리스트교는 진화 발전의 길을 지금도 계속 걷고 있는 중임.

2009년에 하버드대학에서 정년퇴임하며 자신의 신앙과 신학을 집대성한 책 '종교의 미래'를 출간함. 물론 여기서 종교란 크리스트교를

주로 지칭하는 것이며, 21세기에도 종교는 희망의 횃불로 살아남을
수 있음을 밝힘.

안 돼, 자연은 신성한 존재가 아니야

서기 1965년에 〈세속 도시〉를 저술한 미국의 기독교 신학자 하비
콕스(1929~)는 갇신 하나님을 제외한 모든 가치의 비신성화 혹은 신성
성 박탈을 주장하는데, 그는 예수 기독교의 본래 정신은 절대성의 부
인이며 인간이 만든 제도나 관습이나 우상이나 이데올로기가 결코 인
간을 지배할 권리가 없음을 선언합니다.

여기에는 물론 예수 기독교 교회의 권력이나 권위 혹은 신성한 지
배력도 포함되는데, 그 외에도 자연으로부터 신성한 힘을 박탈하여
온 것이 과학 지식의 발달이라고 말합니다. 이것, 즉 〈자연의 절대성
부인〉이 근대 자연 과학의 발달을 촉진시킨 근원적인 원리이며, 이러
한 자연의 비 절대화는 기독교 성경에 나오는 창세기 신화에 그 근거
를 둔 것이라고 지적합니다. 그에 따르면 비기독교 고대인들은 자연
에 마력적인 힘이 깃들이 있는 것으로 믿고 자연을 경배하고 자연에
복종하였으나, 기독교 근대인들은 천지 창조 신화를 내세워 자연은
신의 아들인 인간을 위하여 갇신 하나님이 창조한 것이라는 생각을
가졌습니다. 따라서 오랜 동안 무지했던 인간이 자연에 내장하여 두
었던 〈신비적인 힘〉은 기독교인들의 지혜로 인해 내몰림을 당하게 됨

니다. 그로부터 인간은 경외의 대상인 자연의 마력으로부터 해방되어 인간의 이성 능력으로 자연을 정복하고 지배하면서 오늘에 닿고 있다고 설교합니다.

종교 사회학자인 막스 베버(1864~1920) 역시 〈자연의 비 마력화〉를 지적하여 자본주의 과학 발달과 기독교 성경 윤리의 관계를 분석한 바 있습니다. 이들에 따르면 자연은 인간이 예배하고 경배를 바쳐야 하는 신비적 존재가 아니라, 인간이 개척하고 인간이 이용하고 인간이 지배하고 정복하며 다스리는 수단적 존재라는 인식의 대전환이 있었다는 결론입니다. 자연의 비신성화 작업이나 정복의 패러다임이야말로 예수 기독교의 본래 정신이요, 바이블 성경에서 도출되는 가장 본래적인 중심 교리라는 지적입니다.

바이블의 가르침대로 하니 도시 문명이 탄생하더라고

하비 콕스가 〈세속 도시〉에서 설교하는 기독교의 새로운 교리 해석은 세상의 어떤 것도 절대화 신성화되어서는 안 되며, 오직 한 분 주 예수 그리스도와 같신 하나님만이 신성한 존재로 남아 있어야 한다는 뜻으로 들립니다. 그런데 이것은 당시 서구 사회에 새로운 물결로 등장한 가치 다원주의나 문화 상대주의를 주류의 흐름으로 만드는 효과를 낳기도 합니다.

교회의 통념과는 달리 하비 콕스는 세속주의, 물질주의, 그리고 도시화와 산업화와 공업화와 민주화야말로 기독교 성경이 가르치는 대로, 세속 가치의 절대성 부인을 실천하는 일이라고 말합니다. 이를테면 인간의 자유와 평등, 그리고 복지 상태의 실현을 위해 진행되는 자본주의적 문명화는 기독교의 세속화 경향의 하나이며, 철저한 세속화야말로 기독교 신앙이 가르치는 대로 우상 타파, 인간 평등, 인간 구원, 인간 해방이라는 절대성 부인의 가치를 실현하는 과정이라는 것입니다. 현대의 세속 도시는 기독교의 성경 원리로부터 도출되었다는 주장으로 요약할 수 있습니다.

그렇기 때문에 기독교 교회는 고고한 권위주의를 내던지고 도시와 인간 속에 충만해 있는 신을 위하여 도시화와 세속화에 더욱 열심히 매달려야 한다는 설교입니다. 하비 콕스는 신이 곧 인간이며, 인간이 곧 신이라는 공식을 간단히 도출합니다. 기독교 권위 종교 역사에서 누구도 꺼내기 어려웠던 〈인간이 모든 피조물 세상의 주인〉이라는 주장을 그는 선명한 어조로 발설한 것입니다.

끝없는 수정, 진화 기독교와 수정 자본주의

근대 자연 과학자들이 그랬던 것처럼 하비 콕스의 신학 주제는 〈바이블에 기록된 신의 말씀〉을 어떻게 실현시켜 나갈 것인지에 대해 집중됩니다. 교회의 첨단 현대화, 기독교의 완전한 현대화가 그가 꿈꾼 신학적 이상입니다. 그런데 이것은 츠빙글리(1484~1531)나 마르틴 루

                6. 하비 콕스 : 신에서 인간으로

터(1483~1546), 캘빈(1509~1535) 등이 내건 목표와 어째 유사하지 않습니까? 이들 기독교 개혁자들은 새롭게 등장하는 자본주의 문명 양식과 개인 주의적 욕망 추구의 인간 의식을 기독교 교리로 통합하여 그 정당성을 보장해 주려 했던 게 아니었던가 말입니다. 따지고 보면 프로테스탄트 기독교의 성립은 당대에 발흥한 자본주의 정신에 적극 동참한 예수교 정신이 일궈낸, 종교 현대화 작업의 승리가 아니었나요?

하비 콕스 역시 예수 기독교의 현대화 문제를 들고 나오면서 교회 세력의 세속적 지배력의 강화와 확산을 꾀한 것이라고 봅니다. 기독교 신학자 본 회퍼(1906~1945)가 주장한 〈종교 없는 기독교〉정신 역시 그러할 것입니다. 그에 따르면 루터와 캘빈 시대의 서구인들이 그랬듯이 세속화를 사회 구석구석에서 오로지 행동으로 실천하는 인간들, 사회적 봉사 활동에 열심인 자들, 그들이 바로 새로운 기독교자들인 것입니다. 기독교를 믿든 말든 가리지 않고 말입니다. 기독교 성벽의 외연적 확장입니다. 이것 역시 르네상스가 그랬던 것처럼 기독교의 철저한 세속화 과정에 나타나는 현상이라고 요약할 수 있습니다.

이들 네오 예수이즘의 추종자들은 도그마로 굳어진 교리 체계나 내용을 중시하는 것이 아니라, 기독교 정신이 세상에 접근하는 방식, 곧 방법론을 중요시합니다. 이것은 마치 현대판 마르크스주의자들이 마르크스의 이론 체계나 사상적 내용을 중요시하는 것이 아니라 마르크스주의가 마련한 인간과 사회에 대한 과학적인 접근 방식, 곧 마르크스적 방법론을 근본 패러다임 혹은 교리의 핵심으로 차용하는 것과 마찬가지입니다.

수정 자본주의가 있으며 수정 공산주의 혹은 네오 마르크시즘이 있는 것과 마찬가지로 시대 상황에 맞게 변형되는 수정 기독교가 또한 엄연히 존재하는 것입니다. 그러므로 오늘날 서구 문명권에서 기독교가 빠른 속도로 쇠퇴해 가는 현상은 변화된 사회 질서 속에 기존의 정통 예수교가 설 땅을 잃고 있다는 증거로 보면 될 것입니다. 과거도 그랬지만 기독교는 지금도 새로운 기독교로 수정, 진화하는 중입니다. 서구 사회에서 기독교는 오직 하나뿐인 유일 종교인 만큼 그것을 폐기 처분하는 게 아니라면, 달리 선택할 여지가 없이 수정에 또 수정을 거듭할 수밖에 없는 까닭입니다.

이기주의라는 태풍이 사회를 덮치다

서구 문명을 2000년 동안 지배해 왔던 기독 절대 종교는 그곳에 무엇이나 담을 수 있는 포괄자 같은 존재여서 내용 없이 형식적인 장치만으로도 지속이 가능합니다. 그런 까닭에 크리스트교는 언제라도 서구 사회의 총체성을 담아내는 원형질의 그릇 같은 것이라고 말할 수 있습니다.

신앙과 정신의 제일주의를 강조힌 중세 교회의 시고 전통이 물길과 소유욕을 제일의 가치로 내세우는 근대 사상에 압도되고 만 지 오래 되었습니다. 근대 서구의 부르주아 지배 사회에서 웨딩('도박'의 뜻) 제도는 신분 유지 혹은 신분 상승을 위한 계약 관계의 사회적 제도화인데, 이것이 말하는 바는 근대 사회에서는 누구에게나 기계적으로 보

6. 하비 콕스 : 신에서 인간으로

장된 자유와 평등이 있으므로 중요한 것은 수단과 방법을 가리지 않고 성공하는 일일 수밖에 없다는 것입니다.

토마스 홉스(1588~1679)나 마키아벨리(1469~1527)가 강조한 투쟁적 사회 원리나 몽테스키외(1689~1755)나 로크(1632~1704)나 루소(1712~1778)가 밝힌 기계적 사회 원리나 마찬가지로, 이 모두는 문제 해결에 대한 방법론적인 태도가 다르다 뿐이지 사회 인식의 본질적 성격은 같은 것이라고 여겨집니다.

서구인의 지독한 이기심과 소유욕과 들끓는 본능적 욕구를 어떤 원리, 어떤 방법으로 해결하느냐 하는 문제는 근대 휴머니스트 철학자들이 집요하게 매달린 이래로 지금까지 계속되고 있습니다. 마르크스 이즘의 교조적 신봉자들과 광신자들이 선택한 사회관과 인간관, 그리고 사회 문제 해결의 방법과 전략을 생각해 보십시오. 자연과 인간 사회 전체를 대상으로 한 서구인들의 피투성이 투쟁 역사가, 진보와 발전이라는 이름으로 우리에게 소개되어 있습니다. 광신적 원리주의가 거룩한 종교성의 이름표를 달고 세상을 활보합니다.

7. 서구 근대화와 종교 개혁 : 눈부신 모순의 열매

고대 유산은 독인가 약인가

르네상스 지식인들은 기독교 지배 문화에 새로운 기운을 부여하고자 고대의 유산을 철저하게 활용하고 써먹습니다. 그들은 고대 고전 문화의 요소들을 자기 지식의 보물 창고로 삼았으며, 그들의 고전에 대한 애호와 집착은 광적인 것이어서 그 시대에 일부 휴머니스트들은 자신의 지식과 학문의 세련됨과 풍부함을 과장하고 자랑하려는 열의로 충만해 있었습니다.

중세의 계시 신앙이 신성과 무지에 호소한 무식한 종교였다면, 근대 르네상스 시대의 이성 신앙은 인간성과 박식에 호소한 유식한 종교라고 요약할 수 있습니다.

르네상스 문학는 박식한 신앙을 기독교 신앙심이 갖추어야 할 최종 목표로 설정합니다. 르네상스 인들이 이상적인 인간형으로 제시한 보편인 즉 우주적 인간은 모든 것에 익숙한, 다재다능한 박식가입니다. 종교 개혁의 구호로 터져 나온 〈바이블로 돌아가자〉는 열광적 목소리는 결국 〈박식한 신앙〉으로 돌아가자는 의미와 크게 다르지 않습

니다. 누구라도 볼 수 있는 친숙한 바이블이 되자는 이야기입니다. 이
로 인해 치밀하고 분석적인 뜯어읽기가 시작되면서, 학문과 지식은
명료하고 분명한 언어를 가지게 됩니다. 유럽 전역에서 바이블이 자
기 나라 자기 민족의 언어로 번역되기 시작하는 것으로 시대의 새로
운 횃불이 활활 타오르게 되었던 것입니다.

근대 국가, 새로운 권력의 탄생

　서구 역사의 승리자는 언제나 〈광신주의자〉들입니다. 절제와 관용
의 인간은 시대의 외곽에서 패배자로 남습니다. 서구 사회는 중세부
터 길들여진 철저한 복종의 관습이 현재에도 강력한 영향력을 행사하
는 유습으로 전해집니다. 그것은 마치 신에 대한 절대 복종이 중세 카
톨릭 제국 시절에 영주와 교회 성직자에 대한 철저한 복종을 불러왔
듯이, 근대 시대 이후로 신에 대한 절대 복종은 법과 제도에 대한 그
것으로 그 형태를 달리했다는 것으로 설명이 가능합니다.
　중세 시대에 억압되고 금지된 인간의 동물적인 본능과 끊임없는
욕망, 그리고 구속과 억압을 향한 무의식적이며 억제할 수 없는 분노
는 르네상스 시대를 맞아 폭발적으로 분출되기 시작합니다. 14세기
와 15, 16세기를 거치면서 유럽 사회는 그 동안 억눌러져 있던 욕망과
본능이 인간 개인으로부터 혹은 조합과 계급의 단위로부터 나아가서
는 군소 국가들로부터 분출하는 용암처럼 역사의 표면으로 나타납니

다. 그것은 이를테면 관용과 잔혹성, 기독교 신앙과 이교 문화의 가르침, 욕망과 정의, 절대 복종 정신과 절대 해방 정신 등의 대립 가치 체계가 역사 무대의 한복판에서 첨예한 불꽃을 튀기는 형상으로 드러납니다.

봉건 세력들이 점유하고 있던 유럽 대륙 곳곳은 곧장 권력 투쟁의 전쟁터로 변합니다. 치고 박고 싸우다가 서로가 혼합되고 진화되고 진보되어 온 것이 근대 이후 서구 역사의 전개 양상입니다. 흑사병의 공포와 경제 침체의 불황은 광신적인 종교 열기에 불을 지피기도 하는데, 14, 15세기에 유럽 대륙 곳곳에서 저질러진 바 있는 유태인의 대규모 학살과 추방은 종교 열광주의 기운이 기독교적 피의 순결성을 보장하라는 요구로 이어지는 과정에 나타난 것입니다. 미신이 반드시 야만이나 광신과 결합되는 것은 아니지만, 광신은 반드시 야만이나 미신과 결합하는 법입니다. 피의 순수성, 다시 말해 종교 신앙심의 순수성, 곧 유럽 인종의 순결성 확보 방안이 히틀러 전제 시절의 나찌즘과 닮아 있지 않습니까? 게르만족의 우수성을 입증하기 위해 인종학을 만들고 유태인 600만 명을 홀로코스트의 계곡으로 몰아넣은 끔찍한 역사의 장면을 상기하기 바랍니다.

근대 국가 형성 시절에 즈음하여 유럽 제국에서는 종교적인 공통 신앙을 확보하는 일이 가장 시급한 정치적 문제로 떠오릅니다. 국민 개념이 채 정리되지 않은 채, 희미하게 흩어져 있던 국가 형성 시기에 종교와 인종 그리고 정치에 걸친 공통 신앙이 필요했을 것입니다. 중세 카톨릭 제국 시절이 보여준 바와 같이 공통의 종교 신앙심이 아니고서는 체제 정비나 공동체 의식 혹은 질서 유지가 곤란했던 유럽 사

　　　　7. 서구 근대화와 종교 개혁 : 눈부신 모순의 열매

회에서는, 르네상스 시대에 이르기까지 전통적으로 국가는 존재해야 할 당위성을 확보하지 못한 채, 오히려 추종하고 복종해야 할 정신적 지도자인 예수교 신앙과 교회 세력의 지배력에 방해가 되는 〈적〉으로까지 규정된 적이 있었습니다.

그러나 15세기 중반 이후부터 불어 닥친 종교 재판소 설치 및 유태인 처단과 추방 그리고 예수교 신앙심이 주입한 더욱 강력한 사회 통제 원리 등으로 말미암아, 국가와 국왕은 예수교를 강화한다는 명분으로 자기 권력을 단단하게 만들어가고 있었습니다. 정치권력의 극대화를 목표로 한 신생의 절대 군주들은 단일의 종교 신앙심을 구심점으로 하고 제도적이고 정치적인 장치를 통해 국가 권력을 통합하여 그것을 단일 왕권에 귀속하려는 야망을 실현하려 합니다. 그때까지 영주 귀족 세력과 교회 성직자 계급이 장악하고 있던 지방적 무정부주의 상태를 극복하고 모든 권력을 단일 왕권의 지배하에 장악하려는 정치적 술수는 마치 흑사병이 그러했듯이 유럽 전역에 빠른 속도로 번져나갑니다.

교회 독재가 사회 혁명의 도화선으로

카톨릭 예수교의 교황이 프랑스 국왕에 의해 아비뇽의 유폐 (1309~1377)라는 치욕을 당한 이후로 세속적 정치 권력, 곧 왕권은 눈에 띄게 확대 강화되어 신장세를 기록하였습니다. 도시 세력은 상공업 발달과 맞물려 그 세력이 날로 팽창 일로를 달리며, 큰 도시를 중심으로 해서 몇 개의 도시가 연합 세력을 형성하여 중세 유럽은, 무정부 상태에서 벗어나 초기의 국가 형태를 만들고 있었습니다.

종교 권력을 대신하여 새로이 등장한 절대적이고 전제적인 정치 권력은, 그 동안 기독교 교회와 성직자 계급이 보유하고 있던 막대한 경제적 이권과 재산을 국고 재산으로 귀속시키는 조치를 취합니다. 전제 권력을 획득한 독재 군주는 기독교의 순결성을 보장한다는 명분을 내걸고 교회 정화 운동을 펼치기도 하며 교황청이 갖고 있는 교회의 인사 임명권이나 지방 법정의 상소권 혹은 교회 성직자가 갖고 있는 세금 부과권이나 재산 관리권 등을 박탈하거나 또는 직접 장악하는 제도를 시행합니다.

그러나 그렇다고 하여 왕권주의자들이 카톨릭 예수교 자체를 부정하거나 비난하거나 공격하거나 불신앙하지는 않았습니다. 오히려 그들은 철저한 예수교 신앙심을 핑계로 삼아 당대의 일그러지고 부패하고 타락한 예수교를 순결하고 믿음이 가는 형태로 변경시키겠다는 불타는 종교적 열정을 소유하고 있었습니다. 15세기 당시 로마 교황청 권력의 세력 약화와 기독교 교회의 부패와 타락이 이것을 더욱 정당화하는 방향으로 부채질하고 있었던 것입니다.

교회이 무질서와 분열을 극복하고 불순 세력과의 투쟁 운동을 통일적으로 시행하기 위해 콘스탄스 종교 회의가 열린 서기 1414년에는 카톨릭 교황이 무려 3명이나 있었으며, 이들은 저마다 예수 크리스트의 지상 대리인이라고 주장합니다. 기독교세가 약화된 틈을 뚫고 로마 교황청을 등에 업고 서로가 교황청의 후원자로 자임하는 것으로 절대 군주들은 자신의 왕권을 절대적인 것으로 키워나갑니다.

지금도 그렇지만 당시 천주교 교황청은 하나의 국가였습니다. 교황 제도는 신생 국가의 군주들이 모방할 만한 탁월한 정치 제도였던 것이지요. 세속 국가의 군왕들은 교황 제도가 갖고 있는 관료주의적 획일성과 엄격성 그리고 친인척 인사를 통해 고위 권력 기관을 독점하는 엽관주의 방식의 편리성과 안전성, 그리고 교황이 지상에서 실제적으로 누리는 절대 권위와 절대 권력 세계를 꿈꾸었던 것입니다. 교황 제도는 곧장 정치권력 체제의 모델로 등록됩니다. 서구 역사에서 절대주의 왕조 시대는 이렇게 해서 열립니다.

여기에서 중세와는 비록 다른 형태이지만, 르네상스기에 종교 권력과 정치권력은 마치 연인과도 같이 섹스 관계로 맺어집니다. 종교적 통일주의와 정치권력의 확대 그리고 야심에 찬 영토 확장과 국가의 물리적이고도 정신적인 통일 작업은 한 치의 틈새도 없이 결합되어 진행됩니다.

마키아벨리의 충고

중세 시대에 신앙 지식이 지녔던 미신적이고 아전인수 격이고 궤변적이고 흐릿하던 갖가지 종교 관련 소재들이 또렷한 목소리로 재정리되기 시작합니다. 마침내 현실이 관념을 이긴 것입니다. 이제 서양 르네상스는 유럽 대륙 전역을 돌아다니면서, 섞여지고 혼합되면서 바로 그렇기 때문에 세계적이고 보편적인 것으로 모습을 갖추게 됩니다.

갖은 이론과 사상과 철학과 학문과 예술이 기독교 세계에서 되살아나기 시작합니다. 예술은 사회의 구조 변화나 역사적 사건 혹은 새로운 풍물이나 생활 양식을 곧바로 반영하였으며, 휴머니스트들의 고전 문헌 탐구 행위 역시 새로운 역사 의식과 사회 구조의 변화 그리고 정치경제 질서를 적극 반영하는 것으로 방향을 잡아가기 시작합니다.

때 아닌 급진성이 인간과 국가 사회, 그리고 정치 질서와 경제 질서에 대한 고전적 견해와 당대의 욕구를 단단하게 결합하여 그들이 하나 되게 만듭니다. 도시를 장악한 전제 군주들은 온갖 비도덕적이고 야만적인 방법으로 절대 권력을 행사하며, 사람과 사람의 관계는 단선적이고 개인적인 이해 관계에 얽매여 전투적이고 냉혹한 이해타산으로 해체 조립되는 과정을 밟습니다.

이 시대의 마키아벨리(1469~1527)는 인간 성악설을 신앙으로 확신했으며 그는 복잡하고 음험한 정치 세계에서 성공하는 방법을 고문헌과 당대 역사의 연구를 통하여 과학화하려는 욕망에 사로잡혔습니다. 서양 휴머니즘 세계에서 흔히 하는 말로 마키아벨리는 정치 세계에서 〈인간성〉을 발견하려고 했던 것이라고 할 수 있습니다. 마키아벨리 당대의 인간성을 말입니다

마키아벨리즘은 성공 제일주의를 교리로 하는 정치 과학이며, 흔들림 없는 정치 신학입니다. 마키아벨리는 나폴레옹과 마찬가지로 기독교를 미신으로 간주했으나 종교 자체는 대중을 속이고 지배하고 이용하는 수단으로 중시하는데, 이것은 오늘날에도 유용성을 그대로 보

   7. 서구 근대화와 종교 개혁 : 눈부신 모순의 열매

장받습니다. 애초부터 예수교라는 일신교는 신앙 자체가 목적이 아니라 수단 혹은 도구나 방법으로 탄생했을 개연성이 높습니다. 서양인 특유의 도구 중심주의 사고방식은 지식이나 신앙이나 과학이나 예술이나 인간에 관계되는 모든 가치 체계를 지배와 통제의 수단과 방법으로 이용하도록 이끌기 때문입니다.

자본주의 사회와 프로테스탄트 혁신 예수교가
처음 만나 악수를 나누다

14세기부터 서구 사회에 불어 닥친 정치와 경제 그리고 사회의 급격한 변화와 발전은 기존의 예수교를 대신할 지배 이념을 필요로 했습니다. 그 결과 탄생한 것이 안티 카톨릭, 즉 혁신 예수교입니다. 혁신 예수교는 자본주의 사회 구조에 종교적이고 철학적인 정당성을 부여해주며, 중세와는 전혀 이질적이고 상반되는 새로운 인간 정신과 예술 그리고 사회 문화를 절대 종교가 지닌 높은 권위와 은총으로 추인하거나 혹은 직접 담당합니다.

종교 개혁 운동은 항간에서 말하는 바대로의 통일 기독교의 분열 현상이 아니라, 오히려 새롭게 탄생한 반중세적인 자본주의 사회 문명과 각 분야에 있어서의 인간성 탐구를 예수교가 솔직히 인정하고 그것을 이끌어 간 것이라고 생각할 수 있습니다. 이런 까닭에 프로테스탄트 혁신 예수교는 저절로 반 중세적이며 친 근대적인 성격을 지니는 것입니다. 프로테스탄트는 '저항', '반항'이라는 뜻입니다. 카톨릭 예수교에 저항하고 반항한다는 뜻으로 이름 지어진 것입니다.

루터(1483~1546)나 캘빈(1509~1564)이 만든 새로운 예수교는 인간과 신의 직접적 관계와 신앙을 강조합니다. 성직자와 천주교 교회라는 신성체를 거치지 않고 인간 개인이 직접 신과 소통할 수 있다는 교리는 놀라운 결과를 가져옵니다. 이 교리에 따라 근대 서양인들은 제각기 신을 편리한 대로 소유할 수 있게 되었던 것이지요.

예수교 선교 사업을 위해 해외로 눈을 돌린 경건하고 광신적인 종교적 열정을 지닌 서양 기독교인들은 사실상 탐욕에 찬 상인들이나 재벌 귀족들, 그리고 국가의 부를 확대하기 위한 조치로 식민지 개척에 혈안이 되어있던 군주 세력들을 등에 업고 바다를 건너 비기독교 문명권의 신대륙으로 탐험의 길을 떠났던 것입니다. 정치 경제가 신학의 논리에 따라 정당성과 합리성을 부여받으며 제국주의적 침략 근성을 교묘히 위장하는 한편으로, 중세의 통합 지식으로서의 신학 세계는 투쟁과 분리의 시대를 맞이하여 세분화되는 방향으로 파편화되기 시작합니다.

신이 인간이 되고서, 다시 인간이 신이 되기까지

르네상스 이래로 불거져 나온 인간성 발견이라는 난폭한 현상은 문학, 미술, 자연학, 조각, 신학, 정치, 종교, 언어학, 경제, 문화 등등

  7. 서구 근대화와 종교 개혁 : 눈부신 모순의 열매

의 모든 분야를 파고들기 시작합니다. 여기서 경제와 정치 그리고 학문과 문화는 여전히 종교와 강하게 결합되어 있었습니다.

따라서 16세기에 서구 사회를 혼란과 분열과 투쟁으로 물들인 종교 혁명은 예수교 혁신에 그친 것이 아니라, 사실상은 중세 봉건주의 폐쇄 경제에서 근대 자본주의적 열린 경제로, 신을 인간으로 끌어내려 신을 이해하려고 하던 종교 관념에서 인간을 신의 경지로 드높이는 사랑의 실천으로, 봉건적 무정부주의 사회에서 절대 군주적 정부주의 사회로, 종합적 보편주의 사상에서 분파적 개인주의 시대로, 철저한 금욕 명령 시대에서 극단적인 욕망 추구 시대로, 인간성 억압 시대에서 인간성 발현 시대로, 육체 경멸 사상에서 육체 찬양 시대로, 카톨릭 신부 시대에서 예수교 목사 시대로, 상업 천시 사상에서 상업 제일주의 시대로, 단선적 미개 시대에서 복합적 개화 시대로, 인간 지식의 신학화 시대에서 신학 원리를 이용한 인간 지식의 탐구 시대로, 자연의 신성성 보장 시대에서 자연의 탈 신성화 시대로, 자연에 대한 복종 시대에서 자연에 대한 약탈과 정복 시대로, 신을 아는 시대에서 신을 무조건 믿는 시대로, 종교와 신화의 시대에서 과학과 이데올로기의 시대로 이끌어간 것입니다.

경험주의 원칙이 새로운 진리로 등장하여 카톨릭 교회의 보편주의 진리는 커다란 난관에 봉착하게 됩니다. 카톨릭 천주교회의 어용 신학이던 스콜라 철학 역시 전체적인 시대 변화에 따라 공격받기에 이릅니다. 윌리엄 오캄(1280~1349) 등은 철저한 경험론 원칙과 실증주의 철학관, 그리고 완전한 개인주의 철학을 주장합니다. 그의 철학은 훗날 마르틴 루터에 의해 높이 찬양 받으며, 인간 이성의 이해 범위를 넘어서 있는 유일신의 절대성과 전능성을 강조한 루터는 따라서 열렬한 어조로 그를 〈나의 사랑하는 주인〉이라고까지 표현합니다.

루터에게는 적어도 인간 이성으로 이해되고 인식되는 신은 가치 없는 존재로 여겨졌을 터이고, 그 같은 측면에서 루터를 비롯한 혁신 예수교 운동가들은 그들의 유일신을 극단적으로 절대화할 수 있었습니다. 인간 개인이 직접 신과 교통하면서 얻게 되는 신비적 경험은, 또한 인간 자신을 절대화하는 데 커다란 도움을 주었던 것이지요.

〈인간의 神化〉- 이것이 서양 근대 역사가 만들어낸 인간관입니다. 서양인들은 적어도 백색이 아닌 홍색이나 황색이나 흑색 인간에게는 들끓는 욕망과 무기를 가지고 신적인 권능이나 우월 의식을 신앙으로 삼고 그들을 대했습니다. 거기에 덧붙여 남성 제일주의 시각을 가지고 여성성의 자연 세계를 고문하고 학대하고 강간했습니다. 백인 남성들에게 자연은 여성이며 따라서 그것은, 전통적인 여성관 그대로 순전한 물질의 덩어리로 보였던 까닭입니다.

어쨌든 14세기부터 본격화된 프로 예수교의 선구자 활동을 통해 신비적 체험이 강조되면서 기존 천주교회 권위가 기우뚱하며 흔들리게 되자, 이에 위협을 느낀 카톨릭 보수주의 종교인들은 이른바 〈세인트〉를 만들어 교회 절대권을 확보하려 애를 씁니다. 그로부터 제작한 예수교 성인은 우리나라 인물 기백 명을 포함하여 현재까지 이천 수백 명에 이른다고 알려져 있습니다.

허물어지는 예수교의 천년 왕국

천주교의 이단자 위클리프(1330~1384)나 후스(1372~1415)는 교황보다 그리스도가 더 높은 권위를 지니며 진리는 교황으로부터가 아니라 그리스도로부터 나오는 것이라고 이미 오래전에 공언합니다. 카톨릭 반대주의자들의 교리 해석과 종교관에 의하면 이것이야말로 진정한 기독교 정신이며, 순수한 예수교 신앙입니다. 16세기에 접어들어 역사적 환경이 달라지면서부터 정치와 경제, 그리고 전반적으로는 사회 구조가 중세 시대와는 크게 달라진 상태에서 터트린, 카톨릭 〈반대〉 사상은 엄청난 동조자를 순식간에 확보할 수 있었습니다.

중세 봉건 독재에 눌려 억압과 고통을 고스란히 받아들여야만 했던 농민들의 피에 젖은 투쟁과 항거가 독일에서는 폭동의 형식으로 불거져 나왔으며, 자본주의적 욕망 추구의 생활 방식에 익숙해있던 수공업자와 상인들 그리고 기타의 전문 직종에 종사하는 인간들은 새로운 사회 구조에 맞는 새로운 종교, 새로운 교리를 열망하고 있었습니다. 이 같은 시대 분위기에 부응하고 나온 것이 바로 종교 개혁 운동, 곧 카톨릭 보편주의 예수교를 전면 부인하고 거기에 극단적으로 반항하는 종교 혁명 작업입니다.

이렇게 하여 중세 봉건주의 특권층의 귀족적 예수교는 절대 다수의 시민 종교, 아니 자본주의 사회 종교로 거듭나게 되었습니다. 프로테스탄트 개혁 예수교는 도시의 중산 계층을 중심으로 하여 빠른 속도로 세력을 확산해갔으며, 마침내는 귀족적 봉건 예수교인 카톨릭 교회 세력의 권력 감시 체제의 한 모퉁이를 부수고 그 자신의 종교를 구축하는 일에 성공합니다.

옛 기독교와 새 기독교를 견주어서 말하면 다음과 같습니다. 카톨릭 천주교가 보편주의를 내세워 무차별적으로 서양 대중 모두를 옭아맨 봉건적 종교 체제라면, 프로 개신 기독교는 개인주의를 내세워 도시 상공인과 자유 직업인과 기술 계급을 해방시킨, 근대적 시민종교 체제입니다. 천주교 예수 교회가 욕망 억제적 신 중심주의 기독교인데 비하여, 프로 기독교회는 욕망 충족적 인간 중심주의 예수교입니다. 천주교가 중세 봉건주의의 정치 경제 질서를 지탱하는 지배 이데올로기인데 반하여, 개신 기독교는 근대 자본주의 정치 경제 질서를 대변하는 혁명 이데올로기입니다.

16세기의 한복판에서 거대하고 막강했던 예수교 통일 왕국은 허물어지고 맙니다. 선악의 극단적 대립과 투쟁과 음모와 학살이 종교 내란 기간 중에 유럽 대륙을 피로 물들입니다. 천주교와 개신 기독교 양측은 대중을 장악하기 위해 갖은 수단과 방법을 다 동원하여 서로를 사탄의 무리로 비난하고 헐뜯고 공격합니다. 절대 진리 체계가 무너지는 격동의 역사적 현장에서 서양인들은 죽음보다 두려운 회의와 염세주의에 빠져들기도 합니다.

이 시대에 개신 예수교도를 적발하고 제압하기 위해 만들어진 천주교 조직 중 예수회는 특히 그 악랄함을 오늘에까지 남기고 있습니다. 영어 사전을 찾아보면 〈예수〉가 〈제기랄, 염병할〉 등의 뜻을 지닌 저주와 원망과 욕설의 뜻을 담고 있음이 확인됩니다.

기술 노동자, 수공업자, 소상인과 부르주아 자본가 계급, 그리고 교사, 법률가 등의 전문 직업인들에게 자본주의적 사회 질서에 정당성을 부여해주고, 인간의 자연스런 소유 본능을 해방시키고 개인의 욕망을 양껏 추구하도록 설교하는 네오 예수이즘은 모르긴 해도 유토피아 도래를 알려주는 갇스펠(복음)로, 곧 신의 소리에 가깝게 들렸을 것입니다. 중세 봉건주의 사회 구조가 청산되고 근대 자본주의 사회 구조가 창조되는 것과 때맞추어 예수 기독교는 혁명적 진화를 경험합니다. 새로 만들어진 예수교의 교리는 자본주의 사회 구조에 영향을 끼쳤고, 역으로 정치 경제적 사회 구조의 변화는 전통적인 예수교 교리를 변경하도록 압력을 가했던 것입니다.

12세기 말경에 요아킴(1130~1201)이라는 기독교 신학자가 인류 역사를 3단계로 나누어 구약 바이블과 신약 바이블 시대를 거쳐 최후에 오는 영적인 시대는 영육이 일치하는 천년 왕국이 건설될 것이며, 모든 인간이 예수 복음을 듣고 새로운 영적 세상을 얻게 되는 성서 제일주의 시대가 될 것이라고 예언한 바가 있습니다.

이 요아킴의 복음주의 예언은 이후 오늘에 이르기까지 열광적인 추종자를 다수 확보하게 되는데, 히틀러의 나찌즘이 이것을 본떠 게르만족의 영원한 제국, 곧 제 3제국을 건설하려는 야만적 환상을 실현하려고 한 적이 있으며, 야사에 따르면 크리스토퍼 컬럼부스(1451~1506)가 그 자신이 요아킴이 예언한 새로운 그리스도임을 공언한 바 있습니다. 요아킴 예언은 예수 천주교의 독재적 횡포에 짓눌려 있던 많은 서양인들에게 해방의 메세지로 전달되며, 특히 16세기에 전면적이고 본격적인 종교 내란 기간 중에 엄청난 위력을 발휘했습니다.

절대 권위의 유일신을 오랫동안 맹신해온 서양인의 정신 구조는 언제나 절대 진리 제작에 몰두합니다. 기독교 지식인이 만들어낸 〈요아킴 예언〉을 이용하여 제 3제국 건설에 광분하던 독일의 나찌즘을 기억하기 바랍니다. 유태인의 생체를 분해하여 한 사람의 몸뚱이로 세숫비누 열 장을 만들어내던 그 야만을 극한 악마성을 기억하기 바랍니다. 프랑스에서 성 바톨로뮤 축제의 대학살(서기 1527년)이니 무어니 하는 따위의 각종 역사적 사건에서 저질러진 선명한 선악 대결과 흑백 논리적 야수성과 잔인성을 확인하기 바랍니다.

기독교 전파와 인류 전체의 문명화를 목표로 삼고 아프리카 깜둥이와 아시아의 황색인들, 그리고 아메리카 인디언들을 마구잡이로 학살하고 모멸하고 고문하고 노예로 강탈하던 추악하고 반인간적인 제국주의적 서양 국가들을 절대 잊지 말고 기억하기 바랍니다.

종교 혁명의 와중에 근대 국가의 출생을 신고하다

예수 크리스트가 재림하여 지상 세계를 직접 통치한다는 환상적인 믿음, 곧 기독교의 천년 왕국설은 인류 역사가 끝나는 순간까지 사람들의 숨통을 죄며 이곳저곳에서 출몰을 거듭할 것입니다.

마르틴 루터라는 예수교 신부가 격정적으로 벌인 반 카톨릭 종교 투쟁은, 천년 왕국설에 근거한 광신적 신앙을 근원적 힘으로 삼았습니다. 이것이 당시 억압과 속박과 수탈에 헐벗어 있던 독일 농민들에게 미친 영향은 엄청난 것이었으며, 유일 종교 심리로 단련되어 있던 독일 농민들에게 루터의 교회 투쟁 소식은 아마 해방 신학의 복음으로 들렸을 것입니다. 이것이 상공업 도시 등으로 퍼져나가면서 자본주의 시민 계급에게 카톨릭 투쟁주의를 불러일으키게 되었을 때, 사회 구조는 이미 자본주의 사회 구조로의 급속한 진입을 요청 받고 있었다고 보아야 할 것입니다.

자본주의 사회 구조에는 거기에 합당한 종교가 새롭게 만들어져야지, 케케묵은 천주교 신앙과 교리를 가지고 새로운 사회 구조를 합리화하고, 또 정당성을 부여해주기가 매우 어려웠을 것입니다.

기독교 신앙에 대한 열렬한 충성심을 보장받는 방편으로 집단적 광신주의가 대중들에게 무차별적으로 요구되고, 겁에 질린 서양인들은 단지 살아남기 위해 힘의 질서에 따라 절대선과 절대악의 양쪽 경계선을 넘나듭니다. 이것은 신과 사탄의 전쟁입니다. 시대와 장소를 달리하여 우리 민족이 6.25 전쟁 중에 겪은 공포의 경험과 흡사하다는 생각에 전율이 느껴집니다. 종교 내란 중에 많은 서양인들에게 기독교는 절대 희망이며, 또 그런 만큼 어떤 이에게 기독교는 절대 공포 그 자체였을 것입니다.

천주교와 개신 기독교의 분파 이후에 이들이 서로 다른 종교가 되어 지금까지 내려오는데 그것은 결국 천주교는 중세 봉건적인 사회 체제와 사고방식을 교리의 골격으로 채택하고 있는 데 비해, 개신 기독교는 근대 자본주의적인 사회 체제와 사고방식을 근본 교리로 삼고 있는 데 그 이유가 있지 않을까요?

16세기의 서구 사회는 권력과 재산 장악을 위한 전투가 치열하게 전개됩니다. 마키아벨리는 그때의 분위기를 이렇게 전하고 있습니다. "아버지를 살해한 원수는 용서할 수 있지만 자기 재산을 침탈하는 자는 결코 용서하지 못한다." 이 말의 그림자를 자세히 살펴보면, 옛 천주교가 새로운 기독교로 혁신되는 일만이 욕망 투쟁의 자본주의 사회 체제를 종교적으로 인가해줄 수 있게 되었음이 암묵적으로 드러납니다.

루터는 어느 종교 회의나 교황도 결코 신앙 규정을 정할 수 없으며, 종교 권위의 유일한 원천은 오로지 예수교 경전이어야 한다고 단호히 주장합니다. 그는 교황에 반대하는 격렬한 항의의 표시로 교황의 칙서를 비롯한 기존 교회법 관계 규정 문서를 불태워버립니다. 교회 제도는 인간을 위한 인간에 의한 인간의 제도이지, 결코 신의 제도가 아니라는 것이 그의 휴머니즘적 성향을 엿보게 하는 대목입니다. 루터를 맹신하는 광신적인 반 교황주의자들은 카톨릭 천주교를 옛뱀의 신앙, 사탄의 종교로 몰아 부칩니다. 이후 교황은 곧장 사탄의 기괴한 모습을 한 인물로 포스터로 그려져 유럽 전역에 팜플렛과 함께 뿌려집니다. 이에 천주교회 측은 즉시 이단 교리 신봉자들을 안티크리스트로 몰아 그들을 광포하고 잔인하게 박멸해나갑니다. 인쇄술의 발달로 쏟아져 나오는 상호 공격적 팜플렛은 천주교 교회 측으로 하여금 이단 종교 검문소를 공시 기관으로 설치하게 만듭니다. 많은 서적들과 팜플렛 그리고 설교집이나 성경 해설서와 신학 이론 등이 금서로 규정되어 종교 보안법의 검열을 받게 됩니다. 종교 보안법은 갈릴레오 갈릴레이의 지동설 주장에 유죄 판결을 내립니다. 이때의 종교보안법이 현대 한국 사회에 와서 국가보안법이 되었습니다. 숱한 광신자와 예수교 신자들이 단지 사유 방식이나 신앙의 성격과 형태를 달리한다는 이유만으로 종교 이단자로 몰려서 중인환시리에 산 채로 화형식을 당합니다.

카톨릭 교회의 우주론과는 달리 '세계는 무한히 넓다'고 말한 조르다노 브루노(1548~1600)라는 신학자가 적 그리스도로 몰려 불태워집니다. 당시 화형식은 육체 부활의 기회를 완전히 박탈하는, 그리하여 모든 기독교인에게 가장 잔인한 처형 방법으로 알려져 있었습니다. 오늘날 기독교계에서 강조하는 〈화장〉 풍습은 극히 최근에 나타난 장례 풍습에 지나지 않습니다.

카톨릭 권력자들이 교회 권력을 장악하기 위해 활용해온 교회법과 신앙 조항 그리고 신앙의 여러 규칙들이 사실은 교황과 교황 측근들이 교활한 목적으로 만든 것으로서 진정한 종교적 권위를 갖지 못한다고 루터가 주장하는 순간부터, 기존의 권위와 상식은 무참하게 깨어지고 말았습니다.

루터이즘은 오직 하나의 신앙, 오직 하나의 교리, 오직 하나의 예수, 오직 하나의 절대 원리를 내세워 계급 차별과 성속의 구별을 철폐할 것을 주장합니다. 그는 '오직 예수' '오직 바이블'을 외칩니다. 루터가 불붙인 교황 반대 운동과 기존 천주교회 권위에 대한 전면적 불신 운동은 억압받던 서양 민중들과 새로운 사회 세력으로 성장해가던 자본주의적 부르주아 계급의 인간들에게 열렬한 환영을 받습니다.

많은 수의 국가들이 교회 재산을 몰수하기도 합니다. 드디어 지상의 권력과 천상의 권력이 힘의 투쟁을 벌이는 시기가 다가왔습니다. 이 시대의 종교 개혁은 바로 이것을 지칭하는 용어입니다. 국가 권력을 교회 권력의 속박과 간섭으로부터 해방하고자 한 군주 세력은, 반 천주교 신자들, 이를테면 루터파 이단 종파나 교황 반대 운동의 무리들과 이해 관계를 같이하여, 그들과 동맹을 맺습니다. 사실 1531년 독일의 슈말칼덴 동맹은 예수 기독교 세력과 도시국가 권력이 동맹을 맺고 천주교 세력이나 황제 권력과 한판 싸움을 벌입니다. 이 싸움의 결과로 예수 기독교 신자들은 자신의 영토 내에서 자신이 요구하는 기독교를 믿을 수 있게 되었습니다. 종교 혁명은 성공했으며, 예수교는 옛 예수교와 새 예수교로 분열되었습니다.

이 결과는 카톨릭 교리 단일 지배 체제라는 기독교 통일 왕국이 붕괴되었다는 형식적 불이익보다는, 자본주의적 사회 현상을 일반화하고 보편화하는 놀라운 공헌을 남겼습니다. 그것은 오히려 인간 욕구의 무제한적인 충족을 보장하며, 〈자아실현〉이라는 근대 서양인의 욕망 법칙을 만들어내고 물질문명을 건설할 수 있는 경쟁적 사회 구조를 승인하는 결과를 낳았습니다. 다시 말해 종교 혁명의 결과는 근대 국가의 탄생이며, 그것은 근대인들로 하여금 카톨릭의 보편주의 억압 상황을 비판적으로 바라보는 눈을 가지게 하였습니다. 구체적으로는 중세와는 질적으로 다른 정치, 경제, 사회, 문화와 함께 새로운 과학 그리고 새로운 철학의 발달이라는 열매를 따게 만들어 주었던 것입니다.

영혼이 자유로운 인간에게 바위처럼 딱딱한 신앙심은 어울릴까

루터가 터뜨린 천주교 반대 정신은 근대 민주주의의 근본 성격이 그러하듯이 자신을 비롯한 지식인 계급과 부르주아 계급을 위한 것이 었지, 억압받는 민중 일반을 위한 것이 아니었습니다. 루터가 가진 경험적 신비주의 기독교 정신은 계시 진리에 따르는 반 이성주의 정신입니다.

천주교의 독단적이고 독선적인 진리 독점 욕망을 간파하고 도그마 신앙으로 굳어진 그것을 공격하고 비판하고 혐오했던 루터 목사 역시 자신의 기독교 교리를 교조주의 신앙으로 만들어버립니다. 루터의 기독교 신념에 따르면, 주 예수 하나님에게 인간이 무조건적이고 절대적으로 복종하는 것이야말로 〈자유로운 인간〉이 되는 유일한 방법입니다. 인간은 절대 신성을 자신의 소유로 만들 수 있는 것입니다. 오직 예수─지금의 한국 사회도 사정이 이와 다르지 않습니다.

유일신을 전지전능한 절대 권력자로 상정한 후에 인간 자신이 그것에 철저히 복종하는 태도를 보이는 것으로써 자신의 양심과 종교 신앙심을 절대화하는 교묘한 장치가 개신 예수교 사상 속에 숨어 있음을 봅니다. 사실 근대 서양인은 자신들도 미처 잘 몰랐겠지만, 개인 하나하나가 신과 같이 되기를 원했을지도 모를 일입니다. 그들은 자신의 본능이나 욕구 또는 충동이나 본성을 절대화하여, 그것의 실현을 직접 계획하고 시도합니다. 근대 과학이나 자연 정복 사상은 이런 과정에서 탄생한 부산물입니다. 자기 신념의 절대화, 이것이 개신 기독교 정신이 서양 근대 역사 발전에 끼친 가장 큰 공적이요, 동시에 가장 큰 해악입니다. 시행착오의 행동주의 사상을 소유한 채 욕망 충족을 위해 탐험과 모험 그리고 정복에 즐겨 매달리는 욕심 많은 서양인들을 우리는 근대 이후에 무수히 만나게 됩니다.

독일 농민항쟁에 드러난 루터의 생각과 신앙

루터는 극단적 광신주의자로 일어나 자기의 종교 영토를 일정하게 확보한 후에 곧장 혁명 정신을 배반하고 현상 유지 종교 이데올로기를 지배 무기로 사용합니다.

혼란에 빠진 독일 예수교인들과 서구 기독교인들은 처음 루터의 주장에 열광적인 환호를 보냈고, 유럽 대륙의 중심부에서는 과격과 극단을 달리는 기독교 종파가 광기의 힘으로 매순간 제작되고 있었습니다. 인간은 교회나 성당 신부라는 중간 매개물을 통하지 않고 직접 신과 대면하여 인간의 죄인됨과 신의 영광스런 계시를 직접 들을 수 있다는 복음이 여기저기서 흘러 다닙니다. 루터의 종교 반동 발언은 과격되게 진해져 광신자들이 제 세상을 만난 듯이 유럽의 거리를 종교 유세하며 쏘다니게 만듭니다.

기존의 물질적 교회보다 타락하지 않고 순결한 정신적 교회를 꿈꾸는 몽환가들의 숫자가 점점 늘어나면서 종교 내란의 분위기는 성숙되어갑니다. 이곳저곳에서 타락한 카톨릭 교회의 악행과 섹스와 방종 그리고 야만적이고 반인간적인 수탈 행위, 엽관주의적 교회 행정, 잔인하고 냉정한 관료주의적 일 처리 방식 등이 도시민들과 농민들의 입 도마에 오르게 되고, 여기에 기독교 종말론과 근거 없는 낭설이 겹치고 겹쳐 유럽 대륙은, 혼란과 공포와 환희로 가득찬 이상한 세계로 엄청나게 빠른 속도로 변해 갑니다.

그러나 무식하고 야만스런 농민들을 혐오하던 루터는 그의 격렬한 교회 반대 주장에 독일 농민들이 환호하며 혁명의 깃발을 올리자, 재빨리 귀족 봉건 지배 세력에 붙어 농민들을 박멸할 것을 선동합니다. 1524년 그 당시 루터의 발언을 직접 들어봅시다. "살인적이고 강도 같은 농민 반도들에게…… 그러므로 가능한 한 모든 사람은 농민 반란자들을 무찌르고 죽여야 한다. 그것은 미친개를 죽여야 하는 것과 같으니 만약 그 미친개를 치지 않으면 그 미친개는 당신들을 칠 것이고 전 국토를 해칠 것이다."

독일 농민 항쟁은 이후 피의 역사를 기록합니다. 공포와 치욕을 겪은 바 있는 지배 계급과 교회 성직자들은 반항하는 독일 민중들에게 두 번 다시 겪지 못할 잔인한 방법으로 복수합니다. 독일의 전 영역에서 인간 사냥 식의 대량 살육이 벌어지고 신체를 절단하는 등 갖가지 고문 방법이 동원되어 독일 대중들에게 침묵하는 복종 방식을 재차 가르쳐주었습니다. 이후 독일은 이때의 충격에서 헤어나지 못한 채 유럽 국가들 중 가장 늦게까지 전통적인 관습이나 법률제도에 꽁꽁 묶여서, 강권적 기독교 원리에서 탈출하려는 계몽주의 정신이 움터나지 못하게 됩니다. 이런 연유로 독일은 19세기에 이르도록 유럽 선진국들 중 가장 오랫동안 후진국으로 남아 있게 되었습니다. 농민 폭동 기간 중에 자행된 교회 성직자와 지배 권력 계층의 잔인한 복수가 사람들의 의식을 몇 백 년 동안 공포 의식으로 묶어놓은 까닭입니다.

루터는 권력이란 갇신 하나님이 준 것이며, 국민은 무조건적으로 국가에 복종해야 한다는 성 바울의 신념을 자기 것으로 삼은 바 있습니다.

루터의 신비주의와 계시주의와 종말론적 종교 신앙은 어느 정도 일정한 승리를 거둔 후에 지방이나 도시의 지배 세력의 권력 강화 이데올로기로 사용됩니다. 루터파의 새 기독교는 곧장 도그마 신앙으로 전환되고 맙니다. 여기서도 정반합의 변증법적 투쟁 원리가 예외 없이 적용된 것이지요. 이후 수많은 기독교 유파가 만들어지면서 선악 대결과 정통과 이단이라는 교리 논쟁을 집요하게 벌여오고 있습니다. 가령 영아에게 주는 기독교 세례 의식을 폐지하고 어른에게만 세례를 베풀어야 한다는 재세례파가 나오는가 하면, 기기묘묘한 교리 해석과 신앙 해설이 무슨 파 무슨 파 이름을 붙이고 앞 다투어 종교의 자유 시장에 쏟아져 나옵니다.

자기들 욕구에 맞게 기독교를 해석하고 변형하고 짜맞추는 일들이 다반사로 벌어집니다. 예수는 벌써 세상에 재림해 있는데, 인간들이 그것을 알지 못하고 있으니 예수 재림 사실을 목격한 자들이 그것을 증언해 주어야 한다고 하는 여호와의 증인 유파가 나오기도 합니다. 온갖 믿음, 온갖 신념, 온갖 미신과 환상이 종교라는 외피를 둘러쓰고 마치 공산품처럼 제조되어 세상에 경쟁적으로 쏟아져 나옵니다. 예수 믿음이라는 기독교 신앙은 다양한 교리, 다양한 교파로 분열되

   7. 서구 근대화와 종교 개혁 : 눈부신 모순의 열매

면서, 이후의 서양 철학이나 학문의 발전 양상과 그 흐름을 같이 하며 오늘에 닿고 있습니다.

쌍둥이 유일신이 태어나다

혁명 의식에 불타는 과격한 신학자는 기존의 기독교와는 아예 상반되는 성격의 기독교를 만들려고 했으며, 또한 그런 성격의 지식인 역시 전통적인 철학 사상을 파괴하는 원리를 만드는데 열정을 쏟아 붓습니다. 새로운 사상과 새로운 기독교는 마치 전염병과도 같이 유럽 전역을 휩쓸고 지나갑니다.

이념의 경쟁 시장에서는 가장 유용한 것으로 평가받은 것들만이 살아남습니다. 루터가 행한 종교와 국가의 분리 작업 역시 그런 성격의 것이고, 홉스나 로크 등이 내건 사회 계약 이론 역시 그러하며, 뉴턴이나 데카르트의 자연 과학 이론 역시 그런 역할을 감당합니다. 그것들은 지금도 진행 중이며, 지구상에 완전 가설에 따르는 〈절대성 원리〉나 예수 신앙이 존재하는 한 조금씩 다른 형태로 끝없이 반복될 것입니다.

죄인 된 인간은 선업과 재산 기부 행위 혹은 면죄부를 사는 것으로 죄 사함을 받는 것이 아니라, 오로지 주 예수 그리스도라는 단독 유일의 전지전능자에게 자신의 전 존재를 던져 맹목적으로 매달릴 때만이 인간은 구원이 가능하다고 루터는 말합니다. 절대 혼란은 맹목

적인 신앙을 부르는 법, 개신 예수교는 더욱더 철저한 유일신 신앙으
로 복귀할 것을 선언합니다. 남성 위주의 일신교 신앙으로 돌아가자
고 말입니다. 까닭에 개독교(개신 기독교)에서는 성모 마리아의 가치를 인
정하지 않습니다.

천주교가 강조하는 선행은 위선을 낳지만, 극단적이고 맹목적인
예수 믿음은 그것을 정당화해 준다고 루터가 강조합니다. 그러나 그
의 독선적이고 독단적인 태도, 단선적이고 원색적인 기질, 천주교에
대한 극단적인 혐오감, 기존 교회 세력과 성직자에 대한 적대감 등은
에라스무스(1466~1536)를 비롯한 인문주의적 기독교 동지를 결국 루터로
부터 돌아서게 만듭니다.

그러나 절망과 공포와 환희와 희망과 분노와 파괴로 격동의 변혁
기에 접어든 서구 사회에서 루터이즘은 일정한 추종자를 확보하며 동
조 세력을 급속도로 불려갑니다. 그 결과 서양 사회에서는 유일 절대
진리 체계가 두 조각나면서 천주교와 개신교라는 예수교 쌍둥이가 태
어났습니다.

천주교와 개신 기독교는 비슷하면서도 완전히 상반되는 기묘한
관계입니다. 이 둘은 정확히 말해 적대적 상호 의존 관계입니다. 이것
은 종교와 과학이 비슷하면서도 서로 상반되듯이, 그리고 그 둘의 관
계기 적대적 상호 의존 관계인 것과 놀랄 만큼 흡사합니다.

8. 쇼킹 아메리카 : 신 유럽의 실험장

신의 땅에서 죽음의 땅으로

미국은 애초에 유럽 대륙의 새로운 실험장으로 출발합니다. 아메리카 원주민을 음모와 배신으로 무참히 도륙한 후에 미국은, 아메리카 땅에 신의 나라를 건설하는 것으로 목표를 삼습니다. 미국 건국의 아버지들은 그들 자신이 세운 신생 국가를 〈뉴 이스라엘〉이라 이름 지었습니다. 그들에게 광활한 보물 창고인 아메리카 신대륙은 신이 인도해 준 약속의 땅이었으며, 그것은 그대로가 신의 선물이자 신의 축복이었기 때문입니다. 그들에게 처음 13개의 식민지는 그야말로 〈신국(神國)〉이 아니었을까요? 그들의 앞선 세대가 순결한 크리스트교의 신앙심을 지키기 위해 1620년에 메이플라워호를 탔을 때부터 신의 땅은 약속되어 있었을 것입니다.

유럽 대륙과는 달리 미국은 초기 정착 단계부터 광신적 종교 내란이나 절대 군주제에 대한 파괴적 혁명 등을 거치지 않습니다. 오늘에 이르기까지 미국의 빠른 진보와 진화는 여기에 힘입은 바가 큽니다. 유럽 대륙이 종교 혁명 이후에 혼란에 휩싸인 채 암흑 속에서 과학과 이성의 빛을 새로운 계시로 받아들이려는 시기에, 미국은 별스런 갈등이나 투쟁이나 혼란 없이 그들 자신의 신국 건설에 힘을 쏟을 수 있었기 때문입니다.

미국인의 투쟁 대상은 미개한 족속인 이교도 아메리카 인이며, 그들의 목표는 인디언을 절멸시켜 신국을 완성하는 일입니다. 미국인은 아메리카 땅에서 팽창과 확장을 계속합니다. 인디언은 신의 아들들에게 사냥의 대상이 됩니다. 약속의 땅 전역에서 인디언 사냥이 대대적으로 전개되고, 땅주인들은 백인들 손에 잔인하게 학살되어 차츰차츰 멸종의 길을 걷습니다. 그들은 마치 유럽 대륙에서 유태인들이 그랬듯이, 곧장 제한 구역(게토)에 갇히는 몸이 되고 말았습니다. 이 게토가 소위 인디언 보호 구역입니다. 이것은 팝송 '인디언 레저베이션'으로 유명세를 타기도 합니다.

일찍이 유럽인들이 그들의 구세주를 죽인 악마들이라는 죄목으로, 유태인들을 학살하고 보호 구역에 가두어 두었듯이, 유럽의 백인들이 아메리카 땅에 들어와 인디언들을 학살하고 제한 구역에 가두어 버렸습니다. 이후 유럽인들에게 신대륙은 신의 땅이자 황금의 땅이며, 인디언들에게 그 땅은 죽음의 땅이 됩니다.

인디언 일천만 명이 학살되기까지

여러 가지 이유로 유럽 대륙에서 드문드문 이동해온 백인들이 어

　　　　　　　8. 쇼킹 아메리카 : 신 유럽의 실험장

떤 방법으로 그 넓은 아메리카 땅을 몽땅 차지할 수 있었을까요? 생각해보면 아메리카 땅에서 저지른 백인들의 야만이 얼마나 악마적이고 잔혹한 것이었을까 하는 데 생각이 미칠 것입니다. 백인들은 현상금을 걸어 인디언 얼굴 가죽을 벗겨올 것을 권장하고, 교묘한 권모술수로 인디언들끼리 증오심과 배신감에 전율하며 서로를 살상하도록 만듭니다. 백인들의 음모와 배신과 간계와 폭력으로 인디언들은 순식간에 멸망의 길을 걷습니다. 이것은 스페인과 포르투갈의 백색 인종들이 중남미 아메리카 대륙에서 잉카 인디언들과 마야 족, 그리고 아즈텍 인디언들을 절멸시키고 난 후의 일입니다.

그 후 아메리카 대륙은 〈짐승의 나라〉에서 〈신의 나라〉로, 그리고 야만국에서 졸지에 문명국으로 승화됩니다. 경건하고 독실한 크리스트교 신자들이 아메리카 대륙의 새로운 주인이 되었습니다. 애오라지 종교와 과학의 힘으로, 열렬한 신앙심과 총칼을 앞세운 폭력성으로 말입니다. 그들 유럽인들은 마침내 〈신국〉의 완성을 향한 제일보를 내디딘 것입니다. 그런데 미국(美國)은 나라 이름 그대로 과연 아름다운 나라일까요?

미국은 개국 이래 200여 년 동안에 국기를 무려 27차례나 바꾸어 온, 이상한 나라입니다. 국기 개조랄 것도 없이 확장과 팽창의 정복 사업을 거듭하면서, 성조기에 별들이 늘어난 것입니다. 초기 13개의 식민지 연합으로 출범한 신의 땅, 뉴 이스라엘은 13개의 별을 그려 넣은 것으로 국가 상징을 삼습니다. 우리나라와 미국이 역사상 최초로 조우한 신미양요 때(서기 1871년)의 미국 국기에는 별이 37개 붙어 있었다고 전합니다. 이후 그들은 달나라에 도착하여 성조기를 꽂아 두었으므로, 밤하늘의 저 달도 또한 미국 땅입니다. 오늘날의 미국 성조기에는 몇 개의 별이 그려져 있을까요? 눈에 보이는 별은 51개에 불과하나, 세계 곳곳에 박혀 있는 보이지 않는 별은 얼마나 될 것입니까?

미국인들은 자신들의 역사에 대해서 잘 알지 못합니다. 잔인하고 야만적인 역사적 사실은 은폐되어 있습니다. 누구도 그것을 가르치지도 않을 뿐더러 제대로 배우려고도 하지 않습니다. 미국은 지나온 역사를 돌아보지 않습니다. 돌아볼 역사도 없거니와 돌아보면 오류와 야만 투성이라서 그렇습니다. 그들은 무조건 앞으로만 나갑니다. 기독교 세계에서 추출한 직선적 발전 역사관이 그렇게 방향을 제시해 줍니다. 그들은 가장 소중한 가치 체계인 욕구 충족과 이익을 위해 앞으로만 전진하는 법을 알며 그것을 실천합니다.

미국의 개척자들은 아메리카를 피로 물들이면서 신의 나라를 세웁니다. 미국 개척자의 한 사람인 존 애덤스라는 인물이 서기 1765년에 쏟아 놓은 말 덩어리를 한번 살펴봅시다. "아메리카의 창설은 지금까지 노예 상태에 놓여 있는 인류의 일부를 계몽하고 해방하는 갇신 하나님의 뜻에 의한 것이라고 나는 언제나 생각한다." 아마도 이 같은 인식은 아메리카의 건국 개척자들이 공통으로 소유하고 있었으리라 여겨집니다.

무지와 야만에 덮인 채 유일신에 대한 분경에 잠겨있던 암흑과 혼돈의 땅 아메리카 대륙은, 크리스트교 신앙과 계몽주의적 열정에 힘입어 광명의 땅, 신의 땅으로 거듭납니다. 경건한 크리스트교 교인인 유럽인들의 눈에 띈 원주민들의 거의 전부가 학살당합니다. 무려 천만 명이 넘는 인디언들이 〈신의 나라〉를 위해 희생의 제물로 바쳐졌

         8. 쇼킹 아메리카 : 신 유럽의 실험장

습니다. 인디언은 아메리카 대륙을 아시아로 착각한 나머지, 붙여진 이름입니다. 인디언은 인도 사람이란 뜻이라고 합니다.

왜냐하면 인도는 중세 시절부터 유럽인들에게 전설처럼 전해지던 환상적인 신비의 땅이었습니다. 그곳은 서구 세계에 향료의 땅이며, 황금의 땅으로 알려졌습니다. 스페인과 포르투갈 서양인들은 오로지 환상적인 신앙의 열정으로 그리고 원료와 황금을 획득하기 위해 대서양 모험을 출발합니다. 물론 이보다 앞서 중세 카톨릭 제국 초기 시절부터 과대망상증 환자인 일부 그리스도 교인들은 바이블에 적힌 대로 에덴동산을 실제로 찾아 나서기도 하였음은 충분히 미루어 짐작할 수 있는 일입니다.

생명이 지워진 신대륙, 콜럼버스와 깨진 달걀

역사적으로 볼 때, 해양 문화는 정복 문화이며 침략의 야만 문화입니다. 유럽 대륙이 해양성 정신 문화를 되찾으면서부터 중세 시대와 정식으로 결별을 선언합니다. 중세 유럽은 크리스트교 종교 지배 시대이나, 그 자세한 속은 농경 문화였습니다. 14세기에 들어와 유럽 대륙은 페스트의 창궐로 지옥의 죽음터가 되는데, 전체 인구의 무려 3분의 1 가량이 요단강을 건너 새로운 세계로 가버립니다. 이로써 가족 관계와 인간 관계, 그리고 봉건 경제 제도는 깨어질 대로 깨어지고, 개인들은 오로지 살려고 하는 이기적 욕망으로 들끓었습니다. 농토가 돌볼 사람 없이 황폐화되고, 왕과 귀족들의 사치와 향락은 흥청 망청 점점 도수를 높이고 있었습니다.

때맞추어 야만족이던 유럽인들이 십자군 전쟁 이래로 맛보고 있었던, 동양 세계의 향신료와 양념의 유혹은 강했습니다. 영주와 군주들은 당시의 상인 계급과 이해 관계가 맞아떨어져 이들과 손을 잡고 황금을 확보하려 애를 씁니다. 그러던 차에 터키에 의해 콘스탄티노풀이 정복되면서부터, 시장 개척의 필요성은 더욱 커집니다. 콜럼버스(1451~1506)와 같은 인물이 쏟아져 나옵니다. 그 이전의 중세 시대에는 단순한 하나의 신앙심으로 항해를 하던 것이, 이제는 오히려 현실적 욕망이 항해를 부추겼던 것입니다. 서양사를 일관하여 욕망과 환상은 언제나 한 덩어리이며, 이것은 그들을 인도하는 불멸의 힘입니다. 중세 시대 인물들이 광신적 환각 상태에서 바이블 지도를 제작하고 에덴의 동산을 찾아 헤매고 다녔다면, 콜럼버스 같은 인물에게는 열렬한 종교적 환상과 함께 현실적인 욕망이 항해를 충동질하였던 것입니다.

1527년에 상인이자 지리학자인 로버트 손은 "항해하지 못하는 바다란 없고, 거주하지 못하는 육지란 없다."는 신념에 찬 발언을 남기고 있습니다. 서구 문명이 해양 세계를 지향하면서부터 모험과 발견과 탐험과 실험과 개척과 정복과 약탈 행위는, 이와 같은 신념을 낳게 하고 또한 그것을 더욱더 단단하게 고착화합니다. 오늘의 정보화 사회를 만들어낸 발견과 정복의 시대가 본격적으로 시작됩니다. 중세 카톨릭 제국 시대를 통하여 유일신 사상을 확보한 유럽인은, 고대 그리스인들보다 훨씬 더 용감할 수 있었습니다. 그들은 망망대해의 대

     8. 쇼킹 아메리카 : 신 유럽의 실험장

서양 한가운데서도 불안감을 충분히 다스릴 수 있었을 것입니다.

신이 함께 하면 대적할 자가 없다고 하는 신앙의 힘은, 드디어 유럽인들로 하여금 지중해라는 닫힌 세계의 그물을 찢고, 열린 눈으로 더 넓은 세계를 지향하게 하였습니다. 아메리카 정복의 주역으로 활동한 스페인, 포르투갈, 영국 등은 모두 크리스트교 국가이며 해양 국가라는 점에서 공통적입니다.

배신과 도륙, 인디언의 최후

미국은 흔히 신앙의 자유를 찾아온 청교도들에 의해 개척되었다고 알려져 있습니다. 그러나 그것은 거짓입니다. 아메리카 땅은 철저하게 경제적 이익이라는 욕망으로 개척되었습니다. 영국인들이 제임스타운을 형성하여 미 대륙에 영주지를 마련합니다. 이때가 서양 기원 후 1607년입니다. 이들은 금광 채굴 등을 목적으로 하는, 영국의 주식회사에서 파견 나온 사람들입니다. 회사의 정관에는 크리스트교의 선교 활동이 회사 설립의 주된 목적으로 적혀 있었음은 물론입니다. 이들 이주민들은 옥수수 등의 작물 재배와 지리 안내 등, 인디언들에게 많은 도움을 받아가며 그곳에서 정착 생활을 해나갑니다. 다른 곳과 마찬가지로 백인들은 나중에 이들 인디언들을 배신하고 그들을 도륙하면서 대륙 땅을 차지하게 됩니다.

서기 1620년에 청교도를 태운 〈메이플라워 호〉가 아메리카 땅에

도착합니다. 메이플라워 서약은 다음과 같은 내용입니다. "우리들은 신의 영광을 위하여, 기독교 신앙의 증진을 위하여, 버지니아 북부 지방에 최초의 식민지를 건설하고자 항해를 계획하였으니, 여기에 엄정한 상호계약을 맺어 신과 서로들 앞에서 계약에 의해 결합하여 정치단체를 만들고……" 영국인의 뒤를 이어 네덜란드인, 프랑스인, 그리고 기타의 백인들이 아메리카 땅에 속속 도착합니다.

이들 아메리카 식민지 개척자들은 곧장 인디언 종족 말살 운동을 벌입니다. 미국의 개척자들은 모두들 성실한 크리스트교인답게, 카톨릭 십자군 역사 이래로 단련된 잔인성과 야만성을 남김없이 발휘합니다. 예컨대 서양인들은 한밤중에 인디언 부락을 습격하여 남녀노소를 가리지 않고 목을 잘라 살해하여, 그 목을 장대 위에 매달아 전시합니다. 혹은 잘려진 인디언의 머리통을 발로 차며 거리를 질주합니다. 또 백인들은 인디언을 사로잡아 산 채로 얼굴 가죽을 벗기며, 성기를 칼로 도려냅니다. 심지어는 인디언의 살을 베어 그것을 공포에 질려 있는 본인에게 강제로 먹입니다. 고상하고 신앙심 깊은 서양 크리스트교인들은 그것을 보며 박장대소를 하고 즐거워합니다.

140여 년 전에 인디언 소탕 작전을 지휘한, 한 미국인 장군의 육성을 들어봅시다.

"금년에 더 많은 인디언을 죽이는 것은 다음 전쟁에서 죽일 숫자가 그만큼 줄어든다는 것을 의미한다. 인디언들을 많이 보면 볼수록 나는 그들을 모두 죽여 버려야지, 그렇지 않으면 가난뱅이의 종자들을 남겨두는 결과가 되고 만다는 생각을 더욱 굳히게 된다."

8. 쇼킹 아메리카 : 신 유럽의 실험장

우리들이 알고 있는 카우보이 미국 영화는, 19세기 중후반을 배경으로 하는데 그때는 연방 정부에서 잔존 인디언을 강제로 보호구역에 가두어넣으려는 때였습니다. 서부 영화는 미연방이 마련해준 감옥 같은 제한구역에 들어가지 않으려고 인디언들이 백인들과 싸우던 이야기입니다. 지금부터 100여 년 전에 미국에 결사항전으로 저항하던 용감한 아파치족은 궤멸되고, 아파치족의 추장은 생포되어 엑스포 세계박람회장으로 공수되었습니다. 그는 그곳에서 유리 상자에 갇혀 자신의 인물 사진이 든 우표에 스템프 도장을 찍어주는 일을 하며 연명했다고 전해집니다.

서양 역사에는 상상을 초월한 잔인무도한 일들이 많이 일어납니다. 영국인들이 아메리카 땅에 정착하여 1607년에 제임스타운을 건설할 때, 기근을 견디다 못해 밤중에 와이프를 머리만 남기고 뜯어먹은 이야기도 전해집니다. 괴기 영화에나 나올 법한 잔혹한 이야기들이 서양 세계에는 무진장으로 감추어져 있습니다. 그 하나의 보기로 16세기 초에 라틴 아메리카 선교사로 활동한 바 있는 라스 카사스(1474~1566) 천주교 신부의 기록물을 살펴봅시다. 그는 서구인의 당시 상식과는 다르게 인디언들이 영혼을 가진 존재들이라는 점을 강력히 주장했으며, 그들을 크리스트교의 은총 속으로 인도하려 애썼다고 합니다. 길지만 그대로 인용하겠습니다.

"스페인 사람들은 말을 탄 채 창을 들고 살인을 자행하기 시작했다. 보기 드문 잔인한 광경이었다. 그들은 도시든 촌락이든 발길 닿는 대로 들어가 남녀를 불문하고 살해하였고, 심지어 노인과 어린 아이들까지 남기지 않고 학살하였다. 그들의 만행은 죽이는 데서 끝나지 않고 죽은 사람들의 배를 도려내고, 우리에 갇힌 양들을 잡듯이 사람들을 토막내서 죽였다. 그들은 단칼에 사람의 창자와 배 한가운데를 뚫을 수 있는지, 사람의 목을 자를 수 있는지를 가지고 내기를 걸기도 하였다. 그들은 엄마 품에 안겨 있는 어린아이를 빼앗아 발꿈치를 잡고는 벽에 머리를 휘둘러치기도 하였다. 그들은 또 어떤 아이들을 붙들어 강물로 던져놓고 그들이 물 안에서 허우적거리면, 껄껄거리면서 시체처럼 떠내려가라고 소리치곤 했다. 그들은 또 어린아이들을 보면 엄마들과 함께 칼로 찌르곤 했다.

그들은 또한 높고 낮은 교수대를 만들어놓고, 사람들을 발이 땅에 살짝 닿을 정도로 매달아 묶어놓고 불을 질러 산 채로 태워 죽이곤 했다. 그런 만행을 저지르면서 우리 주님과 열두 제자들을 공경하는 마음으로 열세 명이면 족하다고 말하곤 했다. 다른 살아 있는 사람들은 모조리 두 손을 칼로 잘라 놓았다. 그리고는 그들을 매달면서 말하기를 산으로 도망친 자들에게 이 소식을 전하라고 하였다. 그들은 영주들이나 귀족들도 대수롭지 않게 이런 방식으로 살해하였다. 그들은 커다란 석쇠 같은 것을 쇠스랑 위에 얹고 그 밑에 불을 약하게 지펴 사람들을 그 위에 올려 타죽게 하였다. 불 위에 있는 자들은 고통을 못 이겨 비명을 질러댔다. 약한 불에서 서서히 고통스럽게 죽어 가면 그들 가운데에 있는 악령이 빠져나온다고 그들은 말했다.

한번은 네댓 명의 영주들이 이런 석쇠에서 그을려 타는 것을 본 일이 있다. 거기에는 그런 석쇠들이 두세 개는 있었던 것 같다. 그것들은 마치 가구들처럼 장식되어 있었다. 그들이 얼마나 처참하게 소

　　　　　8. 쇼킹 아메리카 : 신 유럽의 실험장

리를 질러대는지 선장은 잠을 이룰 수가 없어 그들을 교살해 버리라
고 명령하였다. 그러나 교수형을 집행하는 사람보다 더 악랄한 부관
은 그 명령을 듣지 않고 죽어 가는 자들의 입에 총알을 채워 넣었다.
그들이 소리를 지를 수 없도록 만들기 위해서였다. 그래서 그들은 소
리도 지르지 못하고 천천히 불에 타면서 죽어갔다. 나는 앞서 말한 모
든 일들을 직접 목격하였고 그밖에도 수없이 많은 끔찍한 일들을 목
격하였다.

그리하여 산을 오를 수 있는 자들은 너나 할 것 없이 산으로 높이
올라가 숨었다. 인간성을 상실하고 피도 눈물도 없는 사람들, 더 이상
인간이기를 포기하고 짐승들처럼 행동하는 사람들로부터 달아나기
위한 것이었다. 그들은 사나운 맹견들을 훈련시켜 그들을 보는 대로
물어뜯게 만들었다. 한번은 순식간에 개가 어떤 원주민들에게 달려들
어 돼지처럼 뜯어먹는 것을 목격하였다. 이 개들은 엄청난 파괴력과
살상력을 가지고 있었다.

흔한 일은 아니었지만 인디언들이 스페인 사람들을 처형하는 일
도 있었다. 그러나 그들의 처형은 정당한 것이었다. 한번은 인디언들
이 우리를 맞이하러 온 일이 있었다. 그들은 우리에게 음식을 대접하
고, 맛있는 체리도 내놓았고, 온갖 여흥도 함께 즐겼다. 그런데 이게
어찌된 일일까? 갑자기 스페인 사람들은 악마에 사로잡히기 시작했
다. 그들은 아무런 이유 없이 내 앞에서 인디언들을 칼로 살해하기 시
작했다. 순식간에 3천 명이 넘는 사람들이 칼에 찔려 죽어 우리 앞에
는 남녀노소 없이 시체들이 널려 있었다."

서양인들의 이 악마적 광기는 어디에 뿌리를 두고 있을까요? 종교는 그들에게 애당초 목적이 아니라, 수단이 아니었을까 하는 의구심을 떨쳐버리기 힘듭니다. 〈신과 함께 하면 누가 감히 우리를 대적할까〉하는, 과도한 정신 능력의 자신감이 그곳에서부터 우러나옵니다. 현대 한국에서 힘깨나 쓰는 모모한 정치인, 종교인, 지식인들의 행태가 마치 그림자처럼 이것과 겹쳐 보입니다. 인간과 자연에 대한 기본 예의나 도덕 현상의 다양성을, 물리와 도리의 복잡성을 그들은 철저히 무시하고 경멸합니다. 서양인들은 단순 명쾌한 정답을 선호합니다. 그들은 배타적 단순 논리의 소유자들입니다. 아메리카의 난폭한 정복자들은 인디언들이 크리스트교로 개종하지 않는 것은, 미개인일수록 조상을 모시는 전통 신앙을 포기하기를 싫어하며 그들의 지성이 열등한 증거라고 단정합니다.

폭력이나 기타의 물리적 정신적 힘에 의지한 최후 심판, 이것이 서양식 정의이며 서양식 평화입니다. 그런 까닭에 서양 세계에는 심판자와 죄인 혹은 심판자와 그 적이 있을 뿐입니다. 신 유럽 국가인 미국은 오래전부터 세계의 심판자입니다. 미국은 세계의 선악을 손아귀에 넣고 쥐락펴락합니다. 지구촌 어느 국가든지 미국에 반항하거나 적대감을 드러내면, 정의의 심판자에 의해 그 나라는 불의의 왕국 혹은 사탄의 제국으로 판결을 받습니다. 판결 후에는 반드시 법대로 집행하는 것이 또한 법치국가인 미국 정부의 특징입니다.

  8. 쇼킹 아메리카 : 신 유럽의 실험장

실험실에서 실험이 시작되다

미국인들은 철저히 실용적인 쪽으로 발달되어 있습니다. 그들의 역사는 현재 쪽에 집중되어 있습니다. 유토피아니즘은 장밋빛 미래로 이끄는 현대 신학입니다. 물론 유럽인의 본성적 기질에 속하는 미신과 광신, 그리고 잔인하고 어처구니없는 과대망상이 이곳에서도 실현됩니다.

미국의 독립 전쟁은 식민지의 독립 전쟁입니다. 아메리카 대륙의 식민 정책은 성공적이었습니다. 드넓은 황금의 땅에 옮겨진 유럽인은 각지에 심어집니다. 그야말로 아메리카 대륙은 유럽 서양인으로 식민(植民)되었습니다. 알다시피 독립 전쟁 때 13개의 식민지가 연합하여 영국에 대항합니다. 그러나 미국 전쟁은 우리들이 보통 알고 있는, 그런 독립 전쟁이 결코 아닙니다. 1773년 보스턴 차 사건이 이상하게 꼬이면서 독립 전쟁이라는 이름의 전투 장면까지 연출되었던 것입니다. 전쟁이 끝나는 순간까지 미국 건국의 아버지들은 영국 왕과 제국에 대한 충성심을 거듭 표명하였습니다. 애초부터 미국 식민지는 압제받는 이민족 집단이 아니었습니다. 그런데 식민지 독립 전쟁이라니요? 미국 개척자들이 영국으로부터 오는 세금 부담에 저항하고 자신들의 물질적 욕망을 지키려는 욕구가 아메리카 땅에 〈신 유럽의 역사〉를 만들었을 뿐입니다.

아메리카 유럽인은 신대륙의 자원 약탈을 위해 파견된 유럽 제국들의 특수 요원들입니다. 아메리카 식민지는 유럽인들을 신세계에 식민, 즉 옮겨 심은 땅이라는 뜻입니다. 그런데 이게 왜 독립 전쟁으로 이름 붙여졌는지 알 수 없는 일입니다. 유럽 대륙은 구대륙이고 아메리카 대륙은 신대륙입니다. 그러므로 신대륙은 신 유럽입니다. 미국의 독립은 신 유럽의 탄생입니다. 그들의 공동 목표는 이단의 야만을 절멸시키고 문명의 신국을 건설하는 일이었고, 그것은 역사의 기록 그대로 대성공을 거두었습니다.

개척 정신과 철저한 현실 적응주의 정신은 나중에 프래그머티즘으로 정리됩니다. 행동의 목적은 이익이며, 다른 모든 것은 이것을 달성하기 위한 도구로 간주되고 이용됩니다. 신과 종교 진리도 미국과 개인의 이익 앞에 복종합니다. 이 정신이 오늘의 미국을 강대국으로 만들었습니다. 오로지 실험 정신, 모험 정신, 탐험 정신의 힘으로 말입니다. 그런데 한 번 생각해볼까요? 아메리카 인디언 대륙에서 과연 백인들은 무엇을 개척했으며, 무엇을 실험했으며, 무엇을 탐험했던가요?

신의 은총과 물질적 욕망의 결합

미국 건설의 주역을 담당한 지식인들은 종교적 신앙심으로 계몽 사상을 실천에 옮깁니다. 제퍼슨(1743~1826), 플랭클린(1706~1790) 등의 인물은 미국 건설의 첫 세대입니다. 그들 계몽 지식인들은 새롭게 발견된 이교도의 땅덩어리를 신이 준 위대한 실험장으로 간주하였으며,

　　　　　8. 쇼킹 아메리카 : 신 유럽의 실험장

인간 이성의 새로운 경영을 시도하여 문명의 진보주의를 확신해마지 않았습니다. 특히 중요한 사실은 유럽 대륙에 존재했던 과거의 낡은 유물이나 미신과의 극한의 충돌과 대립이라는 현상이 그곳에는 존재하지 않았다는 점입니다. 그런 까닭에 그곳은 계몽 지식인들의 환상적인 구상이 차질 없이 실현되기 위해 만반의 준비를 갖추고 있는 최상의 실험실이라 할 만한 것이었습니다.

실험실은 발견되었고 백인들의 실험이 시작되었습니다. 이 실험의 광포함과 잔인성은 그곳의 원래 거주자들을 대부분 도륙하는 것으로 우선 결말이 납니다. 또 유럽인들이 새로운 땅에 식민되었습니다. 그럼으로써 아메리카는 유럽의 식민지가 되었습니다. 미국인, 아니 네오 유럽인의 실험 정신과 탐험 정신은 오늘까지 이어집니다. 사이버 세계를 창조하고 정복하며, 생명의 신비를 발가벗기고 그것을 자본과 물질 앞에 굴복시킵니다.

아메리카니즘은 단순 명쾌한 이론입니다. 목적이 정해지면 그것의 성취를 위해 모든 수단과 방법이 총동원됩니다. 이것이 미국식 실용주의, 즉 프래그머티즘입니다. 한마디로 도구주의 정신입니다. 승리 제일주의 사고방식입니다. 단순 명쾌한 사고법입니다. 미국인은 승리를 위해서 물불을 가리지 않습니다. 승리 지상주의는 미국인의 뿌리 깊은 속성입니다. 이교도인 원주민들과 싸우는 과정에서 전투 습성은 몸에 배어 있습니다. 그들에게 문제는 죽느냐, 사느냐 하는 그것입니다. 지금도 미국에서는 무기 소지가 자유롭습니다. 그들에게 총기 사고는 교통사고만큼이나 흔한 것입니다.

미국에서는 종교나 과학이나 국방이나 영화나 의술이나 소설이나 신문·방송이나 지식이나 미술이나 환상이나 교육이나 광고나 이데올로기나 관념이나 물질이나 할 것 없이, 삼라만상의 모든 것이 돈 중심의 사회 구조인 자본주의 체제를 살찌우는 데 활용됩니다. 그들이 오늘날 자신들의 야만적이고 극악무도한 과거 역사를 책으로 엮어내는 일도 자본의 신이 시켜서 하는 일입니다. 환상적이고 광신적인 역사의 오점들을 남김없이 보여주는 일도, 모든 것을 돈과 상품으로 연결하는 자본주의의 사고방식에서 나온 것이지, 그것이 과거 역사의 죄악을 공개하고 뉘우치는 마음에서 나온 것은 절대 아니니, 이 점을 우리가 오해해서는 안 되겠지요.

오랜 세뇌 작업을 통해 전 세계에 심어 놓은 서양의 숱한 위대한 인물들이, 가령 루소니 톨스토이니 괴테니 하는 인물 등을 광신적이고 과대 망상적이며 추악한 인간상으로 재평가하는 자료들이 책으로 엮어져 나오고 있습니다. 이것은 다만 충격적 자극으로 책의 상품성을 높이려는 의도이지, 이미 깊숙하고 광범위하게 전달된 고정 관념을 깨뜨려 반성적 사고를 촉구하고자 하는 뜻이 담겨 있는 것은 아닐 것입니다. 그런데 세계에 심어진 서양의 오랜 신화를 깨뜨리는데 이러한 것들이 상당한 영향력을 행사하고 있습니다. 이것은 시대가 던져주는 고마운 선물이라고 아니할 수 없습니다.

그러나 서양인은 이런 현상을 충분히 진작할 수 있으며, 그럼에도 이에 대해 전혀 개의치 않습니다. 왜냐하면 지금 그들에게 필요한 것은 오직 〈경제적 이득〉일 뿐, 나머지는 모두 여기에 딸려 있는 가치들이기 때문입니다. 그들 자신도 이제는 역사의 비밀이나 신의 권능을 중요시하지 않습니다. 지금의 그들에게 긴절한 것은 신도 아니요, 역

                                      8. 쇼킹 아메리카 : 신 유럽의 실험장

사의 순수성도 아니요, 다른 모든 것도 아니요, 애오라지 경제적 물질적 풍요와 쾌락이기 때문입니다. 그들에게는 현재적 이익과 쾌락이 중요할 뿐, 나머지는 모두 허상과 허깨비로 처리됩니다.

아메리카의 꿈이 계속되다

미국은 세계에서 가장 많은 법률을 가졌고 또한 지금도 가장 많이 입법을 하고 있는 나라입니다. 사람이 사람을 다스리는 인치(人治) 국가가 아니라, 법이 만물을 다스리는 법치 민주 국가입니다. 도덕이나 윤리나 인간성은 모두 법률의 우산 아래 담겨 있습니다. 법은 모든 가치를 지배합니다. 거미줄과도 같이 섬세하고 방대한 법률 구조물이 바로 미국이라는 나라입니다. 그러고도 미국은 또한 세계에서 가장 자유로운 나라로 선전되고 또 그렇게 알려져 있습니다. 이때의 자유란 물론 법률의 테두리 안에서만 누릴 수 있는 자유이고, 더구나 그 자유는 일차적으로 자본, 곧 돈만 있으면 무엇이나 할 수 있다는 뜻입니다. 그러나 개인의 모든 생각이나 행동은 가치 다원주의의 입장에서 사회적으로 용인됩니다.

미국은 100개가 훨씬 넘는 민족으로 구성된 혼합 국가입니다. 인종만 하더라도 70여 종족으로 다양합니다. 미국에서는 무엇이든지 실험이 가능합니다. 히피 문화, 동성애, 포스트 모더니즘, 사이버 펑크, 핵폭탄, 에코 페미니즘, 정보 고속 도로, 친미 독재 세력 지원, 실험용 동물 추모제……. 아메리카는 처음부터 백인들에게 유럽 정신의 실험 장으로 역사에 등장한 까닭입니다.

그들은 끝없는 모험심과 들끓는 욕망을 원동력으로 하여, 집요하 게 이익을 추구한 결과 오늘날 세계 제일의 강대국이 되었습니다. 이 들의 행동 지침은 신의 명령도 아니고 도덕도 아니고, 아니고 아니고 다른 무엇도 아니고 오로지 권력이며 이익입니다. 그런데 미국인의 이 치열한 이익 추구의 태도와 정신이 우리들에게는 창조적이고 능동 적인 그것으로 비추어지다니 경이로운 일입니다.

미국의 군수산업은 국가 경제의 대동맥입니다. 무기 판매업자는 언제나 전쟁을 원합니다. 그들은 있는 전쟁은 격화시키고, 없는 전쟁 은 만들어냅니다. 2차 서양 내전(세계 대전)을 치르면서 확대 강화된 군수 산업은, 미국 정부로서도 제어할 수 없는 난폭한 공룡이 되어버렸습 니다. 미국의 군수 산업은 자체 방위를 위한 것이라기보다는, 차라리 거의 전부가 수출용입니다. 그들은 지구촌에서 언제나 지속적인 전쟁 상태를 원합니다. 중동의 전쟁 상태가 지속되기를 바랍니다. 그들은 한반도의 긴장된 대립 관계와 냉전 상태를 희망합니다. 그들이 가장 두려워하는 사태는 지구상에 전쟁 위협이 완전히 사라지는 일입니다. 평화 상태는 그들에게 공포로 다가오는 디스토피아입니다.

전쟁 상태야말로 그들이 꿈꾸는 유토피아입니다. 이것은 산업 자 본주의의 당연한 생리라고 하겠습니다. 전쟁 위기의 고조는 무기 판 매를 원활히 하기 위한 마케팅 전략입니다. 전쟁주의자는 언제나 적 을 가지고 있습니다. 한편 평화주의자 역시 적들에 둘러싸여 있습니 다. 전쟁을 통해 이득을 보려는 자들이 종종 평화주의를 부르짖습니

  8. 쇼킹 아메리카 : 신 유럽의 실험장

다. 이 경우에 전쟁은 성전이며, 전쟁을 치르는 일은 성직을 수행하는 것과 동일시됩니다. 군사 조직은 대체로 평화의 십자군으로 불리거나 또는 평화 유지군이라는 이름표가 붙습니다. 물론 여기에는 신문과 방송 등이 가지고 있는 언어의 주술성이 많은 도움을 줍니다. 언론에서 후세인이나 카스트로를 악마라고 광고하면, 그들 독재자는 꼼짝없이 악마가 되며, 전쟁은 악마와 사탄을 제거하는 일입니다. 이러한 이미지 조작은 미국 내에 그치는 것이 아니라 전 세계에 그대로 전달됩니다. 왜냐하면 미국이 곧 세계의 중심이며 세계의 모든 것이기 때문입니다. 현대사에서 미국이 개입하는 전쟁은 언제나 정의의 전쟁으로 성격 변화를 일으킵니다. 그들은 노골적으로 적을 악마로 단정 짓습니다. 악마의 제국은 미국의 주요 적성국으로 분류되어 철저한 감시와 관리와 징벌이 뒤따릅니다. 가령 카스트로의 쿠바나 후세인의 이라크나 김정일의 북한은 주요 적성국으로 규정된 바 있습니다.

미국은 세계 정부를 자처합니다. 세계 경찰을 자부합니다. 지구촌 시대, 아니 지구 제국 시대의 여러 군소 국가들은 제국의 지방 정부입니다. 제국의 황제에게 조공을 바치지 않거나 충성을 맹세하지 않는 봉건 영주들은 가혹한 보복을 당합니다. 미국에 충성을 바치는 국가는 세계 정부의 적극적인 지원을 받습니다. 특히 아시아나 아프리카, 남미의 독재 권력일수록 지원의 정도는 물심양면으로 더욱 강화됩니다. 왜냐하면 후진국의 지배자가 독재 권력을 행사하는 일은, 미국의 이익에 절대적으로 유리하기 때문입니다. 다시 말해 미국을 자기 권력의 유일한 배경으로 간주하고 미국을 숭앙하는 독재자가 통치하는 국가에서는, 미국은 그곳 국민으로부터 아무런 저항을 받지 않고서 자기의 이익과 요구 사항을 그대로 관철할 수 있기 때문입니다. 미국 편을 드는 독재 권력자가 알아서 챙겨주니까 미국은 이익 관철을 위해 별다른 수고를 하지 않아도 됩니다. 2008년에 불거진 미국 쇠고기 수입 사태와 촛불 시위가 이런 성격의 것입니다. 해방 이후 한국 현대사에서 미국이 차지하는 역할과 성격을 조금이라도 주의 깊게 살펴본다면, 이런 사건들이 무진장이었음을 분명히 확인할 수 있습니다.

현재의 지구촌은 오로지 미국의 무력에 기대어 평화 시대를 노래하고 있습니다. 이른바 팍스 아메리카나입니다. 아메리카적 사고법으로 말한다면, 핵무기는 평화의 상징입니다. 그들에게 핵무기의 개발과 보존을 포기하라고 하는 것은, 평화를 포기하라는 말과 동일한 뜻으로 전달됩니다. 서양 문명은 원래부터가 힘의 논리 위에 세워졌기 때문입니다. 그리하여 원시의 야만 대륙인 아메리카가 서양인들의 손에 넘어가면서부터 그곳은 최첨단의 문명국가로 거듭나게 됩니다. 아메리카 대륙을 힘의 논리 위에 다시 건설했다는 뜻입니다. 현재의 미국은 물질문명의 최정예 선두 주자이며, 민주주의의 천국으로 광고되고 있습니다.

미국인, 네오 유럽인의 진화

미국인은 복잡한 것을 싫어합니다. 고르기아스의 매듭을 끊어버린 알렉산더의 칼처럼 그들은 단순 명쾌한 이론을 선호합니다. 도구주의 철학, 실용주의 철학이 그것을 보여줍니다. 그들의 행동 원리는 투쟁에서의 승리와 잇속 챙김, 오직 이것입니다. 목표가 분명한 만큼, 수단과 방법의 절대화가 그 뒤를 따릅니다. 그들은 수단과 방법을 가리지 않고 목적 달성에 전력투구합니다. 이것이야말로 순수한 미국적 원리입니다. 목적 절대화와 달성 방법론의 변증법적 결합 원리는 서구 역사 2000년의 뿌리 깊은 전통입니다. 이 원리의 신앙심과 그 실천은 신대륙의 네오 유럽인이 아이디어 창안자인 구대륙의 유럽인들보다 정작 훨씬 더 철저하고 돈독한 것이 특징입니다. 미국인은 신대륙에 식민된, 네오 유럽인입니다. 오늘날 식민지가 본국보다 경제적 군사적으로 더 강력한 국가 조직체가 된 까닭이 여기에 있습니다.

식민지 네오 유럽인들은 파괴해야 할 절대주의 왕조가 없었습니다. 프로테스탄트 기독교의 통일성은 광란의 이단 논쟁과 광기 어린 종교 전쟁 기회도 제공하지 않았습니다. 그러나 아메리카 서구인들은 욕망으로 설계된 도면을 따라 신대륙 땅덩어리를 자신들의 거대한 실험장으로 바꾸어 버리는 데 성공합니다. 원주민은 절멸되고 유럽인이 대륙의 주인으로 등록됩니다. 네오 유럽인들의 눈에 비친 아메리카 땅은 그들의 종교 사상과 정치 철학, 그리고 자본주의적 물질문명을 실험하는 거대한 실험장이 아니었을까요?

오늘날 미국의 성공은 아메리카라는 천혜의 자연 조건에 힘입은 바가 절대적입니다. 드넓은 땅덩어리, 풍부한 지하 자원, 수려하고 태평한 자연 경관. 실험실은 준비되었습니다. 유럽의 식민자(植民者)들은 낯선 땅 아메리카 실험실에서 각종 실험에 착수하기만 하면 되었던 것입니다. 자신의 들끓는 욕망과 유럽 본토로부터 전달되는 이론과 철학과 과학을 곧장 실행하기만 하면 되었습니다. 지배적인 이론 개발은 필요치 않았습니다. 머리 아프게 무엇을 따지고 개발할 것입니까? 자신의 본능적 충동과 물질적 욕망이 이끄는 대로 행동하고, 여러 지식과 학문과 이론과 철학은 유럽 대륙으로부터 그저 실어 나르면 되는 것을. 더구나 미국인, 곧 신 유럽인들은 당장 눈앞의 위험과 기회와 이익에 언제나 매달려야 했던 것입니다. 이것은 지금도 그러하며, 가령 프랑스에서 학문이나 사상의 새로운 계파가 등장하는 즉시 미국에서 그것은 엄청난 힘으로 폭발적인 유행을 탑니다. 유럽에서 무언가를 개발하면 미국은 그것을 즉각 유행으로 옮겨버리는 놀라운 재주를 보여줍니다.

네오 유럽인의 실용 정신은 실험 정신과 상통합니다. 실험하고 실험하고 또 실험하고 그렇게 해서, 그들은 도구 제일주의 정신으로 진보를 거듭해옵니다. 인종 실험, 인체 실험, 핵폭탄 실험, 인종 차별적 아이큐 테스트 실험, 인류학 실험, 독재 지원 실험, 인디언 말살 실험. 실험, 실험, 실험. 미국식 시행착오 이론은 행동주의 심리학의 철칙입니다. 이것은 어떤 것을 시행해보고 오류가 발견되면 수정하면 된다고 보는 것입니다.

시행착오 이론은 서양식 진보주의의 관점을 대변합니다. 미국 대통령 프랭클린 루스벨트(1882~1945)이 말을 직접 들어봅시다.

"미국은 대담하고 지속적인 실험을 요구한다. 한 방법을 택해서 그것을 실험해본다. 만일 실패하면 실패를 솔직히 인정하고 다른 것을 실험해본다."

        8. 쇼킹 아메리카 : 신 유럽의 실험장

솔직히 말하여 이것은 얼마나 위험한 생각입니까? 가령 아메리카 인디언들을 개돼지처럼 도살해놓고 나중에 그 오류를 깨닫는다면, 그게 무슨 소용이 있습니까? 이미 그들은 죽어 없어졌는데 말입니다. 르네상스 시대에 경건하고 신앙심 깊은 예수교 교인들은 악마를 숭배하는 마녀들을 체포하여 수십 만 명을 잔혹한 고문 끝에 살해합니다. 물질문명을 추구하고 고도의 소비 자본주의 문화를 만든 후에 깨닫게 되는 자연 파괴 행위의 반성이 무슨 소용이 있습니까? 이미 하늘과 땅과 공기와 물은 썩을 만큼 썩고 더러워질 만큼 더러워졌는데 말입니다. 오류를 뒤늦게 깨달은 후에야 무슨 소용이 있는가요? 그런 까닭에 그들에게 남은 것은 더 나은 내일을 신앙처럼 믿는 일, 곧 유토피아적 진보주의뿐입니다.

정보화 시대가 인간의 모든 불편과 불만족을 해소할 수 있으리라는 오늘의 선전은 과대 광고임이 분명합니다. 자세히 살펴보면 유토피아의 밑바닥에는 언제나 짙은 절망과 허무가 깔려 있습니다. 인간 소외는 집단적 열광주의를 부릅니다. 현대의 첨단 유행을 두려운 눈으로 바라볼 일입니다. 그런 것들이란 대개 진정한 자기 자신을 잃어버리고 소외된 인간들이 벌이는 절망과 고독과 고통에 찬 몸부림이기 십상이기 때문입니다. 세계의 대세인 양 휩쓸아 가는 서구식 세계 지배 전략을 똑바로 보기 바랍니다. 바라건대, 서구 역사 이천 년의 광란과 미국 역사 300년의 광기를 잊지 마십시오.

제3장

서양화의 달콤한 유혹

1. 휴머니즘 : 휴먼테크의 거대한 뿌리

휴머니즘

서구 휴머니즘은 흔히 인간의 존엄성과 인간의 자유를 최고 가치로 규정하고 그것을 추구하는 사상으로 알려져 있습니다. 그러나 휴머니즘의 본성은 놀랍게도 일반의 상식과는 동떨어진 곳에 있는지도 모릅니다.

고대 속으로 걸어 들어가다

중세 후기에 들어 그 역할이 뚜렷해진 휴머니스트들은 한 마디로 말해 문서 담당자입니다. 그들은 주로 학교에서 문법이나 수사학의 교사 노릇을 하거나 도시 국가나 교황청에서 서기로 일하면서 연설문을 작성한다든지 또는 편지글을 쓰는 일을 맡아봅니다. 이들은 직업상 당연히 고문서나 고전 문학 그리고 공문서나 편지글과 가까이 접촉하며 살았습니다. 그들은 고대 저술에 대한 해박한 지식을 자랑삼으며, 연설문이나 서한문 작성에 이것들을 한껏 이용합니다. 따라서 이들이 부활한 것은 당연히 고대 세계의 정신과 저작물 중에서 문예 계통일 수밖에 없었습니다. 르네상스 시대를 흔히 문예부흥 시대라 일컫는 것은 이 때문입니다. 그러나 〈르네상스〉는 결코 〈문예부흥〉에 그친 것이 아닙니다. 고대 문예와 함께 부활한 것은 문화의 모든 것입니다. 그것은 과학 부흥, 미술 부흥, 건축 부흥, 수학 부흥, 욕망 부흥, 상업 부흥, 인간 부흥을 동시에 불러들입니다.

휴머니스트들은 자기 활동의 수단으로 고대 학문과 사상을 종교의 기반 위에 올려놓습니다. 근대 국가 성립 이전의 도시 정치 시대에 활동한 휴머니스트들은 각 도시의 문서 담당자가 되어 각종 외교 문서나 연설문을 작성합니다. 도시 역사를 최초로 연구하고 기술하는 일도 물론 이들이 담당합니다. 위조 문서를 찾아내는 일은 그들의 전공입니다. 문서를 통하여 상대방을 공격하고 자기 주장의 정당성을 부여하는 일은 그 시대에 치열했던 정치 문제와 신학 분쟁을 해결하는 대표적인 수단이었던 까닭입니다.

그들은 고대어를 자유자재로 구사했으며, 더 나아가 자신들의 지방 말을 활용하기도 합니다. 휴머니스트들의 이 같은 활동은 근대 의식과 근대 국가 발생의 원동력이 됩니다. 휴머니스트들은 뒷날 정치 사상가, 역사가, 대학 교수, 웅변가, 시인, 변호사 등과 같은 부르주아 곧 제3계급 인물의 선구자로 평가받습니다.

초기의 휴머니스트들 중에는 영혼의 갈등을 혹심히 느낀 자들이 아마도 많이 있었을 것입니다. 왜냐하면, 기독교의 은총을 전혀 입지 않은 상태에서 놀랄만한 지식과 교양과 지혜와 품위가 고전 세계 속에 들어 있었기 때문입니다. 영혼의 분열이 일어날 만큼 강한 혼란과 갈등을 겪은 끝에 몇몇 휴머니스트들은 드디어 고전 시대의 철학과 가치관을 자신들의 실제 생활 원리와 도덕의 지표로 받아들입니다. 바로 이 장면에서 중세 시대에는 전혀 볼 수 없었던 전혀 새로운 인간, 곧 근대인이 막 탄생할 채비를 갖추게 됩니다.

휴머니즘의 날갯짓

서구 사회 최초의 근대인이라는 평을 받는 페트라르카(1304~1374)는 물질적 부를 악의 원천이라고 보는 중세의 인습과 고대 스토아 철학이 전해주는 이성주의 원리에 완강하게 매여 있었습니다. 그는 고대 세계의 현자인 키케로(서양 신기원 106년 전~43년 전)와 교부 철학자 아우구스티누스(서양 신기원 354년 후~430년 후) 사이에서 정신적인 방황을 경험합니다. 말하자면 그의 마음 속에서 세속적 진리와 종교적 진리가 격렬하게 충돌한 것입니다. 그는 로마 철학자 키케로의 수사적 표현과 웅변술, 그리고 그 속에 들어 있는 날카로운 지혜와 풍부한 인간성에 반합니다. 그러나 그의 눈에 비친 키케로는 갈데없이 이교도인 것도 사실입니다. 그런 까닭에 영혼의 분열이 일어날 정도의 혹심한 갈등이 그에게 찾아오는 것은 예정된 길이 아니었을까요? 그 해결책으로 그는 크리스트교 초기의 교부 신학자들이 고대의 지식과 기독교 교리를 결합하려 한 사례를 보고, 그 역시 결단을 내려 종교적 진리와 인간적 진리의 통합과 분리를 시도합니다. 그러나 양극단의 이질적인 세계관이 아무런 위험성이나 부작용 없이 하나로 결합되기를 기대한 것은 애초부터 환상이었을 것입니다.

휴머니스트들의 집착이 하나하나 현실화하는 과정을 밟으며, 그것은 곧장 사회 현실과 결합하여 엄청난 정신 혁명을 가져오는 씨앗이 됩니다. 사회 현실의 실제적 변화에 발맞추어 고대 세계에 대한 동경과 모방은 이미 끌 수 없는 횃불이 되어 타오릅니다. 문예를 비롯한 고전 세계의 부활은 성공적으로 진행되고, 심지어는 카톨릭 교황조차 자신의 복안에 따라 이런 경향을 후원하고 그 보호자가 되기도 합니다. 플라톤 아카데미가 창설되는가 하면, 키케로 연구 집단이 생겨나고, 중세 연금술사를 추종하고 모방하는 일이 벌어집니다. 피타고라스 추종 세력, 마술가와 마법사 집단이 협회를 창설하고, 건축가 협회, 역사 연구 동호회가 속속 만들어집니다. 심지어는 이단 종파의 연구 집단과 사탄 숭배의 사교 집단이 비밀스레 탄생합니다. 휴머니즘을 바탕으로 한 대학들이 유럽 곳곳에 세워집니다. 역사의 새로운 발걸음이 시작된 것입니다. 그것은 달리 말해 기독교 단일 신앙이 다양한 형태의 자유로운 문화 현상으로 개화되는 일이었습니다.

뜬금없이 강요되던 신비롭고 황당한 성자와 순교자 이야기를 거부하고, 고대 세계가 보여주듯 실제 인간의 역사에서 찾아낸 철학자와 영웅들이 인간 생활의 새로운 모범으로 제시됩니다. 15세기에 이르러 이 같은 이교적 색깔은 점점 더 강렬해져 서구 문화 전 분야에 걸쳐 소위 인본주의 성격이 더욱 짙어집니다. 가령 서기 1452년에 휴머니스트 잔노초 마네티는 〈인간의 존엄성과 우월성〉이라는 글을 발표합니다. 그는 여기서 천주교 교황 이노센트 3세가 내린 교서인 〈인간의 참상〉을 조목조목 혹독하게 비판하고 반박합니다. 그는 교회 측이 제시하는 죄인 된 인간 존재의 비참한 운명과 원죄를 안고 태어난 인간 열등의식, 그리고 인간 존재의 불완전성과 무기력성을 하나하나 비판하고 거부하고 반대한 것입니다. 21세기인 지금도 지구촌에는 이 같은 일이 반복되고 있습니다만, 지금부터 600년 전인 그 때는 엄청난 문화적 충돌이자 사회 변혁 기운의 새로운 돌출이라고 할 만한 것이었습니다.

오늘날 서구 종교계는 마네티의 의견을 상당 부분 받아들입니다. 말하자면 수정 기독교가 탄생한 것입니다. 15세기가 저물어갈 무렵의 휴머니스트들은 기독교와 인문주의를 서서히 분리하기 시작합니다. 처음 휴머니즘이 태동할 때만 하더라도, 휴머니스트들의 주된 관심은 고대 세계의 빛나는 유물들을 현실에 적용하여 그들의 종교적 기반을 더욱 품위 있고 완전한 것으로 만드는 일이었습니다. 지독한 영적 전쟁을 치르는 고통을 감내하면서부터 서구 휴머니즘은 자기 발전 논리를 타고 굴러가기 시작합니다. 그러자 르네상스 인문주의자들, 곧 휴머니스트들 중 일부는 기독교와 휴머니즘 실천주의를 전혀 무관한 것으로 분리하고 심지어는 그것들을 적대적인 것으로 간주하기까지 합니다. 이와 같은 인식을 밑바탕으로 하여 그들은 고대의 지식과 현실 세계의 실상을 기독교 종교 진리에 억지로 끼워 맞추는 노력을 포기하게 됩니다. 그런데 바로 이 지점에서 서구 근대 사상의 싹이 파랗게 물이 올랐던 것입니다.

1. 휴머니즘 : 휴먼테크의 거대한 뿌리

시간이 지남에 따라 중세의 전통적 인간관인 〈죄인 된 인간〉과 휴머니즘이 만들어 가는 〈존엄한 인격〉은 자리바꿈을 시도합니다. 휴머니스트의 초기 인간관은 당연하게도 기독교 바이블에서 도출되는데, 그것은 〈인간은 신과 같은 형상으로 창조〉된 것이며, 그에 따라 인간은 신의 보좌관이자 대리인 역할을 하는 것으로 광고됩니다. 세속적 가치와 인간적 욕망을 찬양하고 합리화하는 휴머니스트들은 늘어만 갔습니다. 한 세기가 채 지나기도 전에 그 이전의 선배들과는 달리 16세기의 휴머니스트들은 별다른 영혼의 갈등이나 영적 전쟁을 거치지 않고서도, 인간의 다양한 감정과 정서를 분출하는 한편, 명예욕, 물질욕, 권력욕 그리고 미적 표현 욕구와 권력에 대한 욕망을 거리낌 없이 드러내고 인정하고 예찬합니다.

휴머니스트들은 날이 갈수록 세속적인 모든 일에 관심을 보이고, 현실적인 참여 활동을 부르짖으며 그것을 직접 실천합니다. 중세 전통의 생활 양식인 〈명상적인 생활〉은 어느덧 근대 휴머니스트들에게 비판의 대상이 되어 있었습니다. 인간 역사를 새롭게 쓰는 일에 그들은 적극 동의합니다. 그들은 인간에게 주어진 운명을 극복하고 운명의 여신을 발로 차고 주먹으로 때려서 운명 자체를 지배하고 정복할 것을 제안합니다. 백인 남성 위주의 지배 정복 문화가 새로운 형태로, 근대화의 외피를 쓰고 서구 사회에 등장하게 됩니다. 그 일에 중심 역할을 한 휴머니스트들은 드디어 인간의 자유와 현실 개척의 의지와 세속적 모든 욕망에 적극적인 가치를 부여하여 그것들이 역사 추동의 새로운 원동력이 되도록 격려합니다.

휴머니스트들은 인간의 창의력과 경쟁 원리를 강조하며, 그리고 성공 제일주의 생활 방식이 사회의 지배적인 패러다임이 되도록 유도합니다. 중세 때 신의 섭리라고 명명된 운명 순종 의식은 나태하고 무기력하고 용기 없는 자들의 보호막으로 인식되어 비판받기 시작합니다. 르네상스 휴머니스트들은 전통 가치를 폐기 처분의 대상으로 간주하였으며, 대담하게도 신이 부여한 인간 운명에 도전하고 그것을 극복, 제압하는 의지와 용기, 그리고 적극적인 실천 행위를 찬양하고 고무합니다.

르네상스 지식인의 끄트머리를 장식하는 마키아벨리는 자신의 목적을 달성하기 위해서라면, 아무리 흉악하고 교활한 술수라도 주저 없이 그것을 사용해야 한다고 충고합니다. 그렇지 않으면 자기가 그런 수법에 당하게 된다고 말합니다. 이런 점에서 볼 때 마키아벨리즘은 성공 만능주의, 결과 제일주의에 집착하는 서구 근대 사상을 최초로 이론적으로 정립한 휴머니즘 정신이라고 말할 수 있습니다. 그는 기독교를 인간 본성을 기만하는 종교로 보았는데, 그에 따르면 기독교는 〈겸손하고 명상에 잠긴 인간〉을 찬양함으로써, 현실 세계를 악독하고 사악한 인간들의 먹이로 넘겨주는 역할을 담당했다는 것입니다. 따지고 보면 그의 인간관은 서구 근대인의 본성을 정확히 붙잡은 것이 아니었을까 싶습니다.

이제 르네상스 인들은 그들의 종교 진리가 전통적으로 거부해온 것으로 알려진 세속적인 명예와 이익과 가치를 열심히 탐욕의 눈길로 좇습니다. 그들은 동전 하나, 메달 하나, 시 한 구절, 그림 한 장, 건물의 벽돌 한 장에도 자신의 이익과 명예와 권력과 자아실현 욕구를 새겨 넣습니다.

   1. 휴머니즘 : 휴먼테크의 거대한 뿌리

종교 개혁에 휴머니스트가 발벗고 나서다

휴머니스트들은 인간의 구체적이고 직접적인 경험을 중요시합니다. 그에 따라 그들은 스콜라 철학이 갖고 있는 딱딱하고 엄숙한 논리주의를 죽은 지식으로 배척합니다. 그들은 지식과 교양과 지혜를 사회 활동의 기초 단위로 삼는 만큼 사회성과 대중성을 인간 활동의 가장 중요한 가치로 만듭니다. 그들의 개성과 자유분방한 정신 세계는 사회 분위기를 인간 해방과 자유를 열망하는 쪽으로 굽이치게 하고, 그들이 만든 새로운 진리 체계와 역사 의식은 과거와 현재를 엄격하게 대조 평가하게 합니다. 그들은 시문학과 미술 등의 예술적 기예와 가치를 높이 평가하여 고대 미학을 부활하려 합니다. 전통적으로 비천한 평가를 받아오던 기술이 근대적 의미의 미의식을 만남으로써 근대 예술이 활짝 개화하는 계기가 마련되었습니다. 또 기계 지식과 수공업 기술이 활성화되면서 근대 서구 사회의 물질문명과 자본주의 생활 양식이 빠른 속도로 전파되어 나갈 수 있었습니다.

15세기 초의 이탈리아는 정치적 격변 속에 잠겨 있었습니다. 밀라노의 전제 정치에 대항하여 승리를 거둔 도시 국가 피렌체의 해방 전쟁은 자유와 구속, 인간과 정치의 관계를 깊이 연구하도록 만듭니다. 냉혹한 휴머니스트 마키아벨리는 이곳 〈피렌체〉의 역사를 기술하는 것으로 그의 정치 사상의 출발점을 삼습니다. 휴머니즘은 근대 서구 사회의 정치 사상을 결정하는데 핵심적인 역할을 수행합니다. 르네상스 휴머니즘의 제일 모토는 〈인간 존중과 인간의 자유〉였습니다. 휴머니즘으로 촉발된 기독교 신앙에 대한 첨예한 의견 대립은 다만 논쟁에 그친 것이 아니라, 이것이 나중에는 근대 이데올로기의 성격으로 전환되어, 유럽 대륙 곳곳에서는 정치 권력 투쟁과 사회 개혁 사상, 그리고 민족 감정의 충돌과 대립을 불러옵니다.

근대 종교 개혁가들은 처음에는 고대어에 정통한 기독교 휴머니스트였습니다. 그러나 캘빈과 츠빙글리 등의 종교 개혁 사상과 만난 르네상스 휴머니즘은, 다시금 종교 절대주의라는 독단론으로 빠져들고 맙니다. 이런 이유로 16세기의 종교 혁명은 카톨릭 반동인 동시에 휴머니즘 반동의 성격을 갖습니다. 종교 혁명가들은 부패한 교회의 혁명적 개혁을 부르짖으며, 아울러 중세 시대에는 일반인들이 소지하는 것조차 금지하였던 바이블을 일반어로 번역하여 공급하는 노력을 기울입니다. 휴머니즘과 관련하여 이것을 평한다면, 진리와 권위는 카톨릭 교회 당국이 독점할 수 없으며, 그들이 단 하나 인정한 진리의 원천은 오직 바이블, 오직 예수였던 것입니다.

고문서 연구가, 그 이름 휴머니스트

휴머니스트는 애초에 고문서 연구가라는 뜻입니다. 따라서 휴머니스트들에게 절대 권위는 바로 그리스·로마의 고문서나 고전 지식일 수밖에 없었습니다. 국가 개념이 성립하면서부터 유럽 제국은 그리스·로마 시대의 저술과 유품을 이용하여 서로가 자기 민족과 국가에 이익이 되게끔, 휴머니스트와 그들의 지식과 수사학을 이용합니다. 기독교 성립 이전의 지식이나 저술들은 카톨릭 지배 시대 천 년 동안 기독교 성직자들의 손에 의해 고의적으로 위조되거나 날조 또는 훼손이 되어 있었던 것입니다. 그리하여 르네상스 시대에 권력과 이익과 명예를 위하여 고문서의 진위를 따지고 비교하는 것을 당시에 〈디플로마〉라고 불렀습니다. 이 〈디플로마〉가 오늘날 현대 사회에서 〈외교〉의 뜻으로 사용되고 있습니다.

날이 갈수록 더욱 날카로워진 문헌학적 지식은, 가령 로마의 콘스탄티누스 황제가 제국을 들어 통째로 기독교에 바쳤다는 공식 문서, 곧 기독교를 제국의 종교로 공인했다는 유일한 증거물인 '콘스탄티누스 기진장'이라는 문서 역시 오랜 권력 쟁패 과정에서 만들어진 위조 문서였음을 밝히기도 합니다. 이러한 성과나 결과는 고문서 연구가, 곧 초기의 휴머니스트들이 의도한 것이 결코 아니었을 것입니다. 그들의 원래 목적은 열렬한 종교적 열정이 만들어내는 신앙과 이성의 행복한 결합, 그리고 카톨릭과 그리스 철학의 아름다운 만남이었던 것이었으니까요. 그러나 극단주의와 절대성 원리가 지배하는 서양 지식은 근원적으로 배반의 논리를 내장하고 있기 때문에 이 같은 역전 현상은 그리 놀랄 일이 못 됩니다. 극단의 모순과 흑백 논리를 딛고 일어서서 이전 형태를 거부하고 배반하면서, 나선형으로 또는 직선적으로 전진하는 모습이야말로 근대 이후 서구 지식의 발전 모형이니까 말입니다.

시대의 어둠에 계몽의 빛이

권위주의 종교에서 인간과 자연, 달리 말해 모든 피조물은 신의 은총과 신의 분노와 신의 영광을 드러내는 도구로 해석됩니다. 가령 인간은 수단이요 신은 목적이라는 뜻입니다. 수단과 방법을 헤아리고 그것을 현실적으로 잘 적용하는 일은 인간에게 속한 문제요, 목적론적이고 영적인 세계는 신에게 속한 것입니다. 여기서 르네상스 휴머니즘은 〈인간에게 속한 문제〉를 선택합니다. 중세 철학이 지식이나 진리를 목적 자체로 삼아 탐구했다면, 근대 휴머니즘은 지식이나 진리를 현실에 적용하는 도구로 활용했던 것입니다.

중세 철학이 원리론과 관념론에 집중했다면, 휴머니즘은 방법론과 실용주의에 집중했습니다. 중세 철학이 신을 위한 신학으로서 논리적으로 짜 맞추는 신학이라면, 휴머니즘 철학은 인간을 위한 철학으로서 문체와 표현으로 설득하는 인간학입니다. 중세 철학이 전체성과 보편성을 강조한 반면, 휴머니즘 철학은 개성과 특수성을 강조했습니다.

서구 휴머니즘의 바탕에는 서구 세계 특유의 열정이 들어 있습니다. 17세기에 싹터 나온 과학 기술 숭배주의는 18세기에 이르러 휴머니즘의 본질 중 가장 중요한 것 중의 하나를 담당합니다. 이때의 휴머니즘 경향을 가리켜 〈계몽주의〉라고도 하거니와, 여기에는 초기 휴머니즘이 보여준 고대 추종의 열기나 종교적 색채가 상당히 엷어지며 희미하게 나타납니다. 18세기 휴머니즘을 만나면서부터 인간 중심주

    1. 휴머니즘 : 휴먼테크의 거대한 뿌리

의 또는 과학적 이성주의라는 서구식 인본주의의 틀이 어느 정도 갖추어집니다. 몇몇 열성적인 계몽주의자들은 인간의 이성적 능력과 합리적 사유 원리, 그리고 과학 지식과 기술의 폭발적인 발전이야말로 인간이 스스로 안고 있는 모든 부자유와 불평등과 빈곤과 무지, 그리고 종교적 미신과 전통적 인습 등으로부터의 해방을 가져오리라고 광고합니다. 모든 인간은 아무런 차별 없이 물질적 혜택을 고루 맛볼 수 있으며, 종교의 굴레와 인습에서 벗어나 자유와 행복을 일상적으로 누리며, 지상 천국에서 살 수 있다고 그들은 소리 높여 설교합니다.

휴머니즘이 걸어가는 장밋빛 포도

초기 휴머니즘은 한마디로 말해 신의 은총 속에 가능한 인간학이었습니다. 지배적인 스콜라 신학은 불변의 진리를 대상으로 하는 만큼 그 이론이 무미건조하고 딱딱하기 그지없는 논리학적 신학이었습니다. 이에 비해 휴머니즘 철학은 변화무쌍한 현실 속에서 진리를 발견하려 했으며, 더구나 그것은 다양성과 경쟁 원리를 중시했으므로 시대의 새로운 철학으로 인정받을 조건을 유리하게 갖추고 있었습니다. 휴머니즘 사조는 시대가 흐를수록 도덕 법칙과 교육 원리 그리고 수사 문학과 웅변은 물론이거니와 현실의 정치 경제 사상과 이론을 세우는 쪽으로 가닥을 잡아갑니다.

14세기의 초기 휴머니즘을 문학 예술주의와 웅변 수사주의로 요약한다면, 15세기의 휴머니즘은 거기에 사실주의와 정치주의 속성을 추가하면 됩니다. 그리고 16세기의 휴머니즘이 주로 종교적이고 정치적인 측면에서 활동한 초기 유토피아 사상을 지녔다고 한다면, 17세기의 그것은 사회 계약 사상을 설계도로 하여 과학적이고 이성적인 성격의 데모크라시 국가 건설을 목표로 삼은 후기 유토피아 사상이라고 요약할 수 있습니다.

18세기를 주도한 휴머니즘 전통이 이성적 합리주의와 사실적 계몽주의 성격의 진보적 유토피아 사상을 이끌어냈다면, 19세기 휴머니즘의 주류는 여기에다가 자본주의적 혹은 사회주의적 유토피아 사상이 첨가됩니다. 그리고 지난 20세기의 휴머니즘은 과학 기술 만능주의와 민주주의의 제도와 이념이 그 핵심입니다. 말하자면 현대의 과학 기술주의와 데모크라시 지배 사조는 서구 휴머니즘의 최신 완제품인 셈입니다.

이런 과정을 밟아서 중세 시대의 신(神)중심주의 사고가 현대에 와서 철저히 인간 중심주의 사고로 전환됩니다. 중세 시절의 지배 이데올로기를 신본주의라 이름한다면, 21세기 과학 기술 만능주의 시대의 그것은 인본주의, 더 정확히 말한다면 철저한 인간 중심주의, 곧 휴먼테크입니다.

휴머니스트란 용어는 이것이 처음으로 사용된 15세기 이래로 현대에 이르기까지 그 뜻이 무궁무진하게 달라집니다. 처음에는 시인이나 웅변가 또는 수사학자를 일컫던 것이 시대의 변화에 따라 정치 사상가, 교육 사상가, 종교 운동가, 사회 개혁가, 시민 운동가, 희생적 의료 봉사자 등을 가리키게 됩니다. 그러나 등장 이후 역사적 실천 과

1. 휴머니즘 : 휴먼테크의 거대한 뿌리

정에 나타난 휴머니즘의 다양한 성격과 형태에도 불구하고 그것들을 하나의 틀로 묶을 수 있는 개념이 있으니, 그것은 바로 서구 휴머니즘은 더도 덜도 아니고 〈인간을 절대 가치로 생각하는〉 철학의 요약이라는 사실입니다.

그런데 서구 휴머니즘의 정체를 확인하는 과정에서 가장 중요한 것은 바로 이러한 사실을 정확하게 해석하는 힘입니다. 왜냐하면 서구 사상사에 나타난 하나의 실체는 반드시 그 대립적 존재를 갖고 있기 때문입니다. 좀더 구체적으로 말한다면, 서구 근대 세계의 인본주의는 종교 시대의 신본주의에 대하여 대립되는 짝으로서의 의미가 강하다는 뜻입니다. 동양의 인본주의 혹은 인도주의가 서구 휴머니즘과 갈라지는 분기점이 바로 여기입니다. 동양의 인본주의와 서구의 휴머니즘은 그 표현은 비슷하나 실제적인 뜻은 다르다 못해 차라리 이질적이라고 할 수 있습니다.

서구 휴머니즘은 오로지 인간을 생각하고 인간만을 위하며 인간이 주체가 되고 인간이 세계의 지배자가 되어야 한다는 사상 또는 그 사상의 전면적인 실천이라고 요약할 수 있습니다.

휴먼테크는 휴머니즘의 완성일까

21세기의 최신 인간은 전지전능한 지식 기술자인 동시에 자연성을 잃어버린 만능 기계로 살아갑니다. 오늘날 인간이 자연의 정복자가 되고 우주 생명의 지배자가 된 까닭은 과학 기술주의를 떠받드는 가장 강력한 이데올로기로 휴머니즘을 선택했기 때문입니다. 이를테면 우주 자연과 세상의 모든 것을 인간의 이성 능력으로 밝히고 규명하고자 하는 욕망이나, 오로지 인간의 합리적인 설계와 실천 행위를 통해 완전 사회를 이룩하자는 과학적 유토피아 사상의 밑바닥에는 철저한 휴머니즘이 깔려 있는 것입니다.

새로운 세기를 갓 출발한 시점에서 서구 휴머니즘의 지배적이고 표준적인 경향을 지적한다면, 그것은 〈인간이 최고 가치이며 최고의 존재〉라는 세계관이 휴먼테크 시대를 이끌어 가는 패러다임 역할을 한다는 점입니다. 21세기 지식 정보화 사회라는 광고 언어에는 지식과 정보와 기계 기술이 이전 시대보다 더욱더 고급스럽고 복잡하게 발달하면서, 결국 그것들이 오늘의 자본주의 물질문명을 더욱더 극한의 세계로 내몰고 가는 사회 구조가 될 것이라는 뜻이 숨어 있습니다. 거기에는 과학 기술을 도구로 하여 인간은 그 과학 기술의 주인 혹은 사용자로서 자연 현상은 물론, 가상의 사이버 세계마저 그것을 조작하고 고문하고 통제하고 실험하고 인공적으로 창조하며, 애오라지 그 모든 것을 인류의 복지와 평화를 증진하는 도구로 활용하겠다는 인간의 끝없는 욕망이 감추어져 있는 것입니다.

동서고금 없이 우주 만물 중에 사람이 제일 귀한 존재이며, 한 사람의 목숨은 하늘과 같은 무게와 가치를 지닙니다. 그러나 서구 휴머니즘은 그 도를 지나쳤습니다. 과학 기술주의를 대들보로 하여 인간은 자연 세계의 최고 실력자가 되었습니다. 오늘날 자본주의 과학 기술로 설계되고 제작된 인간 세계는 어쩌면 서구 휴머니즘이 꿈꾸는

　　　　　　　1. 휴머니즘 : 휴먼테크의 거대한 뿌리

발달의 최고 단계일는지도 모릅니다. 오래된 광고 표현처럼 지금은〈휴먼테크〉시대입니다. 인간과 기계의 행복한 결합, 물질문명과 인간 욕망의 완전한 만남, 이를테면 오늘의 최첨단 컴퓨터 기계 문명 시대는 서구 휴머니즘의 발달사 중에서 가장 빛나는 단계인 것입니다. 얼마 전 세상을 떠난 스티브 잡스의 열풍이 하나의 증거입니다.

현대는 인간이 모든 것을 지배합니다. 인간은 만물의 독재자가 되었습니다. 자연 발생적이든 인공 창조적이든 세상의 모든 존재는 이미 오래전부터 인간을 위한, 인간에 의한, 인간의 것입니다. 인간 권력의 무한한 확대, 이것이야말로 서구 휴머니즘의 영원한 목표입니다. 휴먼테크가 걸어가는 단 하나의 목표 지점입니다. 오늘날의 서양 종교는 신본주의를 여전히 근본 교리로 삼아 과학 기술 만능주의를 공격하며, 인간 제일주의를 설교하는 세속의 휴머니즘을 비판합니다. 그도 그럴 것이 그들에게는 따로 기독교 휴머니즘이 언제든지 준비되어 있으니까 말입니다.

2. 자본주의 : 물질의 완벽한 승리

유물론을 예쁘게 포장하다

근대화 시대에 나타난 자본주의(캐피탈리즘)를 그 본래의 뜻이 분명히 드러나게 옮기면, 자본주의가 아니라 경제적 공상주의(工商主義)입니다. 이것은 그 실상이 기계적 경제 결정론으로서, 우주 만물은 어떤 것이거나 공업과 상업의 경로를 거쳐 경제적 가치 또는 금전적 가치로 환원될 수 있다는 뜻을 담고 있습니다. 이런 까닭에 자본주의는 근본적으로 철저하고 극단적인 유물론입니다.

노예무역과 경제학의 만남

서구 근대화 운동 기간에 불붙기 시작한 생산성의 극대화 요구는 기계의 발명과 그 기술적 운용을 적극적으로 부추겼고, 이를 통해 자본주의 사회 체제는 더욱 단단하게 굳어져갑니다. 이에 따라 인간의 욕망을 물질적으로 충족시키기 위한 사회 구조는 자동적으로 만들어집니다. 기계 기술의 발달과 과학 지식의 사회적 적용과 함께 인간과 기계를 운용하는 관리 방법 또한 눈부신 발전 속도를 더해갔습니다. 자본가들과 권력자들은 인간 욕망을 공급하고 해소하는 제도적 장치를 만들기에 바빴고, 계속되는 노예 공급과 함께 농촌 인구를 도시 공장 노동자로 만드는 일을 착착 계획대로 진행하였습니다.

18세기는 농업 중심의 전통 유럽 사회가 상공업 중심의 자본주의 사회 구조로 변혁되어 가는 격동기였습니다. 교회 권력은 농민들에게 십일조를 세금 형식으로 받고 있었는데, 이때 교회에 갖다 바치는 십일조는 성금 형식의 헌금이 아니라, 개인이 교회에 부담해야 하는 실제 세금이었습니다. 오랜 독재의 전통으로 농민들의 목숨은 권력자의 손아귀에 놀아나는 파리 목숨으로 취급되며, 갖은 명목으로 착취하는 엄청난 세금 부담과 함께 권력자의 명령에 따라 강제 노동을 하는 권리를 통해 대부분의 농민층은 개돼지와 다름없는 생활을 영위합니다. 도시에서 공장 노동자로 살아가는 서민층도 예외가 아니어서 죽음과도 같은 생활이 이어집니다.

또 18세기 자본주의 정착 시기는 노예무역이 절정에 이른 때이기도 했는데, 노예무역은 아프리카 야만인들에게 더할 나위 없는 혜택과 친절을 백색 문명인이 제공하는 것이라는 궤변을 늘어놓으며 강화되어 왔습니다. 백인들은 노예제 때문에 아프리카 야만인들이 모국의 대량 학살을 피하고 행복한 생활을 하게 되었다는 주장을 늘어놓기도 합니다. 백인들의 눈에 비친 아프리카 흑인들은 사람이 아니라 짐승이었으며, 백인들은 교활한 술책을 사용하여 아프리카 부족 집단 내부에 불신과 혼란과 내분을 조장하기도 합니다. 아프리카 흑인들은 백인 자본가 계급을 위해 몸바쳐 일하는 기계가 되어야 했으며, 고장나는 대로 쓰레기가 되어 폐기처분되었습니다. 그러나 이 노예제는 자본주의 생산 방식의 초보 단계에 지나지 않는 것이어서 부르주아 경제인들로부터 외면당하기 시작합니다.

자본주의 사회의 최고 가치는 이윤의 극대화인데, 도덕적 측면을 떠나 노예제는 이윤보다 오히려 손실이 더 많다는 경제 이론에 힘입어 노예제 반대 세력의 목소리가 높아졌던 것입니다. 그러나 그렇더라도 노예 무역과 노예 노동은 거의 대부분이 백인들에게 막대한 이윤을 남겨주었으므로 19세기 말에 이르기까지 이 같은 반인간적이고 잔인무도한 야만 행위는 그치지 않고 이어졌습니다.

경제 동물의 전면적 출현

15세기 중반 이래로 상업을 중심으로 하여 근대 자본주의가 싹을 틔우기 시작한 서구 사회는, 그 후 공업 활동을 중심으로 한 산업 자본주의를 거치면서 19세기에 이르러서는 식민지 약탈을 국가적 부와 권력 확대의 중심축으로 삼는 제국형 자본주의를 만들고, 이어 금융 자본주의를 거쳐 21세기에는 정보와 지식이 자본의 중심을 이루는 정보 자본주의 시대에 돌입했습니다. 오늘날 광고 언어로 펄럭이는 지식 정보화 사회라고 하는 것은, 현대 사회는 정보, 곧 과학 기술이나

                    2. 자본주의 : 물질의 완벽한 승리

지식과 아이디어가 경제적 이익과 직결되며, 그것 자체가 자본이며 이윤이며 권력이 되는 사회라는 의미입니다. 쉽게 말해 과학 기술과 그것을 떠받치는 첨단 지식이나 아이디어가 자본 권력의 첨단 도구가 되는 시대가 정보화 시대인 것입니다. 과학 기술의 상품화, 정보와 지식의 무기화, 이것이 정보 자본주의를 이끌고 가는 원동력입니다. 자본주의는 언제나 자본 축적이나 경제적 이익의 극대화가 모든 사회 활동의 근본이 되는 사상이며 현실이라는 사실을 잊지 말아야 합니다.

우리들에게 널리 전달되어 있는 상식적인 견해—막스 베버가 주장한 대로—자본주의 윤리 의식과 프로테스탄트, 특히 캘빈파 기독교의 상관성에 관한 분석은 쉽게 믿음이 가지 않습니다. 새로운 신앙을 소유한 기독교 신자들이 신의 소명 사상을 받들어 근검과 절약 정신을 바탕으로 하여, 그것으로 근대 자본주의 정신의 주춧돌을 놓으며 서구 자본주의를 발달시켜왔다는 막스 베버의 학설은 선뜻 받아들이기 어렵습니다. 그것은 아마도 그 자신의 종교적 신념을 근거로 삼은 하나의 가설이며, 복잡한 현실을 간단한 이론의 틀에 억지로 끼워 맞춘 환상의 산물이라고 여겨집니다.

중세 신앙 시대에 상업 활동과 경제적 이윤 추구는 엄격하게 규제되고 경멸받으며, 그것은 종교 교리와 결합하여 강하게 통제되었습니다. 서기 1179년 라테란 종교 회의에서는 고리대금업을 하는 자가 교회에 출석하는 것을 금지하는 조치를 내리기까지 합니다. 특히 아리스토텔레스 철학을 바이블의 교리와 연결하여 그것을 기독교 신학의 권위로 내세운 스콜라 신학에서는, 아리스토텔레스의 지침에 따라 상업 행위와 유통 서비스업을 가장 천하고 부도덕한 인간 활동으로 간주했던 것입니다.

상업 경멸의 중세적 인습은 근대 시대에 들어 서서히, 그러나 확실하게 허물어져갑니다. 포르투갈이나 스페인은 이미 오래전부터 새로운 해상 항로를 개척하여 담배나 금 은 따위의 장거리 해외 산물은 물론이고, 그곳 원주민들마저 정복하고 약탈하여 상품화하거나 그들을 노예 노동자로 삼아 생산력 증강에 동원합니다. 이에 따라 유럽 사회의 물질적 진보는 발 빠르게 진행되며 상업 통로를 일찍부터 열고 나간 나라는 국부를 빠른 속도로 늘려갈 수가 있었습니다.

한편 종교 혁명이 대규모로 일어나기 이전에 이미 유럽의 많은 도시에서는, 중세의 종교적이고 경제적인 억압으로부터 자신들을 해방시키고자 하는 운동들로 물결치고 있었습니다. 신흥 상업 도시의 공기는 활기차고 신선했습니다. 근대 도시인들은 자신이 원하는 대로 얻을 수 있는 가능성의 세계에서 살기를 원했으며, 실제로 일은 그렇게 진행됩니다.

15세기를 거쳐 16세기에 이르러 유럽 사회에서 자본주의가 발흥하게 된 까닭은, 결코 종교 교리나 신앙심 때문이 아니라 근대인이 소유한 과도한 인간 욕망이 본격적으로 폭발되어 나왔기 때문입니다. 준세의 암흑 시대를 빠져 나오기가 무섭게 욕망의 화신으로 돌변한 서구 근대인들은 〈신과 이익〉을 위해 상업 행위를 한다고 공언하며, 자신들의 지독한 물질욕과 이기심, 그리고 성공 제일주의 사상을 감추기 위해 종교 정신으로 위장합니다. 서구 자본주의는 출발 초기 단계부터 극단적인 물질적 욕망과 무한대의 욕구 충족 행위, 이익과 명예에 발빠르게 덤벼드는 민첩성과 약삭빠름, 노예 약탈 후 벌어지는 살육과 매매 행위, 신대륙의 지배 정복 행위, 지독한 이기주의 등이 들어 있었던 것입니다.

자본주의 개척자들은 중세 후기 무렵부터 노골화된 각종의 전투 행위에서, 대립되는 적들 양쪽에 각각 무기를 팔아먹는 수법으로 자신의 이익을 챙겼습니다. 조국이 해방 전쟁을 할 때조차 그들은 조국의 적들에게 무기를 팔아 이윤을 남기는 일에 게으르지 않았습니다. 〈이익이 있는 곳이라면 지옥이라도〉 출입한다고 외치던 욕망의 노예들이야말로 서구 근대 자본주의를 만들어낸 인간들입니다. 말 그대로 철저한 경제 동물(이코노믹 애니멀)이 출현한 것입니다. 근대 자본주의의 성립은 경제적 이익을 위해서라면 물불을 가리지 않고 갖은 수법과 책략을 다 동원한 결과이며, 탐욕의 인간들이 저지를 수 있는 갖가지의 부도덕하고 야수적인 경제 행위의 결과라고 해도 그다지 틀린 말이 아닐 것입니다.

극한 경쟁의 출발점

자본주의 세계화 시대에 모든 것은 경제로 집중되고 경제로 통일됩니다. 교양이나 지식이나 정보도 상품화, 무기화 되어 경제 물품으로 전환되고, 식량이나 문화도 자본의 전략에 따라 경제 소득을 올리는 상품이 됩니다. 영화나 만화는 물론이고, 뉴스도 상품이 되고, 진흙 뻘도 상품이 되고, 아이디어도 상품이 되고, 생명도 상품이 되고, 인간의 신체 장기도 상품이 되고, 섹스도 상품이 되고, 말하자면 지상에 존재하거나 인간이 상상할 수 있는 모든 것들이 상품화의 대상이 됩니다. 이 경우에 윤리 도덕적인 가치는 뒷전에 물러앉습니다. 중요한 것은 오로지 이익이며 권력이며 돈입니다. 이래 가지고서 인간의 품위와 존엄성 그리고 생명체들의 평화를 지키고 가꿀 수 있다고 여기는 것은 편협한 착각이며 망상일 수밖에 없습니다. 왜냐하면 자본주의 사회 구조에서 살아남기 위해서는 어느 정도는 누구나 경제 동물이 되어야 하기 때문입니다. 물질문명의 시대에 생명체 역시 하나의 물질이며 상품이 되는 까닭입니다. 오래전에 일본인을 〈경제 동물〉이라 하는데, 이것은 서구인들이 그들의 경계심과 질투심, 그리고 적대 의식을 담고 있는 표현이 아닐까 합니다. 역사적으로나 실제적으로 살펴 볼 때, 서구 백인들이야말로 〈경제 동물〉의 원조이자 전형이 분명합니다.

서구 근대화 시대에 터져 나온 정치적이고 종교적인 대립과 갈등은 온갖 사회 투쟁을 첨예하게 만들었고, 그에 따라 그리스 신화에 나오는 신들의 음모와 잔혹 행위를 방불케 하는 사태가 유럽 전역에서 벌어집니다. 서구 근대화 운동 기간 중에 탄생한 소설 문학과 희곡 세계는 지독한 갈등과 대립을 근본 축으로 하여 전개되는데, 그 까닭이 바로 여기에 있습니다. 서구 근대 문학은 당대 사회 현실의 실제와 꿈을 있는 그대로 그려내려는 욕망으로 탄생했기 때문입니다. 짜릿한 반전과 역전, 인간의 뇌수를 파고드는 지독한 갈등 구조는 오늘날 전 세계인들에게 서구식 소설 읽기와 영화 감상의 재미를 더해주고 있습

 2. 자본주의 : 물질의 완벽한 승리

니다.

　현대의 자본주의 경쟁 사회는 각 개인들이 벌이는 삶의 투쟁을 경쟁이라는 완곡한 표현으로 꿀을 발라 놓았지만, 실제로는 약육강식의 정글 법칙이 지배하는 전쟁터입니다. 신대륙이라는 지리상의 발견과 정복 이후로 공업화, 상업화를 통하여 경제적 부를 독점적으로 향유하려는 서구인들의 소유 욕망은, 오늘날 자본주의 물질문명 시대를 주도하는 성공 제일주의 신화로 그대로 이어집니다. 지금 지구촌 곳곳에는 서구인들이 주도하는 총성 없는 경제 전쟁과 무역 전쟁, 그리고 문화 전쟁이 치열하게 벌어지고 있습니다. 생각해보면 전쟁이니 전략이니 경쟁이니 정복이니 하는 말은, 자본주의 사회를 이끌어 가는 지배적인 언어 기호입니다. 21세기의 70억 지구인들은 그물에 갇힌 물고기처럼 온통 이것들에 포위되어 있습니다. 지구인들은 지난 세기부터 인류라는 이름표를 단 거대한 소비자 집단이 되었습니다.

자본주의 비판은 가능할까

　자본주의란 공업화를 거치든 상업화를 거치든 간에 〈상품 생산과 상업 활동〉이 가장 중요한 사회적 행위가 되는 주의와 제도입니다. 그런데 경제 행위란 결국 이익의 논리에 따르는 강자의 질서를 반영하는 것입니다. 서구 자본주의가 지난 몇백 년 동안 근대화의 고속도로를 매끄럽게 질주해 올 수 있었던 것은, 식민지 정복과 약탈 행위, 자

연의 물질화, 그리고 기계의 발명과 활용, 무엇보다도 끝없는 소유 욕
망에 힘입은 바가 크다고 할 수 있습니다.

자본주의 역사는 동물적 본능에 따라 힘의 논리가 지배하는 강자
독식의 사회 구도를 모형으로 제시하였습니다. 20세기의 끄트머리에
들어서서 서구식 사회 제도와 문화 양식을 흉내 내며 경제 발전과 공
업화의 깃발을 높이 든 채, 구미 선진국이 주도하는 신자유주의 자본
주의 질서 속으로 편입하는 나라들이 늘어나고 있습니다. 그들은 경
제 개발의 전형을 서구 사회에서 구하여 100년, 200년 전의 서구인들
의 자연관과 인간관을 그대로 모방하고 실천합니다. 그러므로 지구
전체의 사막화 현상은 조만간 피할 수 없는 현실이 되어 우리 모두의
숨통을 곧장 죄어 올 것입니다.

자본주의를 비판하는 일은 공산주의나 사회주의를 기도하는 불순
세력의 반항으로 간주하며, 자본주의 비판은 민주주의 비판과 동일시
되기 십상입니다. 까닭에 자본주의 지배 구조는 물리적이고 제도적인
겹겹의 장치를 통해 절대 유일의 원리로 고착되었습니다. 약육강식의
경쟁 원리를 기반으로 하는 자본주의적 민주사회에서 인성 교육이니
인간성 회복 운동이니 선의의 경쟁이니 하는 가치 요소들은 들어설
자리가 없습니다. 이런 것들이 구호가 되어 도시 속에서 나부낀다면,
그것은 틀림없이 알맹이가 쏙 빠져버린 헛구호가 되거나 혹은 처음부
터 세인들을 속이려고 하는 기만 행위일 것입니다.

　　　　　　　　　2. 자본주의 : 물질의 완벽한 승리

유목민과 가축의 재발견

　현대 산업 사회의 원형적 틀을 제공하는 근대 자본주의는 왜 기독교 서구 문명권에서 발생하였을까요? 그것은 막스 베버의 종교 사회학적 분석처럼 기독교의 프로테스탄트 윤리가 자본주의 정신과 결합하여 만들어낸 것일까요? 근검, 절약의 정신과 엄격한 금욕주의 청교도 윤리가 주 예수 그리스도의 소명 의식과 결합하여, 이것들이 정말로 자본의 발달과 사업 재투자를 이끌어왔을까요? 혹 이런 견해는 편견에 사로잡힌 외통수 인물이, 하나의 아이디어로 발명한 견강부회의 산물이 아닐까요? 만약 그렇지 않다면 현대 물질문명의 고도 산업 사회 혹은 지식 정보화 사회의 병폐로 지적되는 인간성 상실이나 인간의 상품화, 도덕과 윤리 의식의 실종, 인간성의 기계화, 획일화는 어디서 연유하는 것일까요?

　인간 소외를 특징으로 하는 현대의 자본 패권주의는 과연 경건한 기독교 신앙심과 금욕주의 정신으로 무장한 인간의 무욕한 경지가 발전되어 온 형태인가요? 그렇다면 순결한 영혼이 관리하던 초기 기독교적 자본주의 형태로 돌아가자는 의식 운동이 오늘날 서구 사회에서 왜 일어나지 않고 있습니까? 부익부 빈익빈이라는 자본주의의 공식이 더욱 첨예하게 현실화되어 가는 21세기에, 예수교 본래의 신앙으로 돌아가자는 교회의 구호처럼 자본주의 본래의 정신으로 돌아가자는 의식 운동이 필요한 시점입니다. 그런데 왜 서구 사회는 이 문제에 오랫동안 침묵하고 있는 걸까요? 이는 근대 자본주의의 출발이 그

런 성격을 지닌 것이 애초에 아니었다는, 하나의 또렷한 반증이 아닐
까요?

프로테스탄트 기독교 윤리가 당대 자본주의 사회에 터뜨린 교묘
한 논설, 즉 인간의 노동은 유일신 혹은 예수 그리스도의 구원을 확신
하기 위한 유일한 수단이라는 표어는 자본 지배 계급이 기독교 신앙
심을 이용하여 만든 노동력 착취의 도구이며, 자본 제일의 사회 의식
과 기독교 신앙심을 결합하기 위한 전략이 아니었을까 하고 의심해
봅니다. 이것은 오늘 지구촌의 양극화 경제 상황을 분석하는 데 필요
한 작업의 하나입니다.

서양 바이블의 창세기 신화에서 보듯 '노동은 불복종 인간에게 내
린 신의 형벌'이라는 인식이 카톨릭 기독교 교회가 유럽인들에게 제
시한 전통적인 교리입니다. 그러나 개인주의적 경쟁 논리와 무분별한
이윤 추구, 그리고 기타의 개인 욕망을 실현하기 위한 각종 수단과 방
법에의 집착은 기독교 서구인들을 자본주의적 사회 형태 제작으로 이
끌고 갑니다. 근대에 들어 욕망의 인간으로 탈바꿈한 서구 기독교인
들은 개인적인 권력욕 추구를 자본 축적과 욕망 충족으로 실현하려
합니다. 유목민들이 가축을 길들이는 방식이 인간 대중들을 합리적으
로 지배하는 방식을 낳게 하는데, 프로테스탄트 혁신 예수교 정신이
야말로 근대 서구의 자본주의 사회 정신을 적극적으로 반영합니다.
노동에 대한 전통적 인식을 프로테스탄트 기독교 윤리는 혁신합니다.
오직 이 같은 측면에서만 막스 베버(1864~1920)가 행한 종교와 자본주의
사회 간의 상관 관계 분석은 정당한 것일 수도 있습니다. 노동을 신의
형벌로 생각하던 종교적 태도에서 노동을 신의 소명으로 생각하는 종

　　　　　　　　　2. 자본주의 : 물질의 완벽한 승리

교적 태도는 이질적이다 못해 상반되는 것이기 때문입니다.

이렇게 하여 서구 자본주의 사회 형태는 기독교 윤리 의식의 전폭적인 도움을 받아 근대 서구 역사에 자리를 잡게 됩니다. 종교 지배 시대에 아직까지 종교의 권위가 그 어떤 것보다 절대적인 영향력을 행사하던 서구 근대 사회에서, 기독교의 인가 없이 자본주의 정신이나 사회 체제가 사회적으로 용인 받는다는 게 쉬운 일이 아니었을 것입니다.

프로테스탄트 기독교 윤리가 확정한 〈노동은 신의 소명 의식〉이라는 교리는 마침내 인간의 노동을 신에 대한 종교적 의무감으로 승화시킵니다. 형벌로서의 노동이 신성한 노동으로 전환된 것입니다. 서구 자본주의의 폭발적인 발전과 팽창력은 여기에 힘입은 바가 거의 절대적입니다. 다른 문명권에서는 찾아볼 수 없는 극한의 욕망 충족적 자본주의 발전이, 기독교 서구 사회를 강타합니다. 이제 서구 기독교인들은 자기의 일을 가진 사람이 되도록 강요받습니다. 일에 중독된 인간들이 쏟아져 나옵니다. 신의 소명 의식이라는 화려한 종교적 외피를 쓴 채, 서구 사회의 대중들은 자본주의적 욕망 추구의 법칙이 이끄는 대로, 유목민이 다루는 가축처럼 몰려가며 생산과 소비를 반복합니다.

이런 까닭으로 근대 자본가 계급은 새로운 유목민이 되었으며, 일반 대중은 새로운 패러다임에 중독되어 이전 시대보다 더욱 충실한 가축으로 길들여집니다. 이쯤해서 살펴볼 때, 니체의 정직한 고백과 같이 2500년의 서구 역사에는 오로지 주인과 노예 두 종류의 인간이 있을 뿐입니다. 신과 인간의 관계가 그러하고, 천재와 보통 사람, 인간과 자연, 자본가와 프롤레타리아, 지배자와 대중, 백인과 유색 인종, 문명인과 미개인, 스타와 팬, 기독교인과 비기독교인, 영웅과 일반인, 남자와 여자의 관계가 그러하기 때문입니다.

자본주의는 저절로 이기적인 사회를 만든다

오늘날 자본과 이익이라는 가치를 신앙으로 받드는 자본 만능주의 제도와 사고는 인간성의 황폐화나 생명 경시의 풍조, 인간 소외, 도덕성 타락, 인간 욕망의 극한적 확대, 이기주의적 경향 등으로 대표되는 자본의 노예화, 권력의 노예화, 인간의 수단화에서 결코 벗어날 수 없게 만듭니다. 어떤 가치를 극단적으로 숭배하고 추종한다면, 그것은 어느 순간 인간의 손으로 통제하고 제어하는 경계선을 뛰어넘을 것입니다. 그 때의 절대 가치는 인간의 자유와 행복과 권리와 도덕과 이성과 감정을 짓밟고 억누르고 구속하는 만큼, 위험하고 두려운 존재가 됩니다.

이즘이니 철학이나 제도나 종교나 이데올로기는 인간이 그것의 주인이 되는 때에만, 달리 말해 인간이 그것의 노예가 아닌 때만이 그것들이 지닌 원래의 바람직한 가치나 목표를 보존하고 지향할 수 있습니다. 그러나 생각해 볼 때 오늘날의 지독한 자본주의는 저절로 황금 만능주의이며, 금전 제일주의이며, 생명 경시주의를 가져오며, 그

것 자체의 원리가 무한 경쟁적이고 이기적이고 폭력적이고 약탈적인
사회를 만들어나갈 수밖에 없는 것입니다.

3. 민주주의 : 정말로 민(民)이 주(主)인가

민주주의

서양식 국가 권력주의와 법률 만능주의의 별명. 대중에 의한 지배 혹은 대중으로부터의 권력이라는 뜻을 가진 데모크라시의 번역어임. 대중이 권력의 주체이며 권력의 기반이 되는 정치 사상 혹은 정치 제도를 말함.

고대 그리스의 시민권은 권리 개념은 없고 의무와 책임이 강조되었음. 또 르네상스 이후의 근대 민주주의는 개인의 권리, 곧 자유가 극도로 강조되었으나, 전통 종교 정신의 영향으로 사실상 공동체에 대한 복종의 미덕이 절대시됨. 현대 민주주의는 냉혹한 전제 정치와 압제에 대한 반동으로 형성된 것이며, 이전의 절대 군주 제도에 대하여 정반대의 문제 풀이 방식이 만들어낸 사상과 제도임.

근대 민주 제도는 본질적으로 계약 관계로 성립됨. 따라서 정치 지배 권력은 신권 지배와 같이 영속적이거나 절대적인 것이 아니라, 한시적이고 조건적인 것이라고 인정됨. 서구 근대화 운동 기간 중에 나타난 잦은 혁명이나 폭동 또는 시민의 상시적인 국가 권력 감시 활동은 그 정당성이 여기서 확보됨.

민주주의 반대말은 공산주의일까 독재주의일까

근대 이후 소위 천상의 신권이 지상권으로, 달리 말해 종교와 정치의 분리가 일어나면서부터 정치 만능주의가, 이전의 종교 만능주의를 대신하기 시작하여 오늘에 이어집니다. 오랜 동안 자유 진영 국가는 물론 공산주의 집단도 민주주의 즉 데모크라시를 유일신 받들 듯이 모시고 있음을 봅니다. 자본주의 세력과 공산주의 세력의 대립과 반목은 사실상 어느 쪽이 진정 데모크라시의 본래 정신을 잘 구현하고 있는가 하는 측면에서 나타난 것이라고 말할 수 있습니다. 통일되기 전의 동독 국호는 〈독일 민주주의 연방 공화국〉이며, 현재 우리와 대립하고 있는 북한도 정식 국호가 〈조선 민주주의 인민 공화국〉이라는 것에서 이 사실은 쉽게 확인됩니다. 결국 어느 쪽이 더 민주적 혹은 대중 권력적인 성격을 갖고 있느냐 하는 뜻입니다.

공산주의 반대말은 무엇일까요? 민주주의라고요? 아닙니다. 공산주의의 반대말은 자본주의입니다. 민주주의 반대말은 정확히 말해, 독재주의입니다. 비민주주의, 반민주주의입니다. 또는 전체주의, 전제주의입니다. 남북의 분단 유착과 엄혹한 대립이, 민주주의의 대척지점에 공산주의라는 환영을 만들어낸 것입니다. 이것은 반공 사상, 곧 반공산주의 교리와 흑백 논리가 만들어낸 허상입니다.

역사적으로 볼 때 자본 민주주의와 공산주의 데모크라시는 서로를 악마적 존재로 규정하며, 그 과정의 필연적 결과로 역설적이지만 서로를 완전한 존재로 지켜주는 보호자 역할을 하기도 합니다. 그런데 여기서 우리가 주목해야 할 것은 이 대립의 균형 감각은 오로지 〈힘〉에 의한 것이라는 사실입니다. 그런 까닭에 이곳에는 무한대의 군사비 지출, 경쟁적인 무기 수입과 새로운 무기의 개발, 단선적이고 편협한 사상 공세가 끊임없이 펼쳐집니다.

단순화 원리로 말한다면, 이곳 사회에서는 힘이 곧 정의이며 정의가 곧 힘인 것입니다. 세계 역사 어느 부분에서나 힘의 논리가 지배적인 사회 법칙이었겠지만 유독 서구 사회에서 이 같은 힘의 논리가 뚜렷이 나타납니다. 그들의 역사 발전 과정을 검토해볼 때 눈에 띄는 점은, 역사의 고비 때마다 힘의 논리가 관철되었다는 사실입니다. 동양의 역사와 서양의 그것은 동일한 듯하지만 엄밀히 분석하면 근본적으로 다릅니다. 미세한 차이가 결과적으로는 엄청난 차이를 가져오는 법입니다. 비유하자면 인간과 침팬지의 유전자는 99%가 같은 것이지만, 1%도 되지 않는 조그만 차이가 인간과 침팬지를 갈라놓습니다. 이러므로 서양을 배우되 무비판적인 추종과 숭배와 모방은 매우 위험한 것입니다. 모든 역사는 보편적인 동시에 개별적인 것입니다.

 3. 민주주의 : 정말로 민(民)이 주(主)인가

민주 제도는 인류 최고의 발명품일까

근대 독일의 계몽적 전제 군주인 프리드리히 대왕(1712~1786)이 말했다고 전해지는 〈군주는 국민의 제일가는 공복〉이라는 표현이 우리에게도 낯설지 않습니다. 선거철마다 이런 표현이 현수막으로, 방송으로 길거리를 뒤덮으며 흘러 다닙니다. 그런데 실제로는 말로만 그렇다는 사실을 우리 모두는 잘 알고 있습니다. 선거가 끝나고 나면 이 나라의 엘리트들은 금세 귀족 계급으로 무장하며, 엄청난 특권 의식을 갖고 국민 위에 군림함을 우리는 경험적으로 잘 알고 있습니다.

오늘의 민주주의, 곧 데모크라시는 유일신적 종교의 절대 교리와 동일시됩니다. 한국 사회에 서양 데모크라시 제도와 사상이 도입된 이래 나타난 대다수의 사회 갈등과 대립 투쟁의 양상은, 민주 집단과 반민주 집단 간의 그것이라 해도 과언이 아닙니다. 우리 사회에 만연한 흑백 논리와 선악의 대결 구도는 서로 다른 서양식 사회 체제를 선택한 남북한의 단선적 대립 관계가 만들어낸 몰풍스러운 풍경화라고 할 수 있을 것입니다.

서구 민주주의는 유토피아 사상의 정치적 적용이며, 서양의 역사 법칙이 보여주듯 이것 역시 환상의 세계를 현실 속에서 펼쳐 보이는 것입니다. 그런 까닭에 이것은 사람들을 계속하여 유토피아적 환상에 묶어두는 역할을 하며, 사회 속의 그 누구도 민주주의를 정면으로 비판하지 않습니다. 지금도 서양 민주주의는 지구촌 모든 이로부터 인류 역사 최고의 발명품으로 인정받고 숭배되고 있습니다.

절대 군주제에 대한 반동, 민주주의

서구 근대 사회를 지배한 국가 지상주의와 법률 만능주의는 국가 권력을 극대화하기 위해 실행된 불가피한 조치이며, 이에 신성한 법의 이름으로 혹은 인민이 계약법상 복종에 동의한 것으로 간주한 국가 권력의 권위로, 사회 내의 모든 분야는 인간 행동에서 세금 납부 방법, 그리고 줄서기와 도량형에 이르기까지 체계화, 통일화, 조직화되어갑니다.

서구에서 근대 사회를 민주 원리로 제작해나가는 데는 엄격한 원칙주의와 가혹한 엄벌주의, 그리고 촘촘하고 틈새 없는 법률의 그물망이 결정적인 작용을 합니다. 그 결과로 국가 내의 모든 사물과 인민은 국가 권력에게 남김없이 발견되었으며, 이제 남은 일은 데모크라시의 원리에 따라 인민의 동의를 받은 법률을 엄격히 집행하는 일뿐이었습니다.

투쟁과 채찍, 이성과 광기, 욕망과 감옥살이의 공포심으로 밀고간 힘에 의한 통치, 이것이 근대화와 민주주의를 본격화하는 17세기, 18세기, 19세기를 관통하는 유럽 대륙의 보편적인 흐름입니다.

근대 소설 한 대목만 짚어보아도 우리는 이 사실을 금방 확인할 수 있습니다. 유명한 장발장은 19세기 프랑스 파리를 배경으로 하는데, 거기서는 단지 빵 한 조각 때문에 19년이라는 길고 긴 수형 생활을 하는 것으로 그려집니다. 우리들이 알고 있는 서구 사회의 놀라운 질서 의식이나 원칙주의 사고방식, 그리고 철저한 준법정신은 가까이

   3. 민주주의 : 정말로 민(民)이 주(主)인가

는 이곳에 뿌리를 두고 있는 것입니다. 일본이 19세기에 완전 서양화를 선언한 이후에 보여준, 국가와 일왕에 대한 철저한 복종 의식은 서양의 그것과 많이 닮아 있습니다. 사병들에게 장교는 공포 그 자체이며, 국민 대중들에게 관료는 증오와 공포 그 자체였던 것입니다. 우리는 프랑스 대혁명(1789년) 때 전제 군주와 관료들의 목에 떨어진 기요틴의 시퍼런 칼날의 공포를 기억하고 있습니다.

따지고 보면 서구 대중주의, 곧 데모크라시는 절대주의 왕조 시대에 무소불능의 절대 권력이 한 개인에게 집중되는 전제 군주 시대에 대한 강력한 반동물로 태어난 것입니다. 이를테면 그것은 서구 문명사의 특징인 〈한 극단에 대한 반대 방향의 극단적인 문제 풀이 방식〉으로 탄생한 것입니다.

엘리트 계급과 민주주의

유목민의 기질을 지닌 서구인들은 오랜 세월에 걸쳐 권위주의 문화를 형성해왔습니다. 그들은 엘리트 지배 계층과 가축적인 일반 대중으로 정확히 양분됩니다. 서구 사회에서 명문 학교, 명문 대학은 오랜 동안 아무나 갈 수 없었습니다. 거기에는 엄격한 계급 의식이 들어 있기 때문입니다. 백인들의 인종 차별은 곧 인간과 동물을 차별하는 것인 동시에, 인간 사이의 계급 차별을 드러내는 일이라고 해석하면 틀림이 없습니다.

불과 수십 년 전만 해도 서양에서 흑인은 버스를 타지 못했고 식당에 들어갈 수도 없었습니다. 그때만 해도 백인에게 흑인들이란, 인간이 아니었고 영혼을 지닌 존재가 아니었던 것이지요. 흑인들의 데모와 항의 집회 그리고 각종 시위 활동을 통한 치열한 투쟁이, 흑인들로 하여금 백인들과 더불어 버스를 타게 했고 비행기를 타게 했고 식당에서 안심스테이크를 썰어 먹을 수 있게 했습니다. 순전히 흑인들의 단합된 힘만으로, 오래 오래 신음하고 슬픔에 몸을 떨고 감옥에 들어가고, 그렇게 고통스럽게 피 흘리는 투쟁을 겪고 나서야, 비로소 아프리카 노예 후예 흑인들은 오늘의 흑인이 되었던 것입니다.

몇몇 광기의 천재들이 서구 역사를 이데올로기적으로 혹은 사회 제도와 지식의 발명을 통하여 이끌어온 것과 같이, 승자 독식과 우상 숭배적인 권위주의 전통은 오늘도 계속되고 있습니다. 유럽에서 명문 대학 출신이 사회 권력을 장악하는 정도는 한국 사회의 그것보다 훨씬 높습니다. 현대 한국 사회도 일본이나 유럽을 모방하여 서울대를 비롯한 몇몇 명문 대학을 특권화해서 그쪽 세력이 사회 권력을 완전히 장악하는 일이 착실히 진행되고 있습니다.

유럽의 일부 학교에서는 그곳 학생들에게 드높은 엘리트 의식을 심어 평범한 일반 대중들과의 구별이 뚜렷하도록 만듭니다. 프랑스 같은 곳에서는 대학에 심지어는 고등학교에까지 신고식이라는 게 있어, 신입생은 선배들로부터 인간 이하의 모욕과 폭력을 당합니다. 그것은 일제 식민지 시대에 우리 한국인이 일본인에게 당한 고통이나 모욕과 비슷한 것입니다.

그런데 이것은 마치 군대나 종교 수련원에서 훈련생을 엄격하고

　　　　3. 민주주의 : 정말로 민(民)이 주(主)인가

혹독하게 다루어 인간 의식의 박탈을 경험하게 하는 〈자아 증발 의식〉을 겪게 한 후 선배에게 또는 신에게 무조건적으로 복종하도록 만드는 이치와 같습니다. 이렇게 하여 그들은 그들만의 비밀스런 유대 관계를 맺으며, 기존 권위 체제에 맹목적인 충성을 서약하게 되는 것입니다. 인간적인 온갖 수모와 고통을 견뎌내는 일은 신에 의해 선택받는 절차이며, 그것은 달리 말해 기존 권위 체제가 주는, 앞으로의 출세를 보장해주는 서약서를 받아내는 일입니다. 한국의 공수 특전단원들이 인간의 한계를 넘어서는 가혹한 훈련을 통해 강한 엘리트 군인 정신으로 무장하는 것도 이 같은 원리에서 도출되는 것이라고 말할 수 있습니다.

유럽 특히 프랑스에서는 한 줌도 되지 않는 소수의 엘리트 특권층이 사회 전체의 권력 매카니즘을 독식하고 있습니다. 오래전부터 서구인들은 인간과 가축이 함께 사는 유목민 생활을 해오고 있다고 생각하면 틀림이 없을 것입니다. 오늘날 전 세계에 수출되어 있는 서구 데모크라시는 어쩌면 서구 엘리트들의 대중 장악과 길들이기 방식이, 제도와 법률을 통해 또는 갖가지의 합리적이고 합법적인 경로를 통해 공인 받으면서 발전해온 사상이자 제도인지 모를 일입니다.

서구 사회의 지배 엘리트 계급에게 데모스, 곧 대중 일반은 그들의 오랜 전통처럼 가축의 무리가 아닐까 하고 의심해 보는 것은 잘못일까요? 오늘 한국 사회의 민주주의 실천 양식을 확인해 보기 바랍니다. 국회의원을 비롯한 정치인들과 국민의 공복이라는 공무원들이 일반 국민을 대하는 마음가짐과 태도를 한번 살펴보기 바랍니다. 조선 시대 양반 계급 이상의 권세와 권력을 그들은 누리고 있습니다. 일반인들은 그들을 상전으로 떠받들며 십시일반으로 돈을 거두어 세금이라는 이름으로 그들에게 갖다 바칩니다. 국민이 권력의 주체이며 주권자라는 저 유명한 민주주의 교리는 선거철에만 잠깐 얼굴을 내밀 뿐입니다. 선거가 끝나고 나면 국민은 다시 국회의원을 비롯한 정치인과 공무원과 사회 지배 계층의 머슴 신분으로 되돌아갑니다.

자본과 물질적 가치를 최고의 자리에 두는 현대 산업 사회는 인간 가축을 능력에 따라 적재적소에 배치하여 사회적 생산력과 통제력을 최대한 높이려는 목적 의식을 가지고 진보를 거듭합니다. 그런데 곰곰이 생각해보면 이것은 서구 사회 특유의 정교한 권력 장치를 가진 유목 구조를 반영한 듯이 보입니다. 왜냐하면 투쟁을 삶의 법칙으로 내세우는 자본주의적 가치관의 사회적 실천은, 민주주의라는 아름다운 이름과 결합하여 인간 사회를 한 치의 오차도 없이 정교하게 지배하기 때문입니다. 사람을 가축처럼 길들이는 각종 법률과 제도, 그리고 인간 욕망의 무제한적 표현과 그것의 무절제한 충족 행위는 욕망과 이성을 결합하여 만든, 그리하여 그것들은 결국 정밀하게 계산된 인간 지배 방식의 거대한 기계 장치가 아닐까 합니다.

한국적 민주주의의 맹점

오늘날 정당 정치 제도 아래에서 정당의 존재 목적은 〈정권의 획득〉이라고 우리들은 학교에서 배웁니다. 지난 20세기의 한국 사회에서 정치권력을 장악한 세력은 무한대의 권력을 행사하고, 그 도전자이자 패배자에게는 가혹한 모멸과 고문 행위와 파멸이 돌아갔습니다. 민주 원리에 따라 정치 권력 장악 세력인 소위 여당은, 국민 여론의 지지와 동의를 얻은 정당이라는 인상이 들게 합니다. 그래서 이름도 〈여당〉 곧 〈여론당〉입니다.

한국의 권력자가 권력을 실현하는 방식은 단순합니다. 여기에는 한국 데모크라시 역사 60년이 만들어준 공식이 있습니다. 그 공식은 적대자에 대한 잔인성과 동조자에 대한 관용성이라는 양분 원리입니다. 이것은 지금 한국 사회에서 철저히 광범위하게 시행되고 있는 중입니다. 이것은 말할 것도 없이 식민지 백성에게 행하는 식민 통치 방식을 그대로 본뜬 것입니다. 그리하여 한국 사회는 지배 세력과 일반 국민이라는 두 개의 계급으로 정확히 갈라집니다. 일반 국민은 대체로 식민지 백성이라는 의식을 가지고 살아갑니다. 해방 이후 이 나라에 주인 의식을 가진 참사람들이 급격하게 줄어든 까닭이 여기에 있습니다. 이 땅에서 다스림을 받는 자는 곧 식민지 백성이기 때문입니다. 그런 연유로 한국인들은 기회만 주어진다면 길거리거나 계곡이거나 경기장을 가리지 않고 엉망으로 만들어버리는 것입니다. 이 땅을 통치하는 자들과 지배자들을 골탕 먹일 마음으로 말입니다. 불만 가득한 피치자의 눈에 한국 사회는 언제나 '당신들의 천국'이 아닐까요?

권력 행사에 참여하는 즐거움을 누리지 못하는 많은 한국인들이 자포자기의 심정으로 또는 식민 통치 권력을 누리는 자에 대한 복수심으로 공공 시설물을 함부로 파괴하고 제 마음대로의 윤리 의식을 드러냅니다. 시민 윤리의식이나 공동체 생활 원리를 많은 이들이 거부합니다. 식민 총독부의 시책을 그대로 받아들이기를 그들은 거부하는 것입니다. 한국인들은 가진 자들이나 권력자들을 존경하지 않습니다. 오히려 그들에게 차가운 시선을 던지며 심하게는 대결 의식마저 드러내는 경우가 왕왕 있습니다. 서양 귀족의 명예인 '노블리스 오블리제'가 이 땅에서는 권력자와 재벌들의 손으로 '돈불리스 땅불리제'로 실천되는 걸 자주 목도한 까닭입니다. 일제 시대에는 일본 편에 서서, 해방 이후에는 미국 편에 서서 개인 잇속을 챙기며 권력을 휘두르던 자들이 소위 한국 사회의 지배 계층으로 군림해 왔던 것입니다. 지금도 한국 사회의 지배 계층은 뼛속까지 미친(美親) 친일(親日) 세력들입니다. 이편에 들지 못한 평범한 한국인들은 노골적으로 드러내진 않으나, 오랜 동안 서려둔 불만과 불평이 꽤 두툼합니다. 왜냐하면 자신 역시도 한국 사회에서 내로라 하며 살고 싶었는데, 그게 여의치 않았기 때문입니다. 이런 불만들이 한국인에게 양보할 줄 모르는 마음을 갖게 만들고 바람직한 시민 의식과 공동체의 생활 원리를 까먹게 합니다. 이리하여 한국 사회에는 성숙한 민주 시민 의식을 외면한 채 기본 질서 생활에 어깃장을 놓으며 까탈을 부리는 한국인들이 쏟아져 나오는 것입니다.

근대 사회에서 관료 조직의 효율적인 배치와 운용은 사회 구조 전체를 통제 가능한 기계 장치로 조직하는 일에 놀라운 힘을 발휘합니다. 서구 민주주의의 핵심 알맹이인 관료 조직은 18세기와 19세기에 들어, 법률로써 정의를 실현하고 국가 내부의 모든 것을 획일화하여 조직하고 감시하고 통제하고 관리하는 일에 적극적으로 개입합니다.

3. 민주주의 : 정말로 민(民)이 주(主)인가

관료적 계선 조직이 국가 권력의 목적 달성을 위한 가장 효율적인 관리 체제로 인정받으면서부터 18세기에 계몽주의 사상이 그것과 결합하여 국가 사회를 하나의 거대하고 정교한 기계 단위로 혹은 살아 있는 생물체 구조로 만듭니다. 계몽 군주들은 이미 비대해진 국가 조직을 자기 혼자만의 힘으로는 다 장악할 수 없었으므로 절대주의 왕조 체제가 관료주의 체제로 저절로 전환될 수밖에 없는 형편입니다.

국가 권력 기구가 기계 구조를 닮아갈수록 일의 효율성은 극대화된다고 보며, 법률과 제도로써 사회의 판을 질서정연하게 조직화해나가는 작업을 통해, 국가 경제 질서와 정치 질서는 가장 만족할 만한 결과를 만들어주는 듯이 보입니다. 현대 데모크라시는 서양 근대 국가의 국가 구성론이 발전되어온 이념이자 제도인 것입니다.

사회 계약 이론과 사유재산

왕권신수설을 공식적인 통치 이데올로기로 채택한 절대 군주 국가는 이후 제한 군주 국가를 거쳐 사회 계약 이론에 의한 대중 지배 국가 형태로 이행 발전합니다. 이 과정에서 나타나는 갈등과 투쟁과 대립은 국가 사회 전체를 역동적인 분위기로 몰아넣습니다. 이후 지배적인 사회 역학 원리는 견제와 균형이라는 산술적 도식으로 귀착되어, 삼권 분립에 의한 데모크라시 제도의 골격이 다듬어집니다. 그러나 근대 국가에서조차 인민 대중은 입법자이자 집행자인 국가 권력에 사실상 철저히 예속됩니다.

17세기의 자본주의 사회 형태에서 개인 재산은 국가 권력으로도 침범할 수 없는 가장 신성한 것이었습니다. 로크(1632~1704)가 주장한 사회 계약 이론은 개인의 사유 재산을 보호하기 위해서 인간은 사회와 계약을 맺고 사회에 권력을 양도하여 그 사회가 최고의 권력을 영원히 보유해야 한다는 원칙을 주요 구호로 내겁니다. 이후 루소(1712~1778)에 이르러 국가 사회는 계약으로 성립하는 것이며, 그것은 인민 대중의 동의에 따라 만들어지는 최고의 권력 실체로 인정됩니다. 그런 까닭에 인민 대중들에게서 추출한 〈일반 의지〉는 최고로 신성한 존재가 되어 사회 계약으로 맺어진 국가 권력을 절대화합니다.

서구 근대화 운동 기간 중에 일반 의지라는 신성한 권위를 장악한 국가 권력은 곧장 서구의 대중들을 가축처럼 다루기 시작합니다. 국가 사회는 법률 입안과 집행 혹은 겹겹의 제도적 장치를 통해 강제력을 행사하며, 인민 대중들은 자신들이 동의해 준 일반 의지에 굴복하여 그것에 복종할 수밖에 없었던 것입니다. 이리하여 18세기, 19세기의 근대 국가는 사실상 권위주의 국가, 전체주의 국가, 법률 실무적인 국가 형태로 틀이 잡혀 갑니다. 법률가들이 국가 행정의 실무자로 등장하여 자본주의적 사회 구조를 법률의 그물망으로 촘촘하게 얽어 짭니다. 법률은 개인주의적 경쟁이 치열한 자본주의 사회 체제에서 재산 소유의 자유와 그것의 평화적 유지를 위한 사회 질서 확립에 가장 결정적인 구실을 합니다.

3. 민주주의 : 정말로 민(民)이 주(主)인가

법치 시대, 신본과 인본의 결합

데모크라시는 민주주의라는 말로 더 잘 알려져 있습니다. 그런데 역사적으로 볼 때 데모크라시는 테오크러시가 핵분열하여 탄생한 것입니다.

테오크러시가 신권(神權) 정치라면, 데모크라시는 법권(法權) 정치입니다. 테오크러시가 플라톤적 기독교 사상이라면, 데모크라시는 루소적 기독교 사상의 세속화입니다. 테오크러시가 신본주의의 원시 사회 사상이라면, 데모크라시는 인본주의에 바탕을 둔 정교 분리의 근대 사회 사상입니다.

테오크러시가 농업 중심의 봉건주의 국가 체제 이론이라면, 데모크라시는 상공업 경제 중심의 자본주의 국가 체제 이론입니다. 테오크러시가 천상 천국을 기도한 몽환의 이상적 제도 장치라면, 데모크라시는 지상 천국을 꿈꾸는 유토피아의 과학적 제도 장치입니다. 테오크러시 시대에 유일신이 인간과 자연을 지배하였다면, 데모크라시 시대에는 인간이 신과 자연을 절대적으로 지배합니다. 테오크러시가 불변이 진리가 되는 절대주의 교황 통치와 왕권 정치를 합리화하는 이데올로기 장치라면, 데모크라시는 언제나 과도 정부 체계에서 진보와 변화가 진리가 되는 이데올로기 장치입니다.

테오크러시가 봉건주의 사회 형태를 고집한 반면에 데모크라시는 관료주의 사회 형태를 제작합니다. 그런 까닭에 테오크러시 비판은 진리 독점과 독재 권력을 비판하는 일이고, 데모크라시 비판은 관료적 기계주의 비판이라는 관점에서 자본주의와 공산주의를 동시에 비판하는 일이 됩니다. 테오크러시가 왕권 신수설 혹은 교권 예수설에 기초한 것이라면, 데모크라시는 대권 민수설 혹은 국민 주권설을 가설로 내세운 것입니다.

테오크러시 사회의 지배적 패러다임이 단순성의 과학이라면, 데모크라시 사회의 그것은 복잡성의 과학입니다. 테오크러시 사회가 종교를 으뜸 원리로 내세웠다면, 데모크라시 사회는 과학을 으뜸 종교로 내세웁니다. 천주교와 기독교가 근본적으로 예수교라는 하나로 모이고, 과학과 신학이 근본적으로 철학이라는 하나로 집결되듯이, 테오크러시와 데모크라시는 서구 역사의 전개 과정을 살펴볼 때 근본적으로 하나인 셈입니다.

루소의 일반 의지는 절대 선일까

루소는 만인의 의지와 그것에서 도출한 일반 의지가 일치하는 선에서 데모크라시 제도의 정체를 밝히고, 일반 의지는 언제나 선하고 진실한 것이기 때문에 이것으로 제작된 법률에 인간은 복종해야만 한다고 말합니다. 루소에 따르면 사회를 구성하는 인민 대중은 입법과 행정의 권리를 지닌 지배자이면서 동시에 그것의 지배를 받는 피지배자로 간주됩니다. 이리하여 이것은 모순으로 다스려지는 역동적인 사회 구조물을 탄생시킵니다.

그가 사회 계약 사상의 근본 전제로 내세운 〈일반 의지 이론〉은 검증 불가능한 원리이며, 이것은 이론이라기보다는 확실성에 가치를 부여하는 하나의 종교 신념에 가깝습니다. 서구의 정신 문화 전통에서 볼 때, 사회적, 역사적 검증 없이 만들어지는 가설이 오히려 강력한 사상으로 굳어지기 십상입니다. 맹목적인 신봉자들이 어떤 하나의 이론이나 사상을 절대화하여 이것을 정교하게 다듬고 실천하는 까닭에, 서구 역사는 언제나 역동성의 활기가 넘쳐나고, 사회 전체가 투쟁적이고 진보적인 성격을 지니며 움직이는 것입니다.

민주주의는 피를 먹고 자라는 나무가 아니다

서양 민주주의는 관료주의의 대중화이며, 대중들을 정치 권력의 기반으로 간주한다는 단순한 발상입니다. 단지 그렇게 간주한다는 것이지 실제로 그런 것은 아니니 이 점에 오해가 있어서는 안 되는데, 이 점을 집중적으로 오해하는 사람들이 오늘날 한국 사회의 시민 운동과 민주화 운동 분야에 발 벗고 나섭니다. 서양인들은 확실한 것만을 믿기 때문에 실제적으로 그런 것보다는 가상으로 제작하여 그렇다고 간주하는 것을 더욱 선호합니다. 왜냐하면 그것이 더욱 또렷하고 확실하니까 말입니다.

뉴턴의 고전 물리학 세계가 소유한 기계론적 인과율 법칙이 그러하고, 육체와 영혼을 이분법적으로 분리한 데카르트 사상이 그러했으며, 근대 서구 문명을 이끌어온 기계 문화가 또한 그러했습니다. 기독교적 유일신조차 이러한 의구심에서 벗어날 수 없습니다. 근대인들은 인간과 자연은 절대적으로 분리된다고 생각하며, 주관 세계와 객관 세계는 절대적으로 분리 독립되어 있다고 인식합니다. 실제 세계가 그런 것은 아니더라도 지식과 신념을 집중적으로 투자하여 이미지와 관념을 제작하여 계속해서 그렇다고 간주하게 되면, 만들어진 가상 세계는 실제보다 더 실제적이게 됩니다. 이것은 마치 가상 현실이 실제 현실보다 더 실제적이어서, 영화나 소설이 사람들에게 재미와 감동을 주는 것과 같은 이치입니다.

근대 민주주의 이론의 초석을 다졌다는 쟝 자크 루소의 국민 주권 이론에서 그것의 절대 근거가 되는 〈일반 의지〉란 가공적인 환상의 허깨비입니다. 서양 종교 교리의 구조가 그렇듯이 검증 불가능한 것을 대전제이자 결론으로 삼고는 그것으로 모든 완전하고 절대적인 정교한 이론이나 법칙이나 사상을 도출하는 것이 서양에서 탄생한 여러 〈설〉들의 정체입니다.

옛날 조선 시대보다도 못한 비민주적이고 반 민본적인 사회 구조와 정치 제도를 가지고 민주주의라고 하다니, 차라리 국가 권력에 의해 발가벗겨진 대중과 자연물 모두를 남김 없이 지배하는 〈전면적인 대중 지배주의〉라고 고백하는 편이 보다 솔직한 태도가 아닐까 합니다. 적어도 조선 시대 임금은 자기 마음대로 국정을 좌지우지하지 못했으며, 가정에서도 대소사에 남자 가장이 전권을 행사하지 못했습니다. 조정 신하들이 임금에게 〈마마, 그것은 아니 되옵니다. 통촉하시옵소서〉 하면서 탄원하며 직언하면 임금도 국가 세금 출납이나 기타

　　　　3. 민주주의 : 정말로 민(民)이 주(主)인가

의 권력 집행을 자의적으로 행사할 수 없었습니다. 왕의 인척이나 가까운 사람에게 해가 돌아와도 왕은 속수무책으로 대신들의 관용적 처분을 기대하는 경우가 대부분이었으며, 신하나 백성들은 임금 귀에 거슬리는 고언이나 직언이나 상소를 서슴지 않았고, 임금 자신도 그것을 함부로 무시하거나 반발하지 못했습니다.

그러나 현대 민주주의 시대를 살아온 지난날 우리의 형편은 어떠했던가요? 교육 악법 개정하자고 서명하면, 실정법을 위반했다는 죄목으로 외부 교육 관료와 내부 교육 경찰이 총동원되어 서명 교사와 그 가족을 괴롭히고 해직시키고 심하게는 감옥에 넣고, 언론 왜곡에 항의하고 거부하면 밀실에 끌고 가 매질에 콩밥이고, 철도 종사자들 임금 인상 투쟁한다고 잡아다가 감옥에 처넣고 혹은 감봉 처분에 가족과 격리된 산간벽지로 발령 내고, 헌법 고쳐 어쩌고 하면 모조리 잡아넣어 콩밥 먹이고, 권력자 앞에서는 무조건 네, 네, 굽실거리고 원치도 않고 받지도 않을 방과 후 수업, 자율학습 머리 터지게 시키고……. 서양식 민주주의에서 정부는 언제나 과도 정부입니다. 민주 정부는 투쟁하고 피를 흘리고 대립하고 협상하는 과정 속에 존재하기 때문입니다. 민주주의는 결과가 아니라 과정이기 때문입니다.

지금 이대로의 자리에서 자신과 주변의 역사를 한번 주의 깊게 살펴보십시오. 민주주의는 결코 피를 먹고 자라는 나무가 아닙니다. 피를 먹고 유혈 속에서 자라는 나무는 서양의 근대성 나무이며, 그것은 권력 제일주의 데모크라시일 뿐입니다. 독재 권력이 무소불능의 광포한 철권을 휘두를 때, 사회 일각에서 자생하는 나무가 바로 피를 먹고 자라는 민주주의라는 나무입니다. 이때의 민주주의는 적대 세력 또는 완전한 대립물 속에서만 탄생하는 것인 양하는 그릇된 인식이 있습니다. 이 경구가 딱 들어맞는 경우는 오로지 서구의 근, 현대 민주주의 역사에서 예증된 서구 역사 진행의 참모습을 잘 그려냈다고 확인하는 순간뿐입니다. 공산주의와 자본주의가 서로 다투어 자기네야말로 완전한 민주주의라고 주장하며, 피 흘리며 싸우고 비난하고 증오하고 경멸해온 서구 역사를 상기하기 바랍니다. 남북한의 적대적 증오 관계 속에서 '빨갱이 어쩌고' 하면서 배타적 대립으로 인간성을 황폐화하는 오늘의 한국 현대사회를 살펴보십시오.

역사적으로 볼 때 진리 독점을 고집하는 철저한 독재 권력 속에서만 〈민주주의는 피를 먹고 자라는 나무〉가 됩니다. 민주 국가에서는 〈빨갱이, 공산주의, 종북 세력, 좌파 진영〉이라는 절대적인 적을 설정함으로써, 독재 원리에 기반을 둔 민주주의 권력을 철옹성으로 구축합니다. 자연히 여기에는 극단적인 흑백 이분법이 지배 철학으로 작용합니다. 이것은 마치 서양 종교 혁명 시대에 카톨릭과 프로테스탄트 양쪽이 서로를 사탄의 세력, 사탄 숭배주의자들로 혐오하고 비난하며 증오하면서, 유럽 대륙의 침묵의 양들을 공포와 광기에 사로잡히게 하여 사회 전체를 광란의 놀이터로 만든 경우와 같습니다. 단 하나의 절대화는 그 반대의 극점인 〈안티 테제〉를 만들어냅니다. 가령 절대 선이 만들어지면 절대 악은 필연적으로 만들어집니다 이런 까닭에 모든 절대화는 곧 독재화이며, 유일신 관점은 독재 원리의 제일 원칙으로 작동하는 것입니다.

3. 민주주의 : 정말로 민(民)이 주(主)인가

4. 유토피아 : 종말의 끝에서 꿈꾸는 천국

이데올로기의 뿌리

현대 과학이 도달하고자 하는 최후 거점. 테크노피아, 컴퓨토피아, 에듀토피아, 홈토피아, 섹스토피아 등으로 실현됨. 영국인 토마스 모어의 사회 경제 비판 서적 이름에서 유래함. 작가인 모어는 국무 총리로 재임 당시 이혼 절대 금지라는 카톨릭 교리의 옹호를 주장하다 왕에 의해 단두대에서 처형되었으나 20세기에 들어 그는 카톨릭 측에 의해 성인으로 추서됨. 유토피아는 라틴어 조합으로 〈이 세상에 없는 곳〉이라는 뜻을 가지며, 지상의 천년 왕국을 환상적으로 표현한 것임. 모어에 따르면 유토피아의 시민들은 이성을 신앙의 대상으로 삼고, 국가를 신으로 여겨 절대 복종함. 또 그곳에는 사유 재산 제도가 인정되지 않으나, 노예 신분은 존재하는 것으로 되어 있음. 유토피아는 종말론에 대한 반동 이론이며, 현재적 절망을 희망으로 표현한 것임. 유토피아에 대한 언급은 플라톤이 아틀란티스를 소개한 것이 그 최초이며, 유토피아 사상은 지금 현대의 과학 기술주의와 진보주의를 떠받들어주는 강력한 이데올로기 역할을 하고 있음.

<h1 style="text-align:center">토마스 모아, 유토피아</h1>

"휴가증 없이 주거지를 떠나면 가차없이 그곳으로 되돌려 보내지며, 재범일 경우에 그는 강제 노동에 처해진다. 모든 사람은 같은 색깔, 같은 스타일의 똑같은 옷을 입는다. 모든 것은 계획적이고 정확하며, 이성과 과학은 높은 권위를 자랑하며 최고 권력자는 전지전능한 자로 떠받들어진다. 그의 말 한 마디는 절대 법이며 세계를 창조한다. 저녁 여덟 시에 모든 사람은 일시에 잠자리에 들어야 하며, 수면 시간은 정확히 여덟 시간이다. 누가 임신하며 언제 아이를 낳을 것인가는 전적으로 국가가 결정한다. 모든 인간은 평등한 존재로 처리되고, 모든 것들이 평준화되고, 규범화되고, 표준화된다. 이곳에서 평등은 최고의 원리이다. 문화적 차이와 정신적 차이가 이곳에서는 인정되지 않으며, 개인적 특성이나 우월성은 대중들을 위해 익명 속에 묻어 쉽게 통제할 수 있는 것으로 개조되고 억압된다. 이곳에는 검소가 미덕이며 모든 것이 똑같기 때문에 사치와 낭비가 없으며 예술도 사라진다. 개인은 인간성과 생명성과 개성을 상실하며, 그 대가로 그에게는 더욱더 잘 적응된 생활이 보장된다."

이상의 이야기는 기독교 신학자 토마스 모아(1478~1535)가 약 500년 전에 쓴 〈유토피아〉라는 책의 내용입니다. 여기에는 놀랍게도 공산주의자의 꿈과 23세기 미래 사회의 형태가 잘 그려져 있습니다.

유토피아도 진화 발전함

크리스트교 성립 이후의 서구 역사는 언제나 유토피아니즘이라는 환상주의를 발전의 동인으로 삼습니다. 가령 중세 시절이 철저한 금욕적 정신주의로 서구 사회를 유토피아 상태로 만들었다면, 근대 현대의 과학 기술주의는 철저한 욕구 충족적 물질주의로 서구 사회를 유토피아 상태로 만듭니다. 중세의 유토피아는 더 이상 이를 데가 없는 완전 사회였기에 그 이상의 진보를 꿈꾸지 않았으나, 근, 현대의 유토피아는 보다 완전한 사회를 향해 끝없이 진보하는 꿈을 꿉니다. 중세 카톨릭 사회는 영적 세계인 〈목적의 왕국〉이었으나, 근, 현대의 문명 사회는 과학 기술의 세계인 〈수단의 왕국〉입니다.

광란 상태의 종교 개혁 물결이 유럽 대륙을 휩쓸면서 그곳에는 혼란과 공포, 절망과 희망을 동시에 껴안으면서 새로운 사회 사상과 종교 사상을 준비합니다. 이것을 단정하게 정리한 것이 유토피아 사상입니다. 유토피아니즘은 낙관적 미래주의를 표명하고 있으나, 그 밑바닥에 흐르는 근본 의식은 현재의 가혹한 절망이고 분노입니다. 현실에 절망하여 이상 사회를 꿈꾸는 일이 동서고금 없이 없을 수는 없겠지만, 유독 서구 유토피아니즘은 그 극단적 성격이 뚜렷하다는 점이 특징입니다.

근대 초기라는 난폭하고 파괴적인 격동의 시기에 서구 지식인은 유토피아 세계를 꿈꿉니다. 그 첫 주자는 토마스 모아라는 독실한 크리스트교 교인으로 알려져 있습니다. 그가 공상으로 그려낸 유토피아는 기독교 사회주의의 원조가 됩니다. 서구 사상사의 전개 양상을 검토해보면서 우리가 발견할 수 있는 사실은, 첫 아이디어를 도출하는 것이 어렵다 뿐이지, 일단 고안된 사상은 자체의 발전 논리를 따라 굴러간다는 점입니다. 심지어는 초기 원형이 의도한 것과는 완전히 반대되는 방향으로까지 발전하며 진화에 진화를 거듭합니다. 경건한 신앙심으로 가득 찬 이상 사회, 사유 재산 제도의 이기적이고 물질주의적인 독점 현상이 없는 완전 사회를 꿈꾸던 기독교 공화국 제작의 꿈이, 나중에는 과학 기술에 의해 기독교 공화국을 건설하자는 이데올로기로 전환되어 나타나기도 합니다.

과학 기술에 의해 기독교 공화국을 건설하자는 이데올로기는 〈기독교 과학주의〉의 입장입니다. 이 사상을 대표하는 근대 초기의 인물이 프란시스 베이컨(1561~1626)입니다. 곧 16세기의 휴머니스트인 토마스 모어가 〈기독교 사회주의〉 사상의 초기 개척자라면, 17세기의 휴머니스트인 프란시스 베이컨은 〈기독교 과학주의〉 사상의 시발자입니다. 훗날 기독교 사회주의는 철저히 반 기독교적인 사회주의 사상, 곧 마르크스 레닌주의를 낳고, 기독교 과학주의는 3세기에 걸쳐 발전에 발전을 거듭하여 오늘날에는 반 기독교적인 과학 기술주의로 탈바꿈되었습니다.

초기 이론의 출발에서부터 역사가 앞으로 한 걸음씩 나아간 때마다 초기 사상의 원형은 뒤틀어지고 일그러집니다. 서구 역사에서 유독 이 같은 경향성이 강하게 나타나는 까닭은, 서구 정신의 본류가 〈절대성 원리〉 곧 극단주의라는 사실에 있습니다. 경건한 크리스트교 교인인 토마스 모아의 〈기독교 사회주의〉 사상과 후대에 마르크스가

   4. 유토피아 : 종말의 끝에서 꿈꾸는 천국

완성한 〈공산주의 유토피아〉 사상을 비교 분석해보기 바랍니다. 그리고 예수 시대의 원시 기독교 사상을 함께 검토해보기 바랍니다. 이들 세 이데올로기의 공통점은 〈완전한 이상 사회〉를 확고한 신념으로 꿈꾸었다는 점이며, 사회악의 근원으로 사유 재산 제도를 지목하여 그것의 완전 폐지를 주장하였다는 점입니다. 이들 세 이데올로기는 내용과 성격이 서로 비슷하지만 실제로는 엄청나게 다른 것입니다.

서구 종교인의 시각으로 이들을 비교 평가한다면 다음과 같이 정리됩니다. 예수이즘은 사랑과 평화의 근원이요, 마르크스이즘은 그것과는 상반되게 증오와 파괴의 근원입니다. 그리고 토마스 모아의 유토피아 사상은 그 양극의 중간 지점이고, 따라서 모아이즘은 해석하기에 따라 〈사회주의 사상〉의 원조라는 평가를 받을 수도 있습니다. 실제로 토마스 모아는 사회주의 혹은 공산주의 계열의 지식인들에 의해 그들 사상의 선구자라는 평가를 받았으며, 서기 1961년 소련 공산당 전당 대회에서 최고 권력자 후루시쵸프는 모아의 유토피아 사상을 공산주의의 사상적 기원이라고 언급합니다. 그러나 이보다 훨씬 앞서서 로마 카톨릭은 토마스 모어를 〈성인〉으로 떠받들었습니다. 서기 1960년대에는 〈국제 토마스 모아 연구 협회〉가 발족되어 지금도 세계적으로 활동을 하고 있습니다.

히틀러와 천년 왕국의 꿈

서구 유토피아 사상의 뿌리는 깊고 깁니다. 플라톤의 〈국가론〉
과 〈아틀란티스〉, 아우구스티누스의 〈신국〉 토마스 모아의 〈유토피
아〉, 프랜시스 베이컨의 〈신 아틀란티스〉, 해링턴의 〈오세아나〉, 캄
파넬라의 〈태양국〉 마르크스의 〈공산주의 사회〉 등이 그것입니다. 물
론 이들 유토피아 사상은 나중에 환멸의 사상으로 평가되어 디스토피
아 개념을 스스로 잉태합니다. 디스토피아는 환상의 철학인 유토피아
를 철저히 공격하는 한편, 그 자신이 또한 종말론과 유토피아 사상을
끌어안고 있습니다. 그런 만큼 종말론과 유토피아 사상은 서구 사회
특유의 뿌리 깊고 영향력 있는 이데올로기로 작용합니다. 종교의 인
격신이 이데올로기 세계에서는 비 인격신으로 탈바꿈할 뿐 그 신앙의
정도와 정열은 동일합니다.

근대 특히 마르크스주의 이후에 쏟아져 나온 이데올로기의 다양
성은, 동일한 종교 교리에 대한 해석의 차이로 나타나는 종파 분열의
모습에 지나지 않을지도 모릅니다. 이들 다양한 유토피스트들은 입을
모아 인간 문제의 완전한 해결책으로 사회 제도의 급진적이고 환상적
인 개혁을 주장합니다. 따지고 보면 이들은 완전한 사회를 인간의 힘
으로 건설하고자 열망한 과대 망상가들이라고 평할 수 있습니다. 이
중 마르크스 사상의 독특한 성격은 〈사회의 완전성〉 외에 인간에 대
한 완전한 신뢰, 곧 〈인간의 완전성〉을 믿어 의심치 않았다는 사실입
니다. "신을 추방하고 모든 것을 인간의 힘과 노동으로." "미신과 편견

  4. 유토피아 : 종말의 끝에서 꿈꾸는 천국

을 처단하고 인간 이성과 과학 기술의 힘으로 완전 사회를 건설하자." 이것이 마르크스 사상의 근본 철학인 것입니다.

서구 이천 년의 역사는 종말론과 유토피아니즘이 교직하여 만들어낸 것이라 해도 과언이 아닙니다. 그들의 유토피아 사상은 종말론을 바탕으로 해서만이 존재합니다. 극과 극은 통하여 종말론은 미래의 희망을 상징하고, 유토피아니즘은 현재의 절망을 상징합니다. 천년 왕국의 실현을 꿈꾸던 히틀러의 제 3제국은 종말론과 유토피아니즘의 결합입니다. 아니면 신비주의적 광기와 우생학적 과학의 결합입니다. 제 3제국은 유태—기독교 전통의 철저한 선민 의식이 담겨 있는 순수 독일인의 생존을 위한 제국이며, 영혼과 육체가 하나로 통일되는 이상 사회로서, 이것은 서구 이천 년의 역사에서 마땅히 도출되는 개념입니다. 서기 1789년의 프랑스 대혁명은 루소를 사상의 아버지로 숭배하며, 종말론과 유토피아니즘을 결합하여 터져 나온 것입니다. 이때 모든 것은 자유라는 이름으로 처단되었으며, 그 이론의 제공자인 루소의 무덤은 훗날 성지 순례의 대열에 오릅니다.

극단주의로 일관하는 서구 정신은 원래부터가 모순의 역학 구조를 간직하고 있습니다. 여기에는 희망과 절망이 하나로 녹아들고, 겸손과 오만이 겹쳐 있으며, 이성과 감각이 제각각 지배 원리가 되기도 하고, 여자의 마성을 논하던 입으로 다시 여자의 관능성을 예찬하며, 인간에게 원죄 의식을 뒤집어씌우던 논리로 다시 인간의 존엄함과 자유를 논하며, 억압에 순종하던 대중들이 이제는 해방을 찾아 제 나름의 길을 떠나며, 형식 논리학에서 모순은 패배와 곤란을 뜻하지만 변증 논리학에서는 그것이 발전과 진보의 근본 동인이라며 추켜세워지고, 세속의 온갖 지식을 폐기 처분할 때는 언제이고 이제는 지식만 뜯어먹고 살려 하며, 종교 수호자들은 종교의 진화를 역설하고 과학 수호자들은 과학의 종교화를 업적으로 내세웁니다.

잊기 쉽다. 자본주의의 최고 가치는 돈이라는 것

유토피아 사상을 한마디로 요약한다면, 그것은 환상의 미래를 열렬한 신앙심으로 굳게 믿는 것입니다. 이 흐름은 서구 사회에서 끊어지지 않고 이어지는데, 현대의 과학 만능주의가 그것이며 과학 기술의 놀라운 발전은 인간 세계의 모든 부자유와 불편과 불행을 깨끗이 씻어줄 것이라는 광범위한 믿음이 그것을 뒷받침하고 있습니다.

정확히 말한다면 서구 세계에서 유토피아 사상의 본격적인 생산지는 그들의 종교입니다. 소크라테스가 영혼 불멸 사상을 가졌고, 플라톤이 아틀란티스라는 유토피아를 내세웠다고는 하나, 그들이 보여준 유토피아에 대한 관심도나 집착은 훗날 기독교인들이 보여준 그것에는 도저히 미칠 수 없는 것이었습니다. 기독교는 원래가 유토피아 사상을 담고서 출발합니다. 천국에 대한 메시지 전달이 그들 종교 복음의 제일 첫 번째 목소리임을 기억해야 합니다. 이 유토피아 사상의 밑바탕에 깔려 있는 현실 인식은 종말론입니다.

극단주의, 절대주의는 대립되는 양극이 통일되어 있는 구조물입니다. 두 극단의 경계는 엷고 유동적입니다. 거기에는 극단의 절망과

　　　　　4. 유토피아 : 종말의 끝에서 꿈꾸는 천국

극단의 희망이 공존합니다. 우울한 경건성과 기쁨에 찬 현실성이 시대와 장소를 달리하여 그 지배적 경향성을 번갈아 가며 드러냅니다. 가령 19세기에 공상적 사회주의를 실현하려 직접 행동하려 한 휴머니스트인 로버트 오웬(1771~1858)이나 샤를르 푸리에(1772~1825)에 같은 인물을 살펴보더라도 서구 유토피아 사상의 정체를 가히 짐작할 수 있습니다. 로버트 오웬이 당대의 추악한 자본주의적 생리를 발견하고, 이것을 뒤집어엎고 개혁하는 일에, 달리 말해 그 자신의 망상에 가까운 사회주의 이상을 실현하기 위해 자기 생애 전부를 불태우는 것은, 이데올로기적 신념에 투철한 서구인의 의식 구조로 볼 때 충분히 있을 수 있는 일입니다.

서구의 극단적인 자본 제일주의 사상과 제도는, 탄생 즉시 기계와 돈을 존경하고 인간을 경멸하는 사회적 장치로 실체를 드러냅니다. 18세기와 19세기에 서구 사회에서 있었던 상업 제일주의 정신과 금전 만능주의 발상, 그리고 경제적 이득을 극대화하기 위해 만들어진 법률적이고 제도적인 각종 장치들, 물질적 부를 확대 재생산하기 위해 필요한 합리적 지배 기술을 고안하려 애쓰는 기업가나 경제학자들에 관한 자료를 찾아 읽어보고 확인하기 바랍니다.

그러면 19세기 중엽에 마르크스란 인물이 자본주의 이데올로기의 전면 비판서인 〈자본론〉을 왜 저술하게 되었는지를 알게 될 것입니다. 당시 공장 노동자들에게 하루 하루의 생활은 지옥 바로 그것이었습니다. 그들은 인간이 아니었습니다. 쇠사슬로 발목이 묶인 채 하루 열다섯 시간의 중노동을 하면서 들쥐나 병원균과 함께 잠을 자야 하는 공장 기숙사 생활, 노동자들은 인간이 아니라 주인을 위해 모든 것을 바치려고 길들여지는 가축이었습니다. 자본가 계급은 유목민이었으며, 노동자 계급은 그 지배와 통제를 받는 짐승이었습니다. 게다가 공장의 짐승들은 주인의 대리인인 기계 장치에게조차 경배를 바치며 거기에 복종해야만 했던 것입니다.

현실 세계는 양극화와 모순의 평균치

서구 종교는 과도한 권위주의의 산물이요 그 저장소입니다. 권위에 대한 지나친 의존은 서구 역사를 이데올로기 역사로 이끌어갑니다. 16세기에 토마스 모아가 쓴 〈유토피아〉는 예수의 권위에 절대적으로 의존하고 있습니다. 이 책에 따르면 유토피아는 모든 종교가 허용되는 종교 자유의 사회이지만, 이곳 주민들이 예수의 복음을 한 번 들은 이후에 깊은 감동을 받게 되어 그들은 즉시 크리스트교를 받아들이고 그것으로 개종하는 것으로 되어 있습니다.

오늘날 과학 기술은 기계와 정보와 유전자를 통해 미래 사회를 유토피아 세계로 그려 보입니다. 그런 까닭에 서구 사회에서 종교와 과학은 한 마음 한 몸이며, 그것은 마치 예수교의 신교 구교처럼 상호 보완과 견제의 관계입니다. 한 쪽에서는 지구의 종말을 경고하는 환경 보호론자들이 줄지어 나오고, 또 다른 쪽에서는 환상의 유토피아 세계를 건설하기 위해 불철주야 노력을 아끼지 않는 과학자와 기업인 그리고 정치 관료 집단이 나란히 존재합니다. 이 극단과 극단의 충돌

                    4. 유토피아 : 종말의 끝에서 꿈꾸는 천국

현장에 현대 사회가 놓여 있습니다. 여기에는 평온과 위험이 공존하며, 권태로움과 봉사 활동이 공존하며, 물질주의와 정신주의가 공존합니다. 이런 까닭에 현대 사회에서는 대립물의 공존 결과가 만들어내는 평균 수치가 사회 성격을 규정짓습니다. 이 점에서 현실적인 것은 곧 객관적이라는 뜻으로 해석됩니다. 달리 말해 현대 사회에서는 힘의 논리가 곧장 현실 세계를 결정짓는다는 말입니다.

완전성 가설의 장단점

서구 유토피아 사상은 극단적인 분리주의 전통에서 나옵니다. 이 분리주의는 육체와 영혼의 완전한 분리이며, 현실과 이상의 완전한 분리이며, 종교와 과학의 완전한 분리이며, 현재와 미래의 완전한 분리이며, 신의 나라와 인간의 나라와의 완전한 분리입니다. 실제 세계가 분리된 것이 아니라, 분리되어 있다고 무조건적으로 간주하는 것입니다. 그래야만이 완전하고 전지전능한 신이, 또는 완전하고 이상적인 사회가 만들어질 수 있기 때문입니다. 이와 같은 발상법을 이름하여 〈완전성 가설〉 또는 〈절대성 원리〉라고 이름 짓고 싶습니다.

유토피아가 실현되면 그곳은 유토피아일까 아닐까

종교적 유토피아에는 신앙심이 제1의 원리이나, 근대 이후의 유토피아 사상은 여기에다가 〈이성〉에 대한 확신이 덧붙습니다. 혹은 종교성을 완전히 제거하고 이성과 과학에 대한 절대 믿음이 유토피아를 싹틔우는 씨앗이 됩니다. 그런데 서구 역사에서 보건대 〈이성〉은 인간의 힘에 대한 무한한 신뢰를 갖고 있으며, 이것은 한없는 낙관론을 바탕에 둡니다. 오늘날 이성과 과학은 신적 존재이며, 감각과 쾌락은 현실을 지배하는 요소들입니다. 그런 까닭에 기계 문명으로 전환된 현대 세계는 물질의 유토피아를 구가하나, 종교계에서는 여전히 영혼의 유토피아를 설교합니다.

정치가와 과학자는 지상 천국을 주장하며, 신학자와 성직자는 천상 천국을 기도합니다. 전자는 인간이 신이 되는 세계를 꿈꾸며, 후자는 유일신이 지배하는 세계를 꿈꿉니다. 전자는 인간과 인간 능력에 대해 무한대의 신뢰와 사랑을 보내며, 후자는 그것에 대해 무한대의 겸손과 경멸을 보여줍니다. 전자가 디스토피아로 현실을 괴로워할 때, 후자는 오직 기쁨으로 현실을 찬양합니다. 전자의 목표는 정신 기계를 제작하는 것이고, 후자의 목표는 기계 정신을 보편화하는 것입니다. 그러나 양자는 모두 유토피아 사상을 근본으로 삼으며, 두 가지 모두 〈창조의 완성〉을 기대하고 준비하는 유토피스트라는 공통점이 있습니다. 꼬리를 물고 돌아가는 뱀처럼 둘은 하나로 연결되어 있습니다.

　　서구 유토피아 역사는 〈절대성 원리〉 곧 절대주의 철학이 걸어온 노정과 다를 바 없습니다. 유토피아 세계에는 억압과 질투와 범죄와 투쟁은 일체 존재하지 않으며, 거기에는 오로지 사랑과 자유와 행복과 편안함만이 존재합니다. 무엇 하나를 절대시하면 그것이 곧 절대주의 철학의 밑받침이 됩니다. 생각하면 이것은 이분법적 분리주의가 낳은 것입니다. 오늘날의 소위 가치 다원주의는 우주 이성의 보편 원리 혹은 절대적 신앙의 핵분열로 인한, 욕망의 다양화 혹은 이데올로기의 다양화를 보여준다고 할 수 있습니다.

　　천년 왕국의 창조자는 신 자신이며, 유토피아의 건설자는 인간입니다. 유토피아는 환상으로 제작되는 영원한 제국입니다. 강렬하고 원초적인 환상이 적당히 현실과 타협할 때, 그것은 진화주의가 되고 진보주의가 됩니다. 현대 시대의 진보 사상은 유토피아 사상의 한 열매입니다. 모든 유토피아 세계는 집단주의 성격을 보여줍니다. 이 집단주의는 소외된 사람들끼리의 결합이며, 이들 상호간의 관계는 철저히 개인적이고 파편적이고 기계적입니다. 유토피아를 제작한 인간이 이제는 거꾸로 유토피아의 지배와 통제를 받습니다. 신을 제작한 인간이 신의 지배를 받고, 기계를 만든 인간이 거꾸로 기계의 지배를 받듯이 말입니다.

　　유토피아가 실현된 세계는 지배 권력의 명령과 그에 대한 절대 복종만이 존재합니다. 모든 것은 제도화된 힘으로 통제되고 관리되고 억압받습니다. 그러므로 유토피아가 미래 사회를 환상적 아름다움으로 채우는 그만큼 그것은 위험한 것이 됩니다. 성스럽고 완벽하기 때문에 그것은 위험한 것입니다. 현실적으로 종교와 정치와 과학이 그

같은 성격을 지녔습니다. 유토피아에서 인간은 하나의 물질이며, 하나의 숫자이며, 하나의 양적 단위에 지나지 않습니다. 모든 것은 집단을 통해 규제되며, 개인의 사고나 행동은 집단 논리를 따르기 때문입니다. 실존 철학이니 신세대 문화니 하는 것도 속을 들여다보면 실상은 여기에 뿌리를 대고 있습니다. 그것은 결국 대중 추종주의와 대중주의에 대한 증오심이라는 이중 심리로 짜여져 있습니다. 따라서 인간은 언제나 개성적인 그 자신이고 싶어하나, 또한 그는 언제나 대중 속에서 해방된 그 자신이 될 수 없는 것입니다.

지상에 천국을 건설하라는 강한 유혹은 인간을 제도 권력과 국가 사회에 완전히 복종하도록 요구합니다. 이것은 꿀을 바른 가시 다발입니다. 인간의 생명성은 자취 없이 사라지고, 개인은 거대한 사회 기계의 톱니바퀴로 제작됩니다. 과학 기술의 발달 이전에 나타난 유토피아니즘의 원류인, 천상 천국을 기다리는 마음도 이와 마찬가지입니다. 서구 역사에서 천상 천국과 지상 천국은 변증법적으로 하나로 통일되어 있습니다. 천상 천국의 개념이 보편화되면, 자연스레 그것이 지상 천국의 개념으로 변환되지 않겠는가 말입니다. 독재 종교와 이데올로기의 종된 사람은 그 자신이 자유인임을 밝힙니다. 그러나 느낌과 직관으로 판단하면, 이것은 자신도 모르게 하는 거짓말입니다. 왜냐하면 직관은 가장 밝은 눈이며, 느낌은 무공채이 지시이기 때문입니다.

4. 유토피아 : 종말의 끝에서 꿈꾸는 천국

5. 합리주의 : 기계로 사는 방식

공포 또는 욕망으로 움직이다

서구 민주주의의 기초 토대인 사회 계약 이론을 발명한 토마스 홉스(1588~1679)는 일찍이 이런 말을 남깁니다. "인간 사회의 미래는 권력과 공포가 지배한다." 돌아보면 홉스의 이 말은 서구 사회에서 역사적으로 철저히 실천되어 왔으며, 해방 이후 서양화의 길을 줄기차게 걸어온 한국 사회에도 이것의 완전한 실현을 눈앞에 두고 있음을 봅니다. 기계적 민주 원리가 만든 사회 구조는 철로 만든 구조물이며, 그 속에서 행동하는 인간들이 갖는 행위의 동기는 공포 심리이거나 극단화된 욕망입니다. 그 세계는 근본적으로 욕망이 들끓는 사회이며, 폭력으로 지탱되는 세계입니다. 여기에서는 인간들이 기계적으로 파편화되어 개인은 국가 사회가 요구하거나 내모는 대로의 감각적 본능만으로 살아갑니다. 따라서 이곳에서는 한 인간이 지니는 도덕성이나 정의감 또는 양심이나 기타의 인간적 가치는 사회 기계 구조에서 제대로 발휘될 여지가 없습니다. 그는 그가 속해 있는 집단 조직으로부터 끊임없는 간섭과 지령으로 판단하고 행동할 수 있을 뿐입니다. 오늘의 한국 사회가 딱 이러합니다.

집단 기계 원리에서 이탈하려는 인간은 사회적으로 법률적으로 매장당하고 맙니다. 인간 관계는 특별 권력 관계와 이익 관계만으로 묶여지고, 조직 속의 인간은 인격성이 박탈당한 채 조직의 보호와 조직의 목적 달성을 위한 도구적 존재로 자리매김 됩니다. 이 점에서 서구 합리주의 사회를 살고 있는 모든 민주 시민들은, 약간의 우울증과 함께 자폐 증세 그리고 발작 증세를 약간씩 갖고 있다고 말해도 좋습니다.

존 로크 씨의 발언을 곰곰 되씹어보다

뉴턴의 물리학, 곧 기계적 합리주의 철학이 위세를 발휘하던 17세기의 서양 사회에는 자연 과학의 관점과 방법을 사회의 여러 부문에 적용하려는 집단적 노력이 팽배합니다. 사회 구조를 기계 구조로 정립하려는 움직임이 그 중의 하나인데, 그것은 가치 혼란의 어둠 속에 잠겨 있는 인간 사회를 일시에 구원해 줄 구세주를, 기존 종교의 바른 편에 자리잡을 새로운 '절대성 인리'를 제각히려는 노력을 가리킵니다. 때맞추어 지상 한켠에서 '말씀 잔치'가 벌어지는데, 세계는 필연적 인과 관계에 따르는 기계 덩어리라는 철학자와 신학자들의 설교가 갇스펠(신이 기록한 말씀, 곧 복음)로 전달됩니다. 이 설교에 계시와 감동을 받은 몇 인간들이 인간 사회를 기계적으로 조립해보고 싶은 충동을 느

낍니다.

　서양 민주주의의 선구자이며 사회 계약설로 유명한 로크는 이들을 대표하는 인물입니다. 그는 기계론 철학의 사회적 적용을 열렬히 부르짖습니다. 로크는 경건하고 추상적인 자연 과학자를 대신해서, 자연 정복과 물질 생산을 부추기며, 기계론 철학의 사회적 적용을 역설했습니다. 당대의 자연 철학자들이 추상적이고 관념적인 세계를 제작하고 그 속에서 관찰하고 실험하고 조작하는 과정을 통해 기계적 자연 법칙을 하나하나 만들어 나갈 때, 인간과 사회에 관심과 흥미를 지닌 근대 지식인들은 자연 철학의 이 같은 성과를 현실적으로 적극 활용하자고 목소리를 높였던 것입니다.

　로크의 사회 계약설에 의하면, 사회와 인간의 관계는 기계 장치와 그 조종자의 관계와 같은 것입니다. 사회라는 기계 장치를 잘못 다루는 서투른 군주가 있다면, 그 군주는 계약 파기자가 되어 추방됨이 마땅합니다. 아메리카 미합중국의 개척자인 벤자민 플랭클랜이 말한 바대로 '폭군에 대한 저항은 신에 대한 복종'인 것입니다.

　근대적 인간은 기계 구조의 사회에서 맡은 소임을 다하는 물리적 존재로 간주되는데, 이 모든 것은 개인과 사회의 '계약' 곧 법률과 제도의 이름으로 신성시됩니다. 누가 계약서 원본을 만들었는지, 계약서 내용조차 잘 알지는 못해도 여하튼 사회와 개인이 신과 인간이 그런 것처럼 '계약' 관계로 맺어져야 한다는 데는 근대 서구인들 모두가 원칙적으로 동의했을 것입니다. 자본주의 경제 발달이 가져온 경쟁적 대립 관계의 인간들 사이에서 개인 소유 욕망으로 불붙은 근대 서구인들에게, 공정한 심판자와 조절자가 절대적으로 필요했으니까 말입니다. 욕망에 사로잡힌 야수의 인간들에게 지상의 절대 권력 주체를 새롭게 창조해야 한다는 경고식 발언은 토마스 홉스가 '리바이어든' 이라는 괴물 홍보 책자를 통해 앞선 시대에 이미 소개한 바 있었습니다. 중세 시대를 탈출하기가 무섭게 엄청난 물욕과 소유 욕망으로 내부 신앙을 마련한 근대 자본주의 인간들은, 말 그대로 인간은 '투쟁하는 늑대들에 둘러싸인 투쟁하는 늑대들'로 규정되며, 이에 따라 서구 사회는 '만인의 만인에 대한 투쟁'이 벌어지는 죽음의 링이 되었던 것입니다.

자연 철학이 발견하고 사회 사상가들이 발명해낸 '사회 기계론 철학'은 이름을 '사회 계약 이론'으로 곱게 바꾼 후에 공식적으로 세상에 모습을 드러냅니다. 그런데 이것이 바로 서구 근대 국가의 형성에 절대적인 영향을 끼친 또 하나의 '신약 성경'이 됩니다. 인민의 주권을 국가 권력에 넘겨 위임 통치를 하도록 허락했다고 우기는 데야 어찌할 도리가 없습니다. 당시 자기 재산을 불리고 그 재산을 지키는 일에 사력을 다하던 기존 지배 세력과 신흥 권력자들인 부르주아 유목민들의 눈에, 양이나 젖소 같은 가축 무리에 지나지 않을 피지배 인민들은 나중에 루소가 부르주아 계층을 대신해 작성하여 내민 '일반 의지' 항목에 울며 겨자 먹기 식으로 싸인을 하지 않을 수 없었을 것입니다. 서구 민주주의의 속성 중 하나로 계약설과 법치주의를 드는 까닭이 여기에 있습니다.

민권 운동가 로크는 철저한 유물론자였는데, 당시 이름난 자연 과학자들이 대부분 관념주의자인 것과 좋은 대조를 보입니다. 근대 이후 서구 인문학과 자연학의 발달 과정을 분석하는 데 하나의 참고가

5. 합리주의 : 기계로 사는 방식

되리라고 봅니다. 그의 말을 직접 들어봅시다.

"인간은 태어나면서부터 본래 물질 욕이 강하지만, 이것이 사회의 부를 증가시키기만 하면 문제가 없다. 그렇게 하면 사회가 더욱 조화를 이루어가며, 인간끼리 싸울 필요가 없는 사회가 도래한다."

로크 씨의 이 같은 생각이야말로 서구인들이 본래부터 갖고 있던 터무니없는 과대망상의 한 단면이며, 환몽에 젖은 채 개가 풀을 뜯어먹을 때 지르는 소리가 아닌가요? 서구인의 종교와 지식과 이데올로기의 발명과 그 발전 과정이 이 말 속에 들어 있음을 봅니다.

인간 사회가 커다란 하나의 기계라는 생각

18세기와 19세기에 과학적 원리가 도그마적 교리로 그 자신을 신성화해 갈 때, 과학적 합리주의는 그 동안 인간의 정신을 독점적으로 휘어잡던 교회와 종교 교리를 제압하고 그 자신이 종교의 빈자리를 차지합니다. 크리스트교에서부터 확정된 폐쇄적이고 배타적인 진리 독점 체계의 서구 역사의 전통은 근대 이후 과학적 합리주의에 그 유전자를 물려줍니다. 실증주의자와 과학주의자들, 곧 이성적 합리주의자들은 인간과 사회를 기계화하여 그것을 합리주의라는 신흥 종교 교리에 복종시키는 일에 매달립니다. 합리주의 종교를 반석 위에 놓기 위해 교리 작성자들이 줄을 이으며 나타나고, 이에 따라 사회 제도와 인간 의식은 정밀한 기계 원리를 따라 과학적으로 기계화하는 길을 걷습니다. 문화 전반에 걸쳐 기계론적 합리주의가 지배 원리로 침투하여 인간 정신을 포로로 삼고 사회 조직과 인간을 합법화와 합리화라는 이름으로 조작하는 과정을 통해 서구 근대 사회는 철옹성의 구조물로 재조직됩니다.

근대 합리주의자들은 자신의 새로운 종교 복음을 전달하기에 여념이 없었고 이것은 국가 정책에 충실히 반영되어 즉각 현실화됩니다. 그들은 크리스트교에서 보여지듯 연역적인 사고 원리로 정답을 산출한 후에 가설의 검증 없이 자기 진리를 독단적으로 확신합니다. 견강부회하는 수사적 논리와 수학적이고 계량적인 방법으로 사물과 인간은 동질적인 것으로 처리됩니다. 입력한 만큼 출력이 나오는 방식으로 기계적인 사고 구조는 18, 19세기를 지배하는 합리적이고 폭력적인 진리였습니다. 중세 종교 전통이 그러했듯이 과학적 합리주의 역시 촘촘한 얼개로 인간과 사회 전반을 빠져나갈 틈 없는 거대한 관리 구조로 변경시킵니다. 물질적 풍요와 자본주의적 사고방식으로 말미암아 인간의 욕망은 무한대로 발산되고, 빈익빈 부익부 현상은 극에 달할 만큼 양극화의 길을 달리며, 기계음에 묻혀 인간의 목소리는 제대로 들리지 않게 되었습니다. 법률과 처벌의 감시망 속에서 인간은 〈기계적 합리주의〉라는 새로운 종교 교리에 예전과 다를 바 없이 끌려가는 신세가 됩니다.

과학적 합리주의자들은 미래에 대한 확신을 갖고 진보주의를 구호로 내걸며, 이전에 크리스트교가 이루지 못한 천년 왕국의 꿈을 지상 세계에 실현하리라 결심합니다. 물질적 진보와 정신적 진보는 어깨를 나란히 하는 동반자의 관계가 되리라고 그들 기계 종교의 나팔

　　　　　　　　　　5. 합리주의 : 기계로 사는 방식

수들은 설교하고 다닙니다. 그들은 자연의 정복과 파괴를 진보의 상 징으로 광고하며, 인간과 사회 기계화를 합리주의 왕국 건설이라는 달콤한 복음으로 포장합니다. 그리하여 사회의 엄혹한 법규적 제약과 각종 통제의 감시망을 민주주의 원리로 공포합니다. 이 시대를 지배 했던 과학 만능주의라는 광기는 일종의 정신 마술과도 같이 서구인들 에게 파고들었는데, 이것은 200년 후 먼 외방인 한국 땅에서 그대로 재현됩니다.

촘촘한 그물망에 갇힌 인간들

서구 사회에서 19세기에 본격화된 기계적 법치주의 방식은 사회 전체를 촘촘한 합리주의의 그물로 엮어냅니다. 고전 물리학이 바탕 이 된 기계론 철학은 사회 모든 분야를 지배하는 보편 사상으로 대접 받습니다. 그러다가 20세기에 접어들면 권력 체계는 더욱 정밀한 합 리주의 조정 방식을 거치게 되는데, 이것은 말하자면 인위적으로 행 해지던 민주 질서 의식과 이성적 제도 마련과 그 운영이, 보이지 않는 미세 권력 구조로 사회 깊숙이 스며든다는 의미입니다. 거대 기업이 형성되고 관료 조직이 더욱 치밀하게 짜여져, 사회 운용 원리와 제도 는 인간의 합리적 동의에 기초한 자발적인 복종을 필요로 하는 것입 니다. 이렇게 하여 사회 전체는 정교하고 거대한 기계 구조로 전환됩 니다.

여기에 끼여 있는 개인은 그 자신은 자유로운 듯 행동하거나 이성적인 판단으로 구속받지 않는 삶을 사는 듯이 여기겠지만 그 속내를 들여다보면, 기계 구조의 사회를 살아가는 인간은 작은 톱니바퀴에 지나지 않는 존재로 전락하여 권력 기관과 언론 매체가 조작하는 대로 길들여지고 통제되는 가축이 됩니다.

서구 전통의 유목민 기질은 근대 합리주의 사회 구조에서조차 대중적 인간을 가축 통제 방식으로 다스립니다. 현대 시대의 보이지 않는 손은 보이지 않는 권력, 제도, 자본이며, 이것이 움직이는 원리는 정당성을 확보한 제도적 합리성이거나 설득 또는 암시 그리고 선전과 선동입니다.

이제 모든 인간은 사적 욕망을 위해 타인과 투쟁하는 동물로 규정되며, 여기에 공정하고 엄격한 심판자로서 국가 권력과 법률 장치가 등장합니다. 19세기에 서구 사회에서 다듬어진 법치주의는 법의 완전성과 법관의 신격화를 보편화하며, 모든 인간은 근본적으로 자유롭고 평등한 욕망의 덩어리이며, 일체의 사회적 행위는 자유이나 다만 법률에 굴복할 뿐이라는 엄정한 투쟁 법칙이 '보이지 않는 손'으로 작용합니다.

부르주아 지배 국가와 현대 사회

현대 사회의 전문화 세분화 경향은, 뉴턴식 기계론 철학의 확산입

　　　　5. 합리주의 : 기계로 사는 방식

니다. 인간 사회도 기계적 구조로 제작할 수 있으며, 그것만이 가장 합리적이요 완전한 사회 모델이라고 서구 근대 사회 제작자들은 굳게 믿었습니다. 그런데 이것이 서구 근대 민주주의의 주춧돌이 되며, 이에 따라 각종 법률과 규제 장치를 통하여 사회 속의 인간을 통제하고 길들이는 근대 합리주의가 역사 무대에 그 몸체를 드러내게 됩니다.

전문화 세분화를 지향하면서 사회 조직은 점점 더 하나의 거대한 기계 조직으로 변성됩니다. 생각해 보면 오늘의 사회구조는 얼마나 복잡하며 방대한 기계 구조인가요? 사회 구성의 각 하부 단위들은 마치 기계의 부품과도 같이 정밀하게 맞물려 있습니다. 이런 기계화된 사회 구조에서는 하나의 특수 기능이 고장이 나거나 혹은 일부러 고장을 일으키는 경우에는 엄청난 혼란과 불편이 뒤따르기 마련입니다. 예를 들어 한국 사회에서 노동 조건을 개선하라는 요구 사항을 내걸고 특정한 노동자들이 파업에 들어갈 경우, 사용자와 정부 측에서는 언론을 총동원하여 '시민의 발을 볼모로 삼아……' 운운하며, 기계 부품의 작동 거부가 일으키는 불편과 혼란을 집중적으로 부각시켜, 그것을 곧장 여론 재판으로 몰고 가는 것입니다.

사회 구조 전체가 정밀하게 연결된 기계 장치로 구조화한 이상, 사회 하부 구성 단위의 반란과 항거는 사회 공동체 구성원들에게 많은 불편과 고통을 안겨주기 마련입니다. 파업을 선동하거나 비민주적 사회 구조에 항거하는 인간은 사회적으로 제도적으로 매장 당합니다. 이들 불량 부품들은 기계 관리 집단으로부터 미움을 사서 그 자리에서 즉각 교체되며 그것은 곧장 다른 부품으로 갈아 끼워집니다. 이렇게만 되면 거대한 사회 기계는 아무 탈 없이 잘도 돌아가는 것입니다.

불량 제품으로 낙인찍힌 사회 구성원은 다른 인물로 갈아치우기만 하면 그뿐, 사회 질서는 부르주아 지배 상태 그대로 평온히 유지됩니다.

프로이트, 의사와 환자의 악수를 금지시킴

서양식 합리주의는 당초부터 사회를 기계구조로 파악하면서 출발합니다. 말하자면 우주가 기계 조직이듯이 인간 사회 또한 기계 조직인 것으로 생각했던 것입니다. 실제로 로크 등의 근대 민주주의 선구자들은 뉴턴식 자연 과학의 발상과 방법론을 사회 이론에 응용하고자 부심합니다. 당시의 자연 과학은 모든 사상과 학문이 추종해야 할 전범으로 간주되어, 인간 지식의 전 분야에서 모방과 추종이 잇따랐던 것입니다. 20세기 벽두에 정신 분석학을 창시한 프로이트(1856~1939)는, 뉴턴식 자연 과학을 모방하여 인간 정신을 과학적으로, 아니 좀더 정확한 표현으로는 기계적으로 분석했습니다. 말하자면 기계론 철학의 정신의학적 적용입니다. 그래서 그는 환자라는 객관적 대상과 정감이나 감정 교류를 엄격히 차단했습니다. 환자와 의사는 기계적으로 단절히어, 감정적 또는 정서적 바탕이 전혀 개입하지 못하게 하면서, 악수조차 금지시키면서 그렇게 말입니다.

생각해 보면 이런 것이야말로 서구 합리주의 정신의 전형적 표현이 아니겠습니까? 이성과 감정을 기계적으로 절단하고, 이성적 측면에 모든 힘을 맹목적으로 집중시키는 일, 이것이 바로 서구의 합리주

　　　　　5. 합리주의 : 기계로 사는 방식

의 정신입니다. 편협하고 기계적인 힘입니다. '자연 과학을 닮자'—근대 이후 서구 사회에서는 이것이 모든 사상과 이론의 모토가 됩니다. 이렇게 하여 근대 사회를 제작하는 원형적 틀인 〈기계론 철학〉이 탄생하며, 이후 그것은 자체의 발전 논리를 따라 오늘에 닿고 있습니다.

데카르트의 생각에서 사이코패스를 읽다

합리주의 시대에 인간은 자기 자리를 지켜야 하는, 기계 부품으로 자리매김 됩니다. 내 귀에는 '전문화'라는 말이 '기계화'라는 말로 들립니다. 모든 기계 부품은 정밀하게 맞물고 돌아갑니다. 이 점에서 현대 사회의 속성을 '더불어 사는 사회'라고 말하는 일은 일면 옳습니다. 사회 전체가 하나의 기계 제품이기 때문입니다. 지배 계층이 주장하는 '더불어 사는 사회'라는 구호는, 기계 제품으로서 각 개인이 자기 자리와 한계를 이탈하지 말고 복잡하고 거대한 사회 기계 구조를 고장 내지 말라는 뜻을 지닙니다. 자동차 엔진을 한번 분해해서 들여다보기 바랍니다. 2만여 개의 잡다한 기계 부품은 그야말로 '더불어 사는 사회'를 구조적으로 보여줍니다.

과학 세계의 물리적 인과 관계는 그대로 정치 세계의 제도적 인과 관계를 낳습니다. 그런 까닭에 현대 시대는 철저하게 '더불어 사는 시대'일 수밖에 없는 구조를 지니고 있습니다. 그러나 그 내부를 들여다보면, 현대인은 부품으로서 맡은 자기 영역 외의 것에는 일체 무관심합니다. 이제 다시 사회 밑바닥에서부터 '더불어 사는 사회'라는 구호가 솟구칩니다. 똑같은 말이라도 그 뜻은 사뭇 다릅니다. 아니, 다른 정도가 아니라 아예 상반된다고 말해도 무방할 것입니다.

여기 서구 기계론 철학의 기초를 닦아 현대 철학의 창시자로 불리는 데카르트(1596~1650)라는 프랑스 인이 있습니다. 그는 기계적으로 적용되는 만물 평등이라는 서구 합리주의의 원리를 발명한 인물이기도 한데, 그의 말을 한 번 직접 들어봅시다.

"생체 해부 시에 질러대는 동물의 비명 소리는, 수레바퀴가 삐걱거리는 소리 이상의 아무런 것도 의미하지 않는다."

데카르트의 이 설교에서 우리는 다음 원리를 도출할 수 있습니다. 그것은 서구 사회에서 만들어지는 '지식'이란, '가공의 절대 원리'를 가설 또는 대전제로 삼은 후, 자연과 인간을 적극적으로 조작하고 실험하면서 제작되는 '1차원적 지식'이라는 사실입니다. 그리고 데카르트의 이 말에서 우리는 서양 근대인의 전형을 발견합니다. 그는 기계론적 합리주의자이며, 그의 정체는 영락없는 사이코패스, 바로 그것입니다.

5. 합리주의 : 기계로 사는 방식

기계 사랑 인간 사랑

사실상 변화와 진보의 속도가 빠르고 그 영역이 광범위할수록 그 사회는 불안정하고 혼돈에 빠지기 십상입니다. 그러나 서양 정신이 우리에게 주입한 사고 방식은 그 반대의 논리입니다. 효과적이고 강력한 지배 이론과 지배 체제는 '무 변화의 정체'를 상징하는 것으로 매도당합니다. 이런 식으로 해서 오천 년의 한국 역사는 안정과 평화의 역사가 아니라, 발전도 없고 진보도 없는 '정체의 늪'에 빠진 역사로 규정됩니다. 자연 보호 정신과 생명 중시의 재래식 사고 방식은 야만과 미개화의 이름으로 질타됩니다. 지혜는 무식함으로 매도되고 지식만이 유용성을 자랑합니다.

주관과 객관의 거리가 가까운 것이 비과학적이라는 이유로 배척당합니다. 무죄 유죄를 떠나 있는 인간 심성의 본바탕을 죄악의 텃밭으로 치부합니다. 학교 교과목의 세분화는 단지 과학적이라는 이유로 합리화됩니다. 우리 시대에 과학 만능주의는 달리 말해 기계 만능주의를 가리킵니다. 자연으로부터 신이 추방되면서부터 서구의 자연 과학이 진보와 발전을 거듭하였듯이, 사회로부터 인간이 추방되면서부터 사회 제도와 구조는 발전과 진보의 고삐를 늦추지 않고 있습니다. 사회가 과학적으로 관리되면서부터 사회 속에서 인간이 사라지고 없습니다. 인간은 통계 수치로 또는 양적 단위로 존재할 뿐입니다. 이런 까닭에 과학 제국주의 시대는 달리 말해 기계 만능주의 시대입니다. 21세기 현대 사회는 컴퓨터를 비롯한 각종의 기계 장치가 인간을 압살하고 있습니다. 제도와 법률과 관습과 행복의 이름을 내걸고.

맺음말. 한국 사회, 어디로 가나

어제 오늘의 우리 사회는 서구가 그런 것처럼 인간처럼 일하는 기계와 기계처럼 일하는 인간이 똑같은 가격으로 취급되는 사회로 진보하고 있습니다. 사회는 하나의 거대한 기계 장치로 변하여 특정 부문의 태업과 파업은 국가 경제에 막대한 타격을 안겨주는 것으로 선전되기에 안성맞춤인 구조가 되었습니다. 현대 사회는 자신을 기계로 변화시키지 못하는 인간을 도태시킵니다. 기계 조직에 자신을 적응시키지 못하는 인간은, 말하자면 시대 의식에 뒤떨어진 원시인으로 전락합니다. 현대 사회가 꿈꾸는 이상적 인간형은 기계 인간인 것입니다.

그런 까닭에 현대는 인간을 낳는 게 아니라 제작합니다. 교육과 언론과 이데올로기로. 우리는 일을 하면서도 의욕이나 보람을 맛보기보다는 희망조차 싹이 잘린 채, 기계적인 몸과 마음으로 하루해를 지웁니다. 영어 열풍이 미친 듯이 일어나고, 인터넷 정보 강국의 이미지가 귀신의 그림자처럼 우리를 덮칩니다. 정중동의 마음을 잃어버린 한국인들은 놀이와 오락과 자극에 정열을 기울입니다. 내일은 또 내일의 바람이 불어오겠지 하며, 정신없고 생기 없는 나날을 이어갑니다. 오늘의 미친 바람이 지나가기를 기다립니다. 열악하고 독소적인 생존 조건 속에서 많은 한국인이 기형적으로 변질되며, 혹은 죽음과도 같은 실업의 고통과 자존심의 질식을 맛보며 서구식 또는 일본식 제도와 법률, 그리고 관행에 잠겨 있습니다.

　나라 안에서는 이른바 지식인과 엘리트와 권력자만이 주인 행세를 하며, 그들은 독선과 아집과 유치를 극한 치졸한 방법으로 평범한 사람들에게서 살맛을 빼앗으며 한 사람의 사회적 생명을 노예처럼 다룹니다. 대부분의 사람들은 이제 말초적인 자극이나 이기심과 공포감이 충동질하는 것 외엔 아무런 반응을 하지 않습니다. 한국 역사에 있어 오랜 문화 시대는 이미 그 맥이 다하여 종말론적인 야만 시대로 접어든 지 한참이나 지났습니다. 중용을 지키는 사람이나 욕심 없이 사는 선량한 백성들은 자연 도태되고 혹은 정복당하고, 발 빠르게 움직이는 약고 잔혹한 망종들이 득세를 합니다. 기계 구조 속에서 유일하게 기계를 작동하는 소수 선민들만이 기계를 다루는 권력을 몸에 지니게 되었습니다. 말도 안 되는 명령과 지시가 조직의 꼭대기에서 일제 시대의 관행 그대로 보존되어 전달됩니다. 보통 사람들은 피할 수 없이 그 명령에 끌려갈 수밖에 없는 기계 인간이 됩니다. 독선적인 지배 방식은 사회 조직 속의 모든 이들을 생각이 없는 기계로 만들어버립니다. 이래서 인간은 기계에 복종하고, 다시 그 기계는 인간에게 복종하는 피라미드 체계가 완성을 향해 달려갑니다.

　소규모 사회와 전체 사회는 조직 부품으로 전락된 인간에게 일종의 규격화되고 표준화된 삶의 방식만을 강요합니다. 현대 한국의 역대 독재자가 해방 이후 지속적으로 보여준 야만성과 설득 기술과 지배 통제의 제도적 장치는 놀랍도록 치밀합니다. 이제 왜풍을 쐬고 양물을 마신 소수의 개화 문명인이, 한국 사회의 절대 다수를 차지하는 순박한 한국인의 삶의 양식을 극한의 경쟁 소용돌이로 이끌어가며, 한편 그런 한국인들을 탐욕스럽고 이기적이며 또한 무지몽매하며 노예 근성을 지닌 존재로 길들여갑니다.

썩은 물에는 기형물고기가 자랍니다. 그러다가 그 물이 완전히 썩어버리면 물고기는 물론 생명 자체가 사라집니다. 사회, 곧 인공 자연은 인간이라는 생명체에겐 물과 같은 것입니다. 물고기에게 물이 생명의 원천이듯 인간에게는 사회가 생명의 원천입니다. 사회가 부정과 부패 그리고 정신적 오염과 욕망으로 들끓고 있다면, 그 속의 인간은 기형적으로 성장하기 마련입니다.

오천 년 역사의 이 나라는 이제 〈고요한 아침의 나라〉가 아닙니다. 오래전 총칼을 앞세운 정치권력의 비호 속에서 법률과 과학과 종교와 자유를 기반으로 하는 〈서양화〉 실천의 위력은 우리나라를 뿌리 없는 나라, 주체성 상실의 나라, 도덕 기준이 해체된 나라, 역사 의식이 빈곤한 나라로 만들어 버렸습니다. '동방예의지국'은 전설이 되었습니다. 지금은 국제적으로 '동방무례지국'으로 소문났습니다.

정치인들이 당리당략과 사욕에 따라 국토와 나라를 결딴내어갈 때, 나라 경제는 식민 경제의 틀을 쓰고 비틀대며 청년들은 취직이 안 되고 국민들의 카드 빚은 천정부지로 높아가고 비정규직으로 인력이 내몰려갑니다. 사람들은 분노하고 좌절하고 비탄에 잠겨 이민을 가고 유학을 가고 자살을 하고 시위를 하고 한숨을 쉬고 범죄의 길에 빠져 듭니다

최근 들어 더욱 이 나라에 도덕과 인륜은 땅에 떨어졌으며, 사람의 생명과 자존 의식은 기계 단위로 취급되고, 극단적 이기주의에 내몰려 사람들은 사회적 욕망의 기계로 변질됩니다.

한편 현대는 물질적 풍요에 겨워 타락과 권태 속으로 가라앉고 있

습니다. 아니 환상적 풍요에 못 이겨 망상과 허깨비에 시달리고 있습니다. 사회 기계 구조 속에서 부속품이 되어 살아가는 현대 한국인은 실존의 공허감에 시달리고 있습니다. 사회 기계 구조에 대한 반항과 항거는 불량 부품이 되어 갈아 끼워지면 그뿐, 아무도 그것을 주목하거나 애달파하지 않습니다. 개인의 주체 못할 불행은 사회적으로 철저히 침묵의 늪 속에 빠져듭니다. 고스톱과 마약과 교회와 도박과 쾌락은 그 어느 것도 그들을 완전하게 구원해주지 못합니다. 한국 사회에서 쾌락적 자본주의가 더욱 기승을 부립니다.

억압 사회는 금지가 많습니다. 그러나 금지 명령이 엄격할수록 환상의 세계로 도피하려는 욕구는 더욱 증대됩니다. 신세대의 일탈 행위나 최근의 학교 붕괴 현상은 그로부터 비롯되는 것입니다. 가령 중세 유럽의 각종 축제나 이단 사상이나 미신적 광기 등은 이 욕구의 표출이었습니다. 중세 후기에 페스트가 창궐하여 대부분의 유럽인이 참혹하게 죽음의 계곡으로 걸어 들어갈 때, 실제의 종말론적 비참함과 고통이 환상의 그것과 결합하여 나타날 때 미신과 광기와 야만이 더욱더 기승을 부렸던 것입니다. 이즈음 아이들의 학교 폭력 사건도 무한 경쟁적인 성적 지상주의 현실의 비참함과 고통을 보상받으려는 하나의 일탈 행위로 보여집니다.

치열한 생존 경쟁의 무대에서 아이들에게 학력 또는 폭력은, 제 나름의 아주 중요한 생존의 무기가 됩니다. 학력이 안 되면 폭력으로―자본주의 독재 한국 사회가 그런 것처럼 학교 교실 역시 냉혹한 약육강식의 논리가 지배하고 있습니다. 이런 구조에서 강자는 독식하고 약자는 공포에 떨며 착취와 약탈에 노출됩니다. 학교와 교실은 갈데

없이 한국 사회의 복사본이며 축소판으로 존재합니다. 정치권력이나 언론 권력, 그리고 종교 권력과 자본 권력이 다수의 한국인들에게 휘두르는 야만적 폭력은, 최근 하루가 멀다 하고 불거지는 학교 폭력과 완전히 닮은꼴입니다. 나라 전체가 적자생존 게임이 벌어지는 죽음의 링이 되어 있습니다.

살펴보면, 정권과 언론이 세뇌시켜온 고정 관념과 편견이 참으로 많습니다. 전라도와 경상도의 지역감정은 심각한 지경입니다. 지역감정이라고 하지만 이것은 사실상 탄생 동기부터가 불순했습니다. 미친(美親) 친일 매국노 세력들이 달콤한 권력 유지를 위해, 전라도를 한국 사회 내부의 고립된 섬으로 만들 목적을 가지고 등장한 것입니다. 한국 현대사에서 박정희 정권에서 만들어지고 전두환 정권 때 절정의 완제품으로 세상에 선보인 '김대중-전라도' 라인에 대한 무차별적인 고사(枯死) 작전은 겹겹의 사회적 장치를 통해 성공한 것처럼 보입니다. 지난 몇 차례의 대통령 선거와 국회의원 총선에서 이 사실이 분명히 확인됩니다. 주요 언론에서는 '김대중-전라도' 라인과 좌파 세력에 대한 반발 의식을 공공연하게 부추깁니다. '우리가 남이가' 하는 패거리 집단 문화가 '묻지마 투표'를 유도합니다. 이들의 바람대로 선거 구호는 곧잘 경상도와 전라도의 지역 감정으로 변질됩니다.

정치 권력이 교체된 시기에도 일부 정치 권력과 언론 권력의 간교한 음모술수를 통해 지역감정은 건너지 못할 강처럼 더욱 깊어갑니다. 지역 감정은 뾰족한 질투심을 툭하면 무기처럼 사용합니다. 경상도 지향적인 수구 보수 권력층의 화려한 마술은 언론 플레이와 죽을 맞추어 지금도 계속됩니다. 신문과 방송 매체가 권력과 장단을 맞

맺음말. 한국 사회, 어디로 가나

추어 국민의 눈과 귀를 틀어막고 곧잘 속입니다. 까닭에 방송사들이 때 없이 파업과 제작을 반복하고 있습니다. 역사 의식이라고는 병아리 눈물만큼도 없이 지역감정의 헛바람에 놀아나는 집단적 퇴행주의가 21세기 한국 사회를 여전히 지배하고 있습니다. 시민이 깨어나지 않으면 스마트 시대가 찾아와도 디지털 열풍이 불어 닥쳐도 지역주의라는 유령은 한국 사회를 배회할 것입니다. 특히 젊은이들의 분발과 깨어남이 간절한 시대입니다. 언제라도 그랬지만 우리는 지금 역사적 전환기에 서 있습니다.

사대강 사업으로 시멘트 가루가 물속으로 번져갑니다. 자유로운 물길을 막아 우리 강이 몸살을 앓고 있습니다. 강은 이제 곡선의 부드러움을 잃어버리고 콘크리트 어항이 되어버렸습니다. 자연을 자연으로 보지 못하고 개발과 정복의 대상이라는 경제인의 눈으로만 보아, 이런 참담한 결과가 나타난 것입니다. 앞으로 다가올 백 년 또는 오백 년 뒤를 생각하면, 자연 그대로의 강이 얼마나 더 가치 있는지 분명해집니다. 막개발로 얻는 경제적 이익과 정치적 업적에 정신을 팔아, 조상의 얼이 담긴 국토 산하에 말뚝을 박고 콘크리트를 들이붓고 포클레인 삽날로 찌르고 해치는 행위는, 자연을 고문하고 강간하던 서양 근대화 운동과 닮은꼴입니다.

사대강 사업은 인공의 손길로 인간과 자연을 분리하였습니다. 자연의 매력적인 힘을 인간의 과학 기술로 제압했습니다. 이것은 아무래도 한국 자본주의 문명이 마지막으로 행한, 서양화 실천의 완결편인 듯합니다. 한 치 앞을 내다보지 못하는, 서구 문명 오류의 외줄타기 작업입니다. 짧은 시간에 서양의 자연관이 직수입되어 그대로가,

우리의 자연관이 되어버렸습니다.

살펴보면 우리 전통에서는 인간과 자연이 유기적으로 연결되어 있습니다. 다 같은 자연인데도 서양에서는 인간과 자연이 분리되어 있습니다. 자연을 보는 눈은 그대로 인간을 보는 눈으로 이어지고, 그 것은 연속적으로 사회를 보는 눈, 종교를 보는 분, 여자를 보는 눈, 신을 보는 눈으로 이어집니다. 이런 이데올로기가 세계 만물을 분리 단절시키고 그것들이 대립하고 투쟁하고 배척하게 만들었습니다.

전체성을 헤집어서 분할하면 그 조각난 부분들은 사실상 무 변화, 무 생명성의 활력 없음으로 고정됩니다. 전체성을 해체하여 죽은 부분들로 세계를 조립하는 서구 문명은 사실상 역동성과는 전혀 관계가 없는 문명사적 특징을 지닙니다. 사정이 이런데도 인류 문명의 역사에서 발전과 진보의 활기찬 역동성을 지금의 서구 문명이 몽땅 차지하고 있는 것처럼 보이는 까닭은 무엇일까요? 서양 문명의 역동성이라는 것이 다른 게 아니라 분할하여 죽은 것들끼리 부딪히면서 내는 소리이거나 깨지고 변형되는 모습에 지나지 않는 것으로서 그것은 결국 조각난 부분적 실체들이 근대 역사의 한복판에서 제일 권력을 쟁취하기 위해 다투고 싸우느라고 흘리는 땀과 피와 눈물 속에서 태어난 괴물의 형상인 것이 아닌가요?

뷰리 투쟁을 워리루 삼는 서구 사상은 인간 정신을 소이시켜 종교를 만들고, 육체를 소외시켜 쾌락과 편리를 추구하는 과학 기술에 복종하게 만듭니다. 서구 문화에 만연한 소외 의식의 발달은 극단으로 치닫는 다양한 〈절대성 원리〉를 생산합니다. 서구 근대화 시대에 나타난 〈인간 중심주의〉 또는 인본주의라 하는 것도 결국은 인간과 절대적으로 분리되어 있는 유일신을 신앙하는 종교적 전통과 단절하려는 노력에서 나온 〈소외감〉의 극단적 표출에 다름 아닙니다. 그 전에 교회와 신이 전적으로 감당하던 일들을 여기서는 오로지 인간이 모든 가치의 중심적 존재가 되어, 가치를 생산하고 소비하고 창조하고 파괴하고 배열하고 재생산하는 과정을 밟아나갈 뿐입니다. 그러므로 마키아벨리 같은 인물은 인간이 윤리 도덕으로부터 해방될 수 있다고 보는 것이며, 마르크스와 같이 종교는 인민의 아편이라고 공격하며 종교 박멸론을 외치는 인간도 나타나는 것입니다. 오래전에 니체가 〈신은 죽었다〉고 했을 때, 이미 서구 사회에서는 인간이 그 동안의 소외감을 복수하기 위해 그들 자신의 관습적 정신 세계와 유일신을 처단했다고 해석하면 틀림이 없을 것입니다. 분리 대립과 배타적 투쟁으로 날밤을 지새우는 서양 문화의 역사는 결국 오늘에 보듯이 〈소외의 역사〉로 기록됩니다.

지금까지 동양권에서는 서양의 찬란한 문화 양식과 물질적 풍요에 눈이 멀어 서양의 그것을 수입하고 모방하기에 바빴습니다. 특히 우리나라의 서양 사대주의 풍조는 혹심하여 전통적인 문화 가치를 절멸시키며 우리 내부의 잠재적 정신 유산까지도 몽땅 관장 배설하고 서구, 특히 미국의 문화와 가치를 수용하기에 정신이 없었습니다. 제도와 법률적 장치는 물론, 일상생활에 여울지는 생활 문화마저도 서양의 그것을 따라가기에 급급했습니다.

생각해 보면 현재의 서양식 문명 개화는 복지 향상의 이름으로 찬양 받지만, 그러나 이것이 실상은 노예화를 나타내는 하나의 특색에 지나지 않을지도 모르는 일입니다. 서양의 제도는 물론이고 학문, 예술, 종교, 복식, 풍습 등 문화라고 일컬어지는 모든 것들이 폭넓게 그리고 영향력 있게 지구의 구석구석을 침투하고 있습니다. 전통적인 인간관과 역사관, 자연관, 생활관이 여지없이 박살나고, 나라의 곳곳에는 서양 사대주의와 그것에 바탕을 둔 귀족주의와 노예 근성이 인간과 자연을 더럽히고 질식시킵니다.

서양인은 경제 동물의 원조답게 모든 것을 상품으로 만들어 팔아먹습니다. 자본주의적 경제 체제는 발견의 역사이며, 발명의 역사입니다. 눈에 띄는 모든 것은 정복되고 포장되고 약탈되고 수출되어 그들 서양 세계는 오늘과 같은 강국이 되었습니다. 뉴스도 상품이 되어 개발되고, 종교도 상품이 되어 수출되고, 이미지와 디자인도 상품이 되어 고소득을 올리고, 이른바 문화 상품이라는 이름으로 인간 생활에 관계되는 모든 것을 상품화하는 시대를 그들은 창출했습니다.

지금의 한미 FTA는 약탈적 자본주의 현실의 절정을 보여줍니다. 자본 증식이라는 욕망의 영구동력기관 장치가 국경을 저절로 넘어선 것입니다. 이것은 약육강식의 무한경쟁을 벌이겠다는 강대국의 선전포고인 것입니다. 강한 것은 살아남고 약한 것은 죽습니다. 여기에는 오직 자본의 이익이 있을 뿐입니다. 21세기 자본 운동은 스스로가 감당할 수 있는 한계를 이미 넘어섰습니다. 자본은 모든 것을 탐욕스레 먹어치우는 괴물입니다. 인간의 도덕성과 자연의 아름다움은 초토화됩니다. 지금도 그렇지만 이것은 지구의 종말이 올 때까지 멈춤 없이 계속될 것입니다.

과대한 서양 추종은 자연과 문화와 인간의 종말을 앞당길 뿐 아니라, 그것은 어쩌면 야만성과 기계성을 합리주의라는 이름으로 포장한

　　　　　　　맺음말. 한국 사회, 어디로 가나

채, 지구 환경과 인간 사회를 기계 왕국으로 변질시키는 행위가 될지도 모를 일입니다.

오늘날의 서양은 왜 저와 같은 부국이 되었을까요? 근대 이후 그들 앞에 정복 민족과 약탈 대상의 국가가 존재했으므로 이 일은 가능했습니다. 생각해보면 근대 초기에 지독한 가난에 시달리던 유럽 대륙이 아메리카를 정복하고 약탈하면서부터, 아시아와 아프리카를 침략하고 지배하면서부터 그들은 잘 사는 선진국의 길을 걸어오지 않았던가요? 해방 70년을 바라보면서 우리나라는 잘사는 나라로 발돋움했습니다. 그 까닭은 무엇일까요? 우리보다 못사는 나라가 많이 있음으로 해서 그들 덕에, 즉 그들은 빈익빈이 되고 우리는 부익부의 처지에 서 있는 까닭이 혹 아닐까요? 살펴보면, 아직도 지구 위에는 20세기의 50년대와 60년대 경제 수준인 나라들이 숱하게 깔려 있습니다. 그러므로 우리나라는 당분간 더욱더 잘 사는 나라로 유지될 것입니다. 그러나 지금부터 100년 후 지구 살림이 어떻게 될지는 아무도 모릅니다.

활짝 열려 있는 지구촌의 문은 이제 적당히 닫혀야 합니다. 서양 사대주의에서 벗어나야 합니다. 서양 사대 병은 오직 우리 자신만이 치료할 수 있습니다. 아집과 편견, 독단과 독선, 욕망과 물욕이 팽만한 오늘의 우리 사회는 우화에 나오는 자기 과시의 헛바람으로 배터지는 개구리와 같습니다.

현대 대중 사회에는 각종 우상이 서식합니다. 외국 해충과 외국 물고기가 토종 생명을 절멸시킬 기세로 잡아먹듯이, 우상은 우리의 마음과 심성을 갉아먹습니다. 그런데 생각해보면 우상은 태어나는 게 아니라 만들어지는 게 아닌가요? 권력의 지배 욕망과 대중 매체의 기술적 조작으로 말입니다. 우상의 범위도 점차 확산되고 있는 형편입니다. 종교와 연예 오락에서 출발한 우상론이 정계, 재계, 학계 심지어는 스포츠와 문단에도 적용되고 있습니다. 현대는 어느새 거대한 우상 왕국입니다. 이제 우리는 길고 긴 노예의 꿈에서 깨어나야 합니다. 찌는 듯한 여름 더위에 대형 에어컨을 가동하는 일은 옆집과 이웃 사람을 질식 직전의 더운 열기로 몰아넣는 일입니다. 서양식의 모든 발전은 이처럼 필요악을 대동하는 괴이한 발전입니다. 〈빈익빈 부익부〉라는 자본주의의 절대 법칙은 순환 고리가 끊어지는 법이 없습니다. 아마도 21세기 중반에는 세계 전체를 대상으로 하여 빈익빈 부익부 현상이 더욱 극명하게 드러날 것입니다. 자본이라는 괴물의 식탐―1%의 인간이 99% 인간의 모든 것을 독식하는 지구촌 미래의 모습이 공포로 다가오고 있습니다.

우리는 지금 경제대국입니다. 잘사는 나라가 되었습니다. 그러나 한 달 중 열흘 이상을 700원짜리 라면으로 연명해 가는 사람들, 쇳가루를 마시고 수족이 절단되어 폐물이 되는 사람들, 학교 급식비를 내지 못하는 어린 학생들, 노점 행상으로 쫓겨 다니는 사람들, 노동 조건이 험악하여 늘 수면이 부족한 사람들, 실직된 사람들, 취직 못한 청년들―이 사람들을 밟고 서서 우리 모두는 평균적으로 잘살고 있는 것입니다. 순전히 숫자 마술로, 다만 추상적으로, 평균적으로 말입니다.

그런데 한번 물어봅시다. 우리나라 학생들은 학교에서 잘 살고 있는가요? 직장인과 노동자는 근무지에서 행복하게 살고 있는가요? 그

맺음말. 한국 사회, 어디로 가나

들은 인간적으로 삶의 보람과 의욕을 가지며 학교에서 직장에서 일하고 공부하며 사는 것인가요? 또 물어봅시다. 알려진 대로 아프리카에는 역사가 없었으며, 아메리카에는 원시인들이 인간 이하의 생활을 하고 있었는가요? 한국의 역사는 생동감 없는 정체의 역사이며, 서양 역사는 발전과 진보의 역사인가, 과연 그런가요?

서양 문화와 문명의 세계 전파는 말 그대로의 전파가 아니라 정복이며 약탈이며 살육이었습니다. 서양 세력의 세계 통일은 새 역사의 시작이 아니라, 지구 전 역사의 종말과 가깝습니다. 서양의 넘치는 에너지는 창조의 생명력이 아니라 죽음의 독소에 가깝습니다. 그래서 서양의 발길이 닿는 곳은 무엇이나 생명이 남아나지 않습니다. 풀이 죽고, 나무가 죽고, 물고기가 죽고, 인간성이 죽고, 산이 죽고, 들이 죽고, 강이 죽고, 인간에 대한 예의가 죽고, 역사가 죽고, 언어가 죽고, 지구가 죽고…… 거의 모든 게 죽음뿐입니다.

생명의 죽음 대신 서양은 새것을 창조해 줍니다. 각종 법률을 무한정으로 만들고, 기계 인간과 기계 생명을 만들고, 절대 유일신을 만들고, 욕망 덩어리를 제조하고, 여자를 나체로 만들고, 아이들을 의무론적 도구로 만들고, 사회를 창살 없는 투명한 감시 대상으로 만들고, 국가와 정부를 전지전능한 인격신으로 변질시키며, 수없이 많은 우상과 스타들이 탄생하고 스러지게 하며, 모든 역사를 영웅주의 사관으로 채색하며, 전통 숭배와 조상 숭배를 야만의 미개행위로 단죄하게 만들며, 무엇보다도 자연 파괴를 문명시, 신성시하게 합니다.

오늘날 한국인들 중에는 한국의 역사는 제대로 알지도 못하면서 이스라엘 유태인의 역사는 훤하게 꿰뚫어보는 사람들이 꽤 많습니다.

그간 한국 사회에서 기독교 신앙은 하인리히 하이네(1897~1856)가 말한 그대로 '유럽 문화로 들어가는 티켓'을 받아든 격이었습니다. 방방곡곡에 인간 착오, 시대 착오, 민족 착오, 역사 착오, 문화 착오의 인물들이 사회 지배 세력으로 자리잡고 있음을 아픈 눈으로 봅니다.

한국 사회는 세계에서 유례를 찾아보기 어려울 정도로 종교 사업, 곧 예수교 확장 사업이 번창 일로를 달리고 있습니다. 근대화의 물결 속에서 삶의 터전을 뿌리 뽑힌 한국인들이 전통적인 살림 형태인 상부 상조 전통의 친목 도모를 위해, 끈끈한 이웃 간의 정을 보듬기 위해, 정든 사람들을 만나기 위해, 공인 받은 이성 교제를 위해, 경제적 이익을 위해, 성공의 발판인 인맥을 넓히기 위해, 한풀이와 신명풀이를 위해, 멍울진 스트레스를 통성 기도로 풀기 위해, 한국의 아이와 어른들이 가릴 것 없이 교회로, 교회로 몰리고 있습니다.

크리스트교의 본고장인 구미 선진국에서는 이미 오래전부터 탈 크리스트교 현상이 두드러지게 나타나고 있음은 이제 역사의 상식입니다. 그렇다면 한국이든 서양이든 어느 한 쪽이 비정상이라고 말할 수 있습니다. 작금의 서양에서는 교회에 신도가 도무지 모이지 않아 500명 규모의 교회에 예배 때에도 겨우 10명 남짓의 신자가 나타날 뿐이라고 합니다.

광고 전략을 통해 신자들을 끌어 모으기 위해 소위 성직자들이 신문과 방송을 통해 광고를 합니다. 스페인 같은 카톨릭 국가에서는 성직에 지원하는 젊은이가 아예 없어 그들의 오랜 식민지였던 남미에서 역으로 성직자를 수입하는 추세에 있습니다. 서양에서는 교회 예배를 한 달에 한번만 보자는 현실적인 주장이 나오는가 하면, 이미 오래전부터 무 교회주의 전략도 나오고 있습니다. 또 대민 서비스를 강화하여 교회를 탁아소, 상담실, 공부방으로 활용하는 방안은 진작에 실천되고 있습니다. 심지어는 신자 없이 텅텅 비어 있는 교회 건축물을 처리하기 위해, 이것을 팔아 넘기고 있는 실정입니다. 수백 년의 종교 전통의 유물이 하루아침에 아파트로 개조되는가 하면, 여관으로, 유치원으로, 슈퍼마켓으로, 술집으로, 병원으로 교회가 고쳐지고 있습니다. 서양 종교계에 있어 이 같은 교회 수난은 미국이나 유럽 등의 선진국에서는 이미 거스를 수 없는 대세입니다. 이 부문에선 이것이 세계화 국제화의 흐름인 것입니다.

기독 예수교는 지난 2000년 동안 서양 정신의 핵심이었습니다. 해방 이후 60여 년 만에 우리는 서양의 대열에 나란히 섰습니다. 물질적으로 정신적으로 모든 조건을 갖추어 서양화를 달성한 것입니다. 지난 60년 동안 잦은 폭력과 내분과 흑백 이분법과 궁핍함은 우리로 하여금 서양으로 눈을 돌리게 만들었고, 급기야는 서양 정신과 제도로 일상생활을 엮어나가는 지경에 이른 것입니다. 삶의 양식이 미국과 비슷한 꼴로 탈바꿈한 지 오래 되었습니다. 종교만 하더라도 그렇습니다. 해방 직후만 하더라도 서양 종교인은 소수에 불과했고, 불교나 또는 민족 종교 계통이 전체 종교인의 대다수를 차지할 정도였으나 기독교 공화국으로 알려진 이승만 정권을 거치면서부터 이 관계는 역전되기 시작합니다.

오늘날 우리의 실정은 어떠합니까? 한 교회에서 한꺼번에 수천 명씩 예배를 보는가 하면, 새벽 반에서 밤중 반까지 나누어서 예배를 보아야할 정도로 교회로, 교회로 사람들이 몰리고 있습니다. 심지어는 한갓진 시골에도 서양 종교가 파고들어 스무 남짓의 집들이 살고 있는 곳에도 예배당이 마을을 대표하듯 덩그러니 서 있습니다. 대도시는 물론이고 소도시에서도 야간에는 붉은 십자가가 여관 표시판과 함께 밤하늘을 불태우고 있습니다. 종교는 그 나라 최고의 정신적 원천입니다. 특히 유일신 종교는 더더욱 그렇습니다. 서양 자체와 서양 종교를 완전히 분리해서 해석하는 시각은 한쪽의 착각이면서 동시에 다른 쪽의 속임수입니다. 착각은 자유이나 그 고통과 상처는 길고도 깊습니다.

지중해를 벗어나서 세계로 진출한 이래로 서구 문명은 탁월한 호기심과 정복욕을 앞세워 지구 위에 사는 인류를 드디어 하나의 생활 공동체로 엮어내는 데 성공합니다. 서양은 그들 자신이 갖고 있는 지적 능력의 우수성을 강조하며, 인류의 살림살이를 지식 지배의 틀 속으로 밀어 넣습니다. 아울러 그들은 자본과 물질의 현실 지배 능력을 찬양하여 인간사 모두를 경제 활동의 공식 안에서 계산되도록 만듭니다. 그들이 강조해 마지않는 보편주의 생활 원리는 종교와 과학, 그리고 자본주의 경제 법칙이라는 도구들의 도움을 받아 세계의 운명을 굴리는 힘으로 작용합니다. 그러나 생각해 볼 때, 인류의 문화적 가치와 생활 양식이 서구식으로 통일될 필요도 없으며, 기계 발달과 더불어 무한대의 경쟁 원리를 단 하나의 생활 법칙으로 내세우는 서구 자본주의 문명이 지니고 있는 부정적인 가치에 주목한다면 오히려, 세계 문명이 한 가지 형태로 통일되는 일이야말로 우리가 기를 쓰고 그것의 실현을 피해야만 하는 디스토피아가 아닐까요?

우리 속담에 〈굴러온 돌이 박힌 돌을 뺀다〉는 말이 있습니다. 서양 문화와 서양 정신과 서양 제도가 온통 우리를 에워싸고 항복을 요구합니다. 일부 지식인에 의해 서양 문화가 여과 없이 들어와 찬양 받고 받들어짐에 따라 우리 사회는 현재 반 서양화되어 있습니다. 현대를 사는 우리들은 살과 피를 조상으로부터 물려받았을 뿐, 내 것이라고 가지고 있는 거의 모든 것이 서양식으로 탈바꿈되어 있는 것이 지금의 현실입니다. 문화라고 불리는 모든 것이 그러할 뿐더러, 자연계에서조차 식물이나 동물이나 가릴 것 없이 외래종이 공격적인 번식력으로 재래종의 생존 기반을 위협하고 있습니다.

아이들은 전통 음식인 김치와 된장을 싫어하고 혐오하는 식품으로 손꼽으며, 영어 교육의 열풍으로 영어 잘 하는 사람을 무조건 존경합니다. 이 땅의 아이들은 이제 자연스레 서양 외국을 이상 국가로 여기고 있는 실정입니다. 청소년과 어른들은 서양 정신과 서양 철학에 지배당하고 있습니다. 서양식 말법과 서양식 논리와 지식이 아니면 무식한 소리 듣기 딱 알맞은 세상입니다. 정보화 시대, 개방화 시대를 예찬하지 않으면, 무식하다 못해 사상이 불건전한 사람으로 오인 받는 세상입니다. 서양적이지 않고는 현대적이라는 말을 꺼내기도 힘든 시대입니다. 전통 문화가 파괴된 꼭 그만큼 서양 문화가 우리의 의식주를 지배하고 우리에게 항복을 권하고 있습니다.

뉴턴과 데카르트가 연합하여 만든, 아니 그들을 숭배하고 추종하는 광신자들에 의해 만들어진 오늘의 서구 기계 문명은 이미 오래전에 그 한계를 드러내었습니다. 정확하고 수량적인 과학 지식, 기계적인 냉혹함과 엄격한 규칙성, 자연 산천의 무분별한 파괴 행위, 신적 인간으로 상승한 백인종 우월 의식이 서양인의 무기가 되어, 그들은 계속해서 자본 패권주의 문명 의식으로 무장한 채, 그들의 뜻대로 세계를 단일한 경제 시장으로 통일하였습니다.

21세기 새 시대의 서구인들은 새로운 지식, 새로운 자본 시장 영역, 새로운 논리, 새로운 이데올로기를 동원하여 지구 폴리스 시대의 여러 민족과 국가를 대상으로 하여 기술 상품과 정보 지식 상품, 그리고 흥미롭고 감각적인 문화 상품을 팔아먹을 궁리를 할 것입니다. 그 덕에 서구 자본주의 선진 세력들은 경제 성장과 물질적 부, 그리고 전문가적 권위와 선진 산업국으로서의 권력을 예전 형태로 보존하려 들 것임은 불을 보듯 훤한 일입니다.

서구 사회는 근본적으로 어떤 형태이든지 권위주의 문화가 지배적 자리를 차지해 왔다고 말할 수 있습니다. 유태인을 비롯하여 서구인들의 가족 구조에서 아버지는 권위 그 자체였고, 절대 권력의 화신이었던 것입니다. 정신 분석학의 창시자 프로이트의 분석을 살펴보면, 서구 사회에서 보편화되어 있는 절대적 부권의 정체를 발견할 수 있습니다. 예수교 자체도 사실은 강력하고 절대적인 부권을 바탕으로 하는 가부장적 권위주의 종교입니다. 아담과 이브 이야기를 생각해 보십시오. 남자의 갈빗대 하나로 여자를 만들었다는 이야기. 특히 근대 초기에 성립된 프로테스탄트 개신 기독교는 성모 마리아라는 여성성을 부정하고 예수교의 성격 구조를 강력한 가부장적 유일신 체제로 혁명적인 전환을 해서 성공한 경우라고 평할 수 있습니다.

우리나라 사람들의 오해가 극심하여 서양 가정은 부부가 평등하며, 그들의 가족 질서는 권위와는 상관없이 민주적 요소로 구성된 듯이 착각을 합니다. 그러나 오늘날에 보이는 서구 사회의 남녀평등 의식이나 여권 신장의 사회 분위기는 역사적으로 볼 때 여자들이 남자를 적으로 규정하고 투쟁한 결과로 만들어진 것입니다. 공짜로 서양 남자들이 여자들에게 선물로 준 것이 아니었습니다. 또는 남녀 상호 간에 민주적으로 협의해서 여성들의 권익을 챙겨주고 위해준 게 결코 아니었습니다. 이것은 서구 역사에서 남자들이 여자에 대해 행한 극단적 억압이 근대 이후 의식이 깨어난 여성 운동권으로부터 처절한 반동과 혁명을 불러온 것에서부터 비롯된 것입니다.

지금의 우리 한국 사회에는 초들어 말해서는 안 되는 두 개의 금기가 있습니다. 하나는 북한 찬양이요, 또 하나는 기독교 비판입니다. 이것을 거칠게 말한다면 양귀, 일귀가 우리 가슴과 머리를 갱무도리 없이 짓누르고 있다는 뜻입니다. 작금의 한국 사회는 서양 흑백 논리와 일본 황민 사관이 사회 지배 세력으로 위세를 떨치고 있다고 보면 틀림이 없을 것입니다. 식민지 시대 친일 매국노는 해방 이후 기독교와 미국 권력으로 위장막을 치고, 다시금 한국 사회에서 지배세력으로 그 위세를 맹렬하게 떨칩니다.

일제 강점기에 일본인이 심어놓은 생각, 곧 조선은 열등하며 일본은 우월하다는 노예적 인식은 해방 이후 다시금 한국은 열등하며 미국은 우월하다는 종놈 근성으로 바뀌게 됩니다. 물론 이 일에 앞장선 이는 친일파들이며 그들은 자신들의 생존을 위해 여기에 집요하게 매달립니다. 먼저 그들은 미국이라는 국호를 아름답게 고칩니다. 미국은 이전의 米國이 아니라 美國이 됩니다. 일본에서는 19세기 처음 작명 그대로 미국은 부자 나라 米國인데, 우리 나라에서는 아름다운 나라[美國]으로 대접이 달라집니다. 풀어서 쓰면 〈아름다움을 몽땅 모아

가진 나라(미합중국 美合衆國))입니다. 양키 나라를 일컫는 '미합중국'이라는 우리식 국명은 조선 시대에 우리가 상전으로 떠받들던 '중국'을 생각 나게 하는 묘한 여운이 들어 있습니다. 이것을 예전의 소련(소비에트연방공화국)에 견준다면, 미국은 미합중국 또는 미국이 아니라, 미련(아미리가연방공화국)으로 명명해야 옳을 것입니다. 그러나 미국과 우리의 관계를 생각한다면, 이것은 더없이 미련한 작명법이 되겠지요.

친일 독재 세력은 일제 식민지 시대 이후 한국 사회의 실질적인 지배자 역할을 해오고 있습니다. 지금도 언론계를 비롯하여 정치계, 교육계 곳곳에 일제 시대에 뿌리를 둔 기득 권력 집단이 그대로 포진해 있기 때문입니다. 사회 지배 계층이 이승만 정권 이후 같은 줄을 타고 같은 장소에 끊임없이 이어져오고 있기 때문입니다. 그들은 양지에서 일하며 음지를 지향하는 집단 훈(집단 訓)을 가슴에 새겨 에누리 없이 그대로 실천해냅니다. 그들에게는 그럴만한 힘과 능력과 빽이 있는 까닭입니다. 그들은 서로에게 후견인이자 보증인이며 변호인단이 됩니다. 그들의 권력과 권위 의식은 일제 식민지 시대 이래로 지속되어온, 탄력성이 뛰어난 도깨비 옷처럼 질기고 튼튼합니다.

그들 한국 사회 지배 계층은 지식과 권력과 자본의 힘으로 여론을 조작하고 역사를 왜곡하고 독재의 오랜 관행을 문화 유산 차원으로 보존하려 듭니다. 남북 대치 상황에서 북한의 존재는 반공 논리와 흑백 이론을 낳는 원형적 기반이 됩니다. 그들에게 반공 이데올로기는 기독교 바이블과 헌법 위에 존재합니다. 그들에게 반공주의는 성스러운 종교 교리입니다. 그들 앞에 좌파 세력, 빨갱이들은 영락없는 사탄입니다. 그들이 신앙하는 반공 이데올로기는 반대자를 제압하는 전가의 보도입니다. 그것은 20세기의 한반도에서 우리 식으로 변형된 서양 종교 교리라고 말할 수 있습니다.

노산 이은상 선생의 시조 중에 '분꽃'이라는 작품이 있습니다.

빨강이 노랑이로 어여삐 단장하고
게으른 잠을 자다 저녁밥 지으렬 제
살포시 그 잠을 깨어 방글방글 웃는다

저녁 무렵에 빨갛고 노란 분꽃이 활짝 피어남을 묘사하고 있는 시 작품입니다. 1948년에 간행된 '중등국어'책에 실린 것입니다. 작품에서 첫 시어 '빨강이'가 눈에 띄는군요. "빨강이, 노랑이, 파랑이"는 같은 계열의 낱말들입니다. 모음동화 때문에 '빨강이'가 나중에 '빨갱이'로 바뀝니다. '아지랑이'가 '아지랭이'로 되는 것과 같은 현상이지요.

'빨갱이'는 '빨갛다'는 뜻입니다. 그런데 남한 사람들에게 '빨갱이'는 머리에 뿔이 나고 얼굴이 새빨간 사람입니다. 반공 교육을 열심히 받은 그대로, 빨갱이는 바로 북한 공산당입니다. 남북 대치 국면에서 빨갱이는 우리들에게 영락없이 악마의 모습, 사탄의 모습 바로 그것으로 각인되어 있습니다.

레드 콤플렉스는 붉은 색을 공산주의 상징으로 삼는 것을 이르는 말입니다. 역사적으로 볼 때 신생 공산주의자는 낫과 망치를 들고 기존의 낡은 질서를 혁파하고 깨부수는 일에 자신과 조직의 모든 것을 바쳤습니다. 까닭에 그들은 투쟁과 전투의 상징으로 붉은 피, 붉은 색을 자신들의 색깔 상징으로 삼았던 것입니다. 여기서 붉은 색은 피와 열정입니다. 지금도 노동자들이 파업을 하거나 시위를 할 때 붉은 색 머리띠를 결연하게 질끈 동여매는 게 이런 연유에서입니다. 중국 오성기의 붉은 별이나 북한의 인공기에 붉은 별이 그려져 있음을 봅니다. 공산 세계에서 사용하는 별은 서양 전통의 점성술이 그대로 계승된 것이며, 별은 민중의 상징이며 그들의 소망과 염원을 상징하는 것입니다.

붉은 색이 빨갱이라고 할 때, 한국 사회는 분명 빨간색 혐오증이 있습니다. 청홍의 색깔 짝이 청백으로 성전환을 했습니다. 전통의 청군 홍군이 생뚱맞게 청군 백군으로 바뀌었습니다. 붉은 색, 즉 홍군은 북한 공산군이기 때문입니다. 빨갱이를 응원해서는 안 되며 홍군이 경쟁에 이겨서도 안 되기 때문입니다. 그래서 홍군을 없앴습니다. 또 보면 학교에 다닐 때 원색 옷 중에 유독 붉은 색 옷을 입지 못하게 학생부에서 엄격히 단속했던 것입니다. 이것 역시 붉은색 혐오증입니다.

이즘에 국가대표 축구 응원단 이름이 '붉은 악마'인 것은 국민 의식의 놀라운 전환을 보여줍니다. 젊은이들의 천진한 시선이 느껴집니다. 치우천왕 때문에 레드 콤플렉스가 상당히 희석되는 효과가 있습니다. 붉은색 혐오증 또는 붉은색 공포증이 젊은 층으로부터 천천히 풀려나고 있음은 나라의 장래를 위해 퍽이나 다행입니다. 알고 보면 전통 문화에서 붉은 색은 귀한 신분을 상징하는 고귀한 색이었습니다. 노산 선생의 시조에서 본 대로 '빨강이' 같은 낱말이 거리낌 없이 다시금 표현되기를 바랍니다.

맺음말. 한국 사회, 어디로 가나

한국 사회는 아직도 일본 식민 시대로부터 해방되지 않았습니다. 남북한 대립의 역사적 뿌리는 일제 강점기에 심어져 있습니다. 태평양 전쟁에서 미국에 패배한 일본이 무조건 항복을 선언하면서 우리나라는 광복을 맞이하게 됩니다. 1945년 해방 당시 한반도는 국제법상 일본의 영토였으며, 일본 본토에는 일찍이 미군이 점령군이 되어 일본 정부를 접수하게 됩니다. 그러나 한반도는 북위 38도를 경계선으로 하여 남한과 북한이 갈라지게 됩니다. 38선 이북에는 소련군이 점령군으로 들어오고 38선 이남에는 미군이 점령군으로 들어오게 됩니다. 말하자면 패전국인 일본을 제압하고 일본국을 접수하기 위해 한반도에 미군과 소련군이 진주하게 된 것이지요. 이때의 독일 역시 이런 과정을 밟아 자본주의 서독과 공산주의 동독으로 분리됩니다. 이렇게 해서 한반도는 일본의 식민지라는 불운에 이어 또 다시 남북 분단이라는 역사적 고난에 빠져들게 된 것입니다.

이런 이유로 남북한이 분리 대립하고 있는 이 시대는 일본의 식민 지배로부터 진정 벗어난 것이 아닙니다. 패전국 일본이 당해야 할 고통과 역경을 우리 민족이 덤터기로 물려받은 격입니다. 6.25전쟁이 끝난 후 북한과 유엔 대표인 미국이 맺은 휴정 협정 상태로, 한반도가 팽팽한 긴장과 반목의 세월을 보낸 지 어느덧 60년입니다. 한반도가 남북으로 갈라지면서 남한은 대륙으로 향하는 연결 고리를 잃어버리게 되었습니다. 대륙 진출이 봉쇄되어 남한은 고립된 섬이 되고 말았습니다. 북한의 존재는, 그것도 주적으로서의 북한의 존재는 광활한 대륙으로 이어지는 길목을 차단하는 훼방꾼과 같은 것이어서, 우리는 지금 역사적으로나 지리적으로나 더 이상 대륙의 장점과 해양의 장점을 동시에 지닌 〈반도 국가〉라고 자랑할 수가 없게 되었습니다. 한국 사회는 오래전부터 대륙과 떨어진 고립된 섬이 되고 말았습니다. 호연지기를 잃어버리고 대륙을 잃어버렸습니다. 남북한 통일은 이 점에서 더욱 절실합니다.

지금도 한국 사회의 지배자는 대체로 반공 이데올로기 신앙인들입니다. 그들에게 반공은 절대선입니다. 권력 유지와 확장의 가장 든든한 빽입니다. 현대 역사가 시작된 이래 신문이나 방송에 나오는 것은 진실이며 진리라고 곧잘 믿어버리는 보통 사람들은 이들이 던진 '미끼'에 걸려든 것이라고 봐도 무방합니다. 이 사실을 아는 사람은 오래전부터 알고 있고, 모르는 사람은 죽어도 모르고 있습니다. 한국 사회를 쥐락펴락하는 주류 언론인 소위 〈조중동〉 신문을 보는 사람은, 자기도 모르는 새 친일 매국노 세력과 독재 권력에 〈동조중〉인 사람이 되고 맙니다. 이 기묘하고 서글픈 현대 한국 사회의 자화상을 만나보는 일은 특히 중요 선거를 앞두고 잦아집니다. 세뇌 교육을 통해 양극단의 사회 구조가 진작부터 굳어져왔기 때문입니다.

혼 다 빼 놓고 알지 못할 힘에 몰려 한국인들이 21세기 첫머리에서부터 정신없이 달려가고 있습니다. 아이들과 청년들은 가벼움과 재미에만 정신이 팔려 진지하고 깊이 있는 탐구의 세계를 외면합니다. 도전 정신이나 창의성, 그리고 실사구시 정신과는 일체 담을 쌓고 대학 입학 시험에 유용한 쪼가리 지식만 표피적으로 배워대는 학교 공부에 신물이 나고 넌덜머리가 난 탓입니다. 어른 아이 가릴 것 없이 한국인들은 잠시도 쉬지 않고 부지런히 움직이며 남들 가는 쪽으로 죽자꾸나 뛰어갑니다. 어디로 가는 줄도 모르면서 많은 한국인들이

맺음말. 한국 사회, 어디로 가나

아침부터 밤중까지 허겁지겁 뛰고 있습니다. 한국 역사의 수레바퀴가, 인류 문명의 수레바퀴가 어디로 굴러가는지도 모르면서.

한국 사회는 새 시대에 새롭게 태어나야 합니다. 한국 현대사의 큰 매듭을 지어야 합니다. 정치 권력은 물론 언론 권력이나 지식 권력이 한시바삐 바뀌어야 합니다. 21세기 한국 사회의 바른 길 찾기에 사사건건 어깃장을 놓고 딴죽을 걸어대는 일들이 지금도 계속되고 있습니다. 지혜 있는 국민의 힘을 하나로 모아야 할 때입니다. 21세기는 한국인의 저력을 발휘해야 할 시대입니다. 한국인의 창조력과 도전 정신을 시험하는 시대입니다. 그러기 위해서 우리 머릿속에 들어있는 악령을 물리쳐야 합니다. 남한과 북한, 신과 악마, 빨갱이와 흰둥이를 가르는 흑백 논리를 멀리 내던져야 합니다. 국가 내부 독재와 서구 패권주의의 사술(邪術)을 꿰뚫어 보아야 합니다. 존재와 가치를 이원화하지 말아야 합니다. 몸과 마음을 건강하게 잘 가꾸어야 합니다. 우리식의 자연산 고개를 외면하고 외제 나일롱 고개를 넘어가는 맹추 같은 바보 놀음은 이제 제발 그만두어야 합니다.

지금 우리들은 내남없이 병들어 있습니다. 그런 까닭에 애써 건강을 찾는 병, 일명 '건강병'이라 하는 게 우리 몸에 붙어 있습니다. 이 병은 다른 사람과 자기의 생활 수준을 비교하고 폼 나게 살아보려고 아등바등 몸과 마음을 혹사시키는 병입니다. 이 병은 피난민 의식에 사로잡혀 불나방처럼 순간의 잇속에 달려드는 나쁜 병입니다. 이 병은 공연히 피해 의식에 젖어 남에게 절대로 양보하거나 남 잘 되는 꼴을 못 보아주는 병입니다. 이 병은 권위에 주눅이 들어 신문과 방송에서 또는 지식인들이 떠들어대는 대로 앞뒤 재지 않고 들쥐 떼와 같이

한 방향으로 와르르 몰려가는 병입니다. 이 병은 한국 전통의 심성과 근대화 문화가 갈등을 일으키면서 생겨난 심인성 질병입니다. 이 병은 약자에게는 군림하고 강자에게는 아부하는 독재 떨거지들이 전염시킨 비루먹을 병입니다. 이 병은 몸과 마음의 균형이 깨지면서 생기는 속병입니다. 이 병은 몸은 전통의 한국인인데, 마음은 서구와 일본에 젖어서 발생하는 일종의 정신 질환입니다. 이것의 병명은 공식적으로는 '한국병'이라고 알려져 있습니다. 이 병은 정신이 혼미한 채로 무조건 앞으로만 냅다 달려가는 무뇌(無腦)형 돌진 병입니다. 이 병은 공직에 있거나 또는 약간이라도 높은 자리에 있으면 금세 '거드름 피움증'이 도지는 고질병입니다.

현대사 백 년 동안에 강제로 이식되고 때로는 무분별하게 수입한 탓에 한국 사회는 스스로 창조하는 힘이 없어졌습니다. 전통의 퇴락과 역사의 단절이 가져온 업보입니다. 우리 자신의 주체적 창조력이 말라 버린 지 오래입니다. 그런 까닭에 아이를 낳고 기르다 보면 그 아이는 갈데없이 서양식 미인 아니면 왜풍 일인의 몸과 마음을 갖추게 됩니다. 단선적 경쟁의 소용돌이가 몰아치는 한국식 천민 자본주의 사회에 한국인들은 어린 시절부터 사정없이 내동댕이쳐집니다. 이리하여 '역사 없는 정신'으로 '정신 없는 역사'를 살아가는 한국 사회의 현대사가 끊어지지 않고 계속 이어져 옵니다. 한국인들은 이 땅의 주인으로 살면서도 우리 것보다는 서양과 일본 것에 더 익숙해 하고 편안해하며, 나아가서는 거기에서 한층 낯익은 친밀감을 느끼는 기묘한 현상이 벌어지는 것입니다. 이 땅은 오래전부터 불임의 땅입니다. 한국 남자와 한국 여자는 모두 창조의 힘이 없어졌습니다. 우리 것을

    맺음말. 한국 사회, 어디로 가나

낳지 못하고 있습니다.

한국 사회의 문화 흐름은 인스턴트 형 일회용 문화로 일관하고 있습니다. 전통에 뿌리박은 단정하고 확고한 우리의 철학과 우리의 정신이 없기 때문입니다. 우리 살림의 문화 모델을 개발하지 못했기 때문입니다. 한국 문화의 현재가 역사의 뿌리를 가지지 못한 탓입니다. 한국 사회 지배 계층의 지독한 사대주의 풍조와 그들의 독재 방식과 독점 관행이 제대로 지적되고 비판받은 적이 한 번도 없던 탓입니다. 현재 이 땅에는 지난 20세기의 한국 사회가 그렇게 굴러왔듯이 서구 지식과 이데올로기와 문화 양식, 그리고 일본식 관행과 법률과 제도적 장치와 그 운용이 사회 구석구석에서 아직도 그 위력을 떨치고 있습니다.

그런 까닭에 실제 생활과 제도와 법률은 제각각 겉돌고 있습니다. 가령 학교에서 '도덕적이고 창조적인 민주 시민 육성'이라는 거창한 표현을 걸어놓고, 실제로는 아이들을 일본 군국주의자 방식으로 획일화하여 다스려 왔던 것입니다. 말로는 망국적인 지역주의 감정을 청산하자고 떠들어대면서도 실제로는 지역 감정을 조장하는 쪽으로 몰고 가는 언론 권력이 따로 존재합니다. 이런 방식으로 한국 사회는 전체적으로 말과 행동이 따로따로 겉돕니다. 지금 이 시간에도 우리 사회 구석구석에서 짐짓 어험스러워하는 독재자는 평범한 한국인들의 몸과 마음에 치료하기 힘든 병을 새겨 넣습니다. 그런 까닭에 누군가 말했듯이 지금 슬픔도 분노도 없이 살아가는 자는 조국을 사랑하고 있지 않은 것입니다.

지금의 한국은 사막의 거친 땅이 되고 말았습니다. 바야흐로 생명이 죽고, 인간이 죽고, 한국인이 죽고, 단군 하느님이 죽고, 배달의 역사가 죽고, 공동체의 생활 원리가 죽고, 다양성의 가치가 죽고, 큰마음 호연지기가 죽고, 화랑도와 신선도가 죽고, 전통의 선비 정신이 죽고, 고유의 무속 신앙이 죽고, 신명과 신바람이 죽고, 해학과 풍자가 죽고, 따뜻한 인정과 인심이 죽었습니다. 한국 사회의 집단 내부는 각자도생의 생존 전략이 냉기를 품고 내달릴 뿐, 사람들의 움직임에는 도무지 활기가 없습니다. 무한대의 경쟁적 사람살이가 살맛을 빼앗아 간 탓입니다.

오늘의 우리 사회는 신바람이 그쳐버린, 외래 독재 문화에 숨통이 막혀버린, 죽은 시인의 사회입니다. 오늘의 우리 사회는 참 주인이 드문 노예의 사회입니다. 오늘 우리 사회의 지배 문화는 이방인이 폼 잡고 활갯짓하는 식민주의 문화입니다. 오늘의 한국 사회는 신명이 사라진 지 오래된 기계 천지의 사회입니다. 오늘의 한국 사회는 몸과 마음이 병들대로 병든 한국인들이 사는 세상입니다.

병든 몸과 병든 마음을 고쳐 모든 한국인이 건강하게 사는 게 21세기 한국 사회를 살리는 길입니다. 우리 문화, 우리 철학, 우리 정신, 우리 교육을 만듭시다. 한국 사회를 새롭게 만들어 나갑시다. 무엇보다도 먼저 우리 스스로의 몸을 소중하게 가꾸는 마음가짐을 가집시다. 모든 일은 몸에서 일어나고 몸으로 거두어지기 때문입니다. 문화는 인간의 몸에 새겨집니다. 건강한 문화는 건강한 몸을 만들고, 건강한 몸은 건강한 문화를 만들기 때문입니다. 비유하자면 한국 사회는 한국인의 몸입니다. 우리 몸에는 한국 사회의 현대 역사가 새겨져 있습니다. 우리 몸에는 한국 사회의 일상 문화가 여울져 흐릅니다.

생로병사가 몸에서 일어남을 한국인은 압니다. 희로애락이 몸에서 일어남을 한국인은 알고 있습니다. 우리 한국인 모두가 몸 건강하게 사는 게, 21세기 새로운 도전 시대를 맞이한 한국 사회에 활력을 불어넣는 일입니다. 몸 건강하게 사는 게 나와 이웃 모두를 살리는 길입니다. 세계 전체를 살리는 길입니다. 나를 살리고 남을 이롭게 하는 홍익인간(弘益人間)을 실천하는 길은 바로 이것입니다.

홍익인간은 우리나라의 건국이념으로 널리 사람을 이롭게 한다는 뜻입니다. 여기서는 살아 있는 뭇 생명들이 다 사람입니다. 살아 있기 때문에 사람이고 살아가기 때문에 사람입니다. 땅강아지도 사람이고 피라미도 사람이고 벚꽃나무도 사람이고 버들개지도 사람입니다. 이런 마음이 다살림의 마음, 곧 종교의 마음이 아닐까요? 홍익인간은 지구촌 전체의 생명 평화를 위해 우리 민족이 오래전에 마련해 둔 것입니다. 능히 세계의 종교가 될 만합니다.

젊은이는 젊음 그 자체로 새 시대입니다. 자신의 몸을 건강하게 가꾸는 일이야말로 새로운 시대에 우리가 함께 꾸어야 할 꿈입니다. 혼자의 생각은 공상에 그치거나 단순한 꿈에 지나지 않습니다. 그러나 여럿이 같은 꿈을 함께 꾼다면 그것은 이내 현실이 되고 맙니다. 힘을 냅시다. 한 걸음의 힘을 믿읍시다.

능수버들이 봄바람에 한껏 능청이며 나부끼듯, 계곡 물이 쉼 없이 굼실굼실 흐르듯이 유유자적하는 한국인의 여유로운 마음가짐과 유연한 몸놀림 속에 21세기 한국 사회의 활력과 자생력이 들어 있다고 믿습니다. 모든 한국인들이 몸과 마음에 탄력과 여유를 가지고 살아갈 것을 간절히 바라마지 않습니다. 한국병은 오직 우리들 자신이 고칠 수 있는 병입니다. 몸과 마음을 튼튼히 가꾸는 게 한국병을 이겨내는 유일한 길입니다. 건강한 몸에는 나쁜 병균이 오지 않습니다. 마음이 건강한 사람에게는 외래 바이러스가 찾아오지 않습니다. 제도와 법령과 문화 관습과 정신 세계를 하루바삐 우리 식으로 바꾸어 한국인의 몸과 마음을 살려야 합니다. 몸 건강하게 사는 게 21세기 맞춤형 행복의 길입니다. 마음 건강하게 사는 게 문화 민족의 삶의 길입니다.

이 글을 읽는 젊은 독자님들은 몸과 마음을 건강하고 튼튼하게 가꾸어가는 데 노력하기 바랍니다. 한국 사회에 새 빛이 들어찰 때까지 스스로의 몸과 마음을 가꾸십시오. 한국 사회의 새로운 개화를 바라마지 않습니다. 다산 정약용 선생의 말을 전하면서 긴 글을 끝내겠습니다. "지식인이 책을 펴내 세상에 전하려고 하는 것은 단 한 사람이라도 그 책의 진가를 알아주는 사람이 있기를 바라기 때문이다."

건투를 빕니다.

맺음말. 한국 사회, 어디로 가나

참고문헌

강상중, 오리엔탈리즘을 넘어서, 도서출판 이산, 1997

고지마 히로유키, 세상은 수학이다, 해나무, 2008

그레이스 E. 케언즈, 동양과 서양의 만남, 평단문화사, 1984

김교빈, 동양철학 에세이, 동녘출판사, 2006

김명자, 동서양의 과학 전통과 환경 운동, 동아출판사, 1992

김삼웅, 한국 곡필사, 신학문사, 1989

김상일, 카오스 시대의 한국사회, 도서출판 솔, 1997

김성동, 생명에세이, 풀빛, 1992

김영민, 탈식민성과 우리 인문학의 글쓰기, 민음사, 1996

김영한, 르네상스 휴머니즘과 유토피아니즘, 탐구당, 1989

김오식, 과학기술은 가야할 길인가 깨쳐야 할 도인가, 신광문화사, 1994

김용옥, 중고생을 위한 철학 강의, 통나무, 1993

김용운, 원형의 유혹, 한길사, 1994

김준길, 서양문화 뒤집어보기, 한국경제신문사, 1996

김찬호 오태민, 여백의 질서, 도서출판 일굼, 1994

김필년, 동서 문명과 자연과학, 까치, 1992

김필년, 자본주의는 왜 서양문명에서 발전했는가, 범양사출판부, 1993

김홍종, 문명 수학의 필하모니, 효형출판, 2009

김희정 박은진, 비판적 사고를 위한 논리, 아카넷, 2008

김희준, 자연 과학의 세계, 궁리, 2003

니콜라 비트코프스키, 딴짓의 재발견, 애플북스, 2011

다니엘 벨, 정보화 사회와 문화의 미래, 디자인하우스, 1993

다니엘 J. 부어스틴, 미국사의 숨은 이야기, 범양사 출판부, 1991

다니엘 J. 부어스틴, 발견자들, 범양사 출판부, 1993

도덕 윤리 교육을 위한 교사 모임, 세 개의 사과 이야기, 푸른나무, 1990

레이첼 카슨, 침묵의 봄, 에코리브르, 2002

로버트 루트번스타인. 미셸 루트번스타인, 생각의 탄생, 에코의서재, 2007

루트비히 포이어 바흐, 기독교의 본질, 한길사, 1992

리영희, 새는 좌우의 날개로 난다, 한길사, 2006

리처드 도킨스, 만들어진 신, 김영사, 2007

리처드 도킨스, 이기적 유전자, 을유문화사, 2006

리처드 도킨스. 존 브록만 엮음, 왜 종교는 과학이 되려 하는가, 2012

리처드 파인만, 파인만의 여섯 가지 물리 이야기, 승산, 2003

마거릿 버트하임, 피타고라스의 바지, 사이언스북스, 1997

마샬 블론스키, 베일 벗기기- 기호학으로 풀어 읽는 현대문화, 시각과 언어, 1995

마이클 브린, 한국인을 말한다, 홍익출판사, 1999

마이클 셔머, 왜 사람들은 이상한 것을 믿는가, 바다출판사, 2007

마이클 화이트, 아이작 뉴턴과 마시는 한 잔의 커피, 라이프맵(한국물가정보), 2009

만프레트 라이츠, 중세 산책, 플래닛미디어, 2006

매릴린 퍼거슨, 뉴에이지 혁명, 정신세계사, 1994

미야자키 마사카츠, 하룻밤에 읽는 세계사, 랜덤하우스코리아, 2007

민석홍 나종일, 서양 문화사, 서울대학교출판부, 2006

민희식, 법화경과 신약 성서, 불일출판사, 1990

박노자, 나를 배반한 역사, 인물과사상사, 2003

박성래, 한국인의 과학정신, 평민사, 1993

박충록, 한국 민중문학사, 도서출판 열사람, 1988

발터 벤야민, 일방통행로, 새물결, 2007

백기완, 벼랑을 거머쥔 솔뿌리여, 백산서당, 1999

버트란드 러셀, 종교는 필요한가, 범우사, 1992

버트란드 러셀, 종교와 과학, 신천지, 1992

버틀란드 러셀, 과학의 미래, 열린책들, 2011

사이토 다카시, 세계사를 움직이는 다섯 가지 힘, 뜨인돌, 2009

사쿠라이 기요히코, 3일만에 읽는 세계사, 서울문화사, 2004

새뮤얼 헌팅턴, 문명의 충돌, 김영사, 2006

서경식, 나의 서양 미술 순례, 창작과비평사, 2002

서울대학교사범대학 국정도서편찬위원회, 고등학교 전통윤리, 교육과학기술부, 2009

석동호, 과학 기술사, 중원문화, 1988

세로게이 토커레프, 세계의 종교, 사상사, 1991

스튜어트 홀 외, 현대성과 현대문화, 현실문화연구, 1996

스티븐 에프 메이슨, 과학의 역사, 까치, 1993

스티븐 제이굴드, 풀 하우스, 사이언스북스, 2002

스티븐 호킹. 레오나르드 블로디노프, 시간의 역사, 까치, 2006

스티븐 호킹. 레오나르드 블로디노프, 위대한 설계, 까치, 2011

안광복, 처음 읽는 서양 철학사, 웅진지식하우스, 2007

알렉산드로 베초시, 레오나르도 다빈치, 시공사, 1999

앤 루니, 수학 오디세이, 돋을새김, 2010

앤드루 C 페이비언, 모든 것은 진화한다, 에코리브르, 2011

앨런 불록, 서양의 휴머니즘 전통, 범양사 출판부, 1989

앨런 월리스, 과학과 불교의 실재 인식, 범양사 출판부, 1991

앨리슨 재거 외, 여성 해방의 이론 체계, 풀빛, 1983

앨리슨 쿠더트, 연금술 이야기, 민음사, 1995

야코비 외, 칼 융 심리학 해설, 홍신문화사, 1993

楊格非 외, 오늘에 다시 보는 세 종교의 만남, 이문출판사, 1994

에드워드 기번, 로마제국 쇠망사, 까치, 1991

에리히 프롬, 소유냐 삶이냐, 홍성사, 1982

역사문제연구소 편, 바로잡아야 할 우리 역사 37장면, 역사비평사, 1993

요시마사 요시나가, 과학과 철학, 두 개의 거울, 도서출판 국제, 1994

유금호 편, 서양의 고사집, 동천사, 1986

유시민, 거꾸로 읽는 세계사, 푸른나무, 2008

유종선, 미국사 100장면, 가람기획, 1998

이강무, 청소년을 위한 세계사, 두리미디어, 2003

伊藤勝彦, 데카르트의 철학과 사상, 문조사, 1994

이만규, 조선 교육사, 도서출판 거름, 1988

이면우, 천재 과학자들의 바보 이야기, 아침, 1991

이명옥, 미술에 대해 알고 싶은 것들, 다빈치, 2004

이어령, 디지로그, 생각의나무, 2006

이어령, 젊음의 탄생, 생각의 나무, 2008

이영림 주경철, 근대 유럽의 형성 16 18세기, 까치, 2011

이원복, 만화로 보는 현대문명 진단, 조선일보사, 1994

이원복, 현대문명진단, 양지사, 2006

이을호 외, 한사상과 민족 종교, 일지사, 1990

이이화, 우리 겨레의 전통 생활, 여강출판사, 1991

이정모, 그리스 로마 신화 사이언스, 휘슬러, 2005

이정호, 포스트모던 문화 읽기, 서울대학교출판부, 1995

이종호, 세계를 속인 거짓말, 뜨인돌, 2002

이진경, 철학과 굴뚝 청소부, 그린비, 2005

인도베다수학연구회, 머리가 좋아지는 인도 수학, 황매, 2008

일상문화연구회, 한국인의 일상문화, 한울, 1996

일연 외, 한국의 민속. 종교 사상, 삼성출판사, 1993

장 피에르 랑탱, 나는 생각한다 고로 실수한다, 문예출판사, 1995

장피엘, 한국, 사라지기 위해 탄생한 나라?, 자인, 2000

재레드 다이아몬드, 총 균 쇠, 문학사상, 2005

정민, 다산선생 지식경영법, 김영사, 2007

정운현 편역, 창씨개명, 학민사, 1994

정재승, 과학 콘서트, 어크로스, 2011

제레미 리프킨, 엔트로피, 원음사, 1993

제레미 리프킨, 육식의 종말, 시공사, 2005

제임스 E. 매클렐란 3세, 과학과 기술로 본 세계사, 모티브북, 2006

조르주 이프라, 숫자의 탄생, 부키, 2011

조셉 켐벨 빌 모이어스, 신화의 힘, 이끌리오, 2007

조셉 폰타나, 거울에 비친 유럽, 새물결, 2005

조현민, 역사를 다시 본다, 만민사, 1989

존 로제, 과학 철학의 역사, 한겨레, 1991

존 루이스 개디스, 역사의 풍경, 에코리브르, 2004

존 알렌 파울로스, 왜 숫자를 두려워하는가, 김영사, 1991

주경철, 문화로 읽는 세계사, 사계절출판사, 2005

줄리아 칭, 유교와 기독교, 서광사, 1993

질르 들뢰즈, 니체, 철학의 주사위, 인간사랑, 1994

실비아 엥글레르트, 미국의 역사, 웅진지식하우스, 2006

찰스 길리스피, 객관성의 칼날, 새물결, 2005

최영진, 동양과 서양, 지식산업사, 1993

최준식, 한국인에게 문화는 있는가, 사계절출판사, 1997

최협, 부시맨과 레비스트로스, 풀빛출판사, 1996

칼 세이건, 코스모스, 사이언스북스, 2005

케네스 C 데이비스, 세계 지리 이야기, 푸른숲, 2007

케네스 C. 데이비스, 교과서에서 배우지 못한 미국의 역사, 고려원미디어, 1992

케빈 데이비스, 천 달러 게놈, MID, 2011

케빈 켈리, 기술의 충격, 민음사, 2011

켄 윌버, 현대물리학과 신비주의, 고려원미디어, 1991

토니 크릴리, 위대한 수학, 지식갤러리, 2011

토마스 S. 쿤, 과학 혁명의 구조, 까치, 2007

트레버 링, 붓다, 마르크스, 그리고 하느님, 민족사, 1993

파울 프리샤우어, 세계풍속사, 까치, 1991

파트릭 데링크, 세계 명화 속 숨은 그림 읽기, 마로니에북스, 2006

폴 데이비스, 초힘-자연의 대통일 이론을 찾아서, 범양사 출판부, 1994

폴 데이비스, 현대 물리학이 발견한 창조주, 정신세계사, 1993

프로이트, 꿈의 해석-무의식의 세계를 열어젖힌 정신분석의 보고, 돋을새김, 2007

플라톤, 소크라테스의 변명, 문예출판사, 1999

피터 디어, 과학 혁명, 뿌리와이파리, 2011

피터 월필드, 세상의 도시, 황소자리, 2010

하이데 분더, 유럽 근대 여성사, 신원문화사, 1995

하이젠부르크, 부분과 전체, 지식산업사, 1993

한국불교환경교육원, 동양사상과 환경문제, 도서출판 모색, 1996

핸버리 브라운, 과학, 인간을 만나다, 한길사, 1994

확인 저자 유나 바머. 추정 저자 테오도르 존 카진스키, 유나 바머, 박영률출판사, 1996

황광우, 철학 콘서트 2, 웅진지식하우스, 2009

A. 셧클리프 외, 에피소드 과학사, 우신사, 1993

A. N. 화이트헤드, 과학과 근대 세계, 을유문화사, 1993

E. H. 곰브리치, 서양 미술사, 예경, 2003

E. H. 카, 역사란 무엇인가, 범우사, 1989

F. 카프라, 새로운 과학과 문명의 전환, 범양사출판부, 1996

F. 클램, 기술의 역사, 미래사, 1992

M. 일리인 . E. 세갈, 인간의 역사, 연구사, 1992

P.게이 . R.K.웹, 서양근세사, 법문사, 1986

서양 문명의 근간을 다시 바라보다
나의 반문명 선언서

초판 1쇄 발행일 2012년 8월 16일

지은이 이동훈
펴낸이 박영희
편집 이은혜 · 김미선 · 정민혜 · 장은지 · 신지항
인쇄 · 제본 태광인쇄
펴낸곳 도서출판 어문학사
　　　서울특별시 도봉구 쌍문동 523-21 나너울 카운티 1층 132-891
　　　전화: 02-998-0094 / 편집부1: 02-998-2267, 편집부2: 02-998-2269
　　　홈페이지: www.amhbook.com
　　　트위터: @with_amhbook
　　　블로그: 네이버 http://blog.naver.com/amhbook
　　　　　　다음 http://blog.daum.net/amhbook
　　　e-mail: am@amhbook.com
　　　등록: 2004년 4월 6일 제7-276호

ISBN 978-89-6184-274-7 93900
정가 22,000원

이 도서의 국립중앙도서관 출판시도서목록(CIP)은 e-CIP홈페이지(http://www.nl.go.kr/ecip)와
국가자료공동목록시스템(http://www.nl.go.kr/kolisnet)에서 이용하실 수 있습니다.
(CIP제어번호: CIP2012003408)

※잘못 만들어진 책은 교환해 드립니다.